U0814279

金融控股公司法律制度研究

——以金融效率与金融安全为视角

刘东平　著

中国检察出版社

图书在版编目（CIP）数据

金融控股公司法律制度研究：以金融效率与金融安全为视角/刘东平著．—北京：中国检察出版社，2010.9

ISBN 978-7-5102-0336-7

Ⅰ.①金… Ⅱ.①刘… Ⅲ.①金融公司：持股公司-公司法-研究-中国 Ⅳ.①D922.291.914

中国版本图书馆 CIP 数据核字（2010）第 116473 号

金融控股公司法律制度研究

——以金融效率与金融安全为视角

刘东平　著

出版发行：中国检察出版社

社　　址：北京市石景山区鲁谷西路 5 号（100040）

网　　址：中国检察出版社（www.zgjccbs.com）

电子邮箱：zgjccbs@vip.sina.com

电　　话：(010)68658769(编辑)　68650015(发行)　68636518(门市)

经　　销：新华书店

印　　刷：保定市中画美凯印刷有限公司

开　　本：A5

印　　张：10.25 印张　　插页 4

字　　数：256 千字

版　　次：2010 年 9 月第一版　　2010 年 9 月第一次印刷

书　　号：ISBN 978-7-5102-0336-7

定　　价：28.00 元

检察版图书，版权所有，侵权必究

如遇图书印装质量问题本社负责调换

总　序

西南政法大学坐落在长江和嘉陵江交汇处的美丽山城——重庆，背倚以红岩精神著称的烈士英灵安寝处歌乐山脚。西政大校园和西政大人似乎受到烈士英灵的格外庇佑，以至于从此处走出的西政学子常有一种得道成仙的灵气和悟性。中国海内不少优秀法学人才，多出自西政大这所并不悠久但却著名的学府；于民商法学人方面而言，尤其典型：在这块热土上不仅崛起过我国老一辈著名民商法学家张序九先生、金平先生、杨怀英先生等人，更培育出了当今中国诸如梁慧星、王卫国、尹田、张新宝、黄松有、张玉敏、赵万一、陈苇等著名民商法理论家和实务家。茵蕴如此，作为西政大民商法学科学术带头人和负责人之一的我和我的几位博导同人梁慧星教授、张玉敏教授、赵万一教授、陈苇教授、石慧荣教授等便有了继往开来、进一步建设好西政大民商法学科，为祖国培养更多、更优秀的民商法人才的义务和责任。正是意识到这种义务和责任，我们才有了与中国检察出版社合作，共同创办“民商法学博士文库”的举措，希望以此作为一个阵地，培养和推出民商法新秀。当然，本文库亦非专为西政大民商法博士点而设，在出版西政大民商法博士点毕业生的博士论文的同时，我们亦欢迎校内外其他博士点的毕业生参与，将其民商法学研究范围内的优秀博士论文在本《文库》出版。

西政大民商法学科是1998年获得博士学位授予权的，自1999年开始到2003年为止已招收五届四个方向（民法、商法、知识产权法、婚姻家庭法）的数十名博士研究生。本《文库》

首批陆续推出的数篇论文就是从西政大民商法博士点1999级至2001级博士生通过答辩的优秀或比较优秀的博士学位论文中遴选的。这些博士论文自然是博士研究生们独立完成的，但是在选题、研究设计及创作过程中亦融合和凝结了导师们的心血以及博士生师兄弟们的集体智慧。有些选题还源自导师们授课、指导讨论的专题，如刘云生的《民法与人性》、章礼强的《民法本位论》，就是我为民法博士生所开“民法总论专题研究”课中的一个学习、研究、讨论专题“民法本位、伦理、价值取向和基本原则”延展出来的子课题。因此，我们可以说这些博士论文既是西政大近几年培养的民商法学博士生个人，同时也是西政大博士点集体奉献给法学界和读者们的心香。这些博士论文或从人性新角度对民法学问题进行解析；或从哲学新视野对民商法学有关问题进行追问、辨剖；或结合历史与现实、理论与实务对民法具体制度进行审视、质疑、检讨和重构，都有其独到之处。这些论文成果或许存在某些稚嫩和苦涩之处，但可以肯定的是，它们植根于西政大这块经由前辈和先行者们辛勤开拓、耕耘半个世纪的熟土之中，只要读者愿用心品尝，都能品出清馨的新春茶味来——苦中带甜、涩中带香……

近几年来，基于我国民商事立法和司法的需要，我国民商法学的研究已呈蓬勃发展、欣欣向荣的景象，在民商法学的百花园中已开满簇簇鲜花，结出累累硕果。但是，面对这令人鼓舞的景色亦有使人常感遗憾之处，这就是民商法学博士论文这类鲜花和硕果并未得到人们应有的培育和关注。这不仅表现在迄今为止出版界尚无出版民商法学博士论文的专门阵地，更表现在民商法学博士论文的读者层面远较民商法系列教材、一般专著、论文为窄。其实，在本人看来，民商法学博士论文大都具有选题前沿，资料收集丰富，研究方法多样，运用相关学科知识广泛，观点创新，论证严密等优点。经过数名专家评阅和数名专家面对面的质疑、答辩，其学术质量较之民商法系列教材、一般专著和论文更有保障，更值得出版界出版和民商法理论工作者、实务工作者、教师和学生阅读、学习、研究。就本人之情况而论，如果说本人这些年来在学问上还有长进的话，那我要说句诚实的话，这大多源于对本人指导的博士论文初稿的阅读、研究和进一步修改的指导，源于对他人指导的博士论文的评审和答辩。

在《文库》最初几本博士论文即将出版之际，我要首先感谢中国检察出版社的合作与支持。他们不计经济得失，一心开辟和培育这个专门出版民商法学博士论文的学术园地的高远志向令我钦佩。有容乃大，我更希望有更多的出版社关心民商法学博士论文的出版，有更多的民商法博士点和民商法博士生参与我们这个“文库”的合作与出版，有更多的民商法理论工作者、实务工作者、教师和学生关爱和欣赏我们这个《文库》出版的民商法学博士论文。我相信，我们这个《文库》出版的民商法学博士论文之是真是伪、是美是丑，是经得起读者诸君公正评判的。

最后，我想改用孙中山先生的一句话来作为《文库》总序的结语，以勉励我自己和《文库》的广大合作者们：“我们的事业尚未成功，同志仍需努力。”我相信，只要我们共同做出不懈的努力，我们的《文库》一定能够茁壮成长、壮大。

李开国

2004 年 8 月

民商法学博士文库

目 录

导 论

金融控股公司系由于金融业在国际竞争下业种整合需求而来。[①] 究其实质而言，亦是金融业追求更高的金融效率，获得更大的经济利益而设计选择的一种金融经济组织模式。在金融自由化、信息化和全球化的大背景下，金融市场的需求结构也出现了新的变化，从而引致金融结构在组织模式上出现了无法适应这种变化的情形，使一些金融结构原先具有的组织优势在新的环境下几乎荡然无存。要想获得与原先一样的或更高的金融效率，金融机构组织模式的转变与重构已成为摆在金融业面前十分紧迫而严峻的课题，金融控股公司的出现就是为了解决这一课题而设计的一种金融组织模式。金融在整个经济中居于核心地位，其发展变革均须在十分审慎的制度环境中进行，金融结构组织模式的转变亦不例外。纵观金融控股公司组织模式的发展历程，世界各国无一不是在构建出符合金融发展理念的金融法律制度框架后而逐步形成的。

① 王文宇：《控股公司与金融控股公司法·序言》，北京：中国政法大学出版社 2003 年版，第 2 页。

第一节　背景与文献

一、问题缘起

金融在现代经济中具有极其重要的地位和作用，“金融……是现代经济的核心 。”① 当今世界金融活动日益广泛地渗透到社会经济生活的各个方面，保持金融高效、安全、稳健运行是一国经济持续、快速、健康发展的基本条件，所以各国都极为重视金融制度和金融体制的建设。自20世纪90年代以来，金融业格局开始发生显著变化，随着金融创新的快速发展，金融业务出现综合化、全能化，金融机构之间的业务界限日益淡化；随着金融自由化思潮的广泛传播，各国金融当局逐步放松金融管制，推行金融自由化政策。金融业的这两种趋势直接导致了金融体制由分业经营向混业经营过渡，金融组织模式向集团化方向发展，其中最为典型的金融集团组织形式就是金融控股公司。

金融控股公司的组织架构和经营理念直接而剧烈地冲击着世界各国，尤其是实行金融分业经营体制的国家，因此如何顺应世界金融发展的浪潮和趋势，重新审视金融分业、混业经营体制的优劣，如何回应金融体制的转变，设计选择出高效安全的金融组织结构模式成为理论界和金融当局都十分关注的问题，其中如何设计和选择有关金融控股公司的法律制度则是一个更为现实的问题。之所以作出这样的判断是基于下列原因考虑的。

在理论上，金融控股公司的出现涉及对金融体制的重新认识。从现代金融制度的发展历程看，金融业经历了从混业经营到

---

① 邓小平：《视察上海时的讲话》，载于《邓小平文选》第三卷，第366页。

分业经营的转变，不同的金融机构与金融市场按照金融业务的性质与功能不同形成专业化的分工体系，而金融控股公司的出现则打破了金融分业格局，促使人们重新思考金融分业经营制度的理论基础是否妥当，同时为金融控股公司的存在而构建金融混业经营的理论基础。

在观念上，金融控股公司的出现无疑引发一个价值判断问题，即如何评价金融分业经营体制下的专业化经营理念。金融控股公司要求实行金融混业经营，这是不是意味着专业化经营理念已经落后？金融业务多元化战略是不是金融发展的必然选择？金融理论界和实务界中的主流看法是以金融控股公司为代表的金融混业经营要优于金融分业经营。这一意见对金融体制的构建影响甚巨，需要进行严密的论证，而事实上却没有进行严密论证。

在政策上，金融控股公司作为一种混业经营的组织模式，与现有金融体制发生摩擦甚至冲突时，金融政策应作出怎样的回应？是维持严格管制的金融分业格局，还是放松管制，重构金融监管，确立完善监管制度下的自由经营的混业格局；是坚持安全优先，还是转向效率优先，都是制定金融政策时必须进行考量的因素。

在现实上，金融全球化和金融自由化浪潮中，以美国为代表的金融当局迅速调整金融政策，以追求更大经济效益为目的，制定了一系列的金融自由化的法律制度，大型金融机构纷纷转向金融控股公司组织模式。金融控股公司在资金规模、组织结构、管理模式、经济效益方面呈现出其他金融机构所无法比拟的优势。各国金融当局随之转变金融政策，制定一系列的有关金融控股公司的法律制度，仿效美国组建金融控股公司。实际上，金融控股公司的迅速发展，相关法律制度起到了极为重要的促进作用。

中国金融控股公司法律制度的构建已是迫在眉睫。中国加入WTO加快了金融业融入全球金融一体化的进度，到2006年底，中国金融业向世界贸易组织成员国全方位开放，实行国民待遇地位。外资金融机构不仅自身实力技高一筹，而且外资金融机构还可以凭借混业经营的优势获取分业经营制度下无法获取的金融效益。面对激烈的国际金融竞争，中国金融机构必须迅速壮大自己的综合实力和竞争能力。转变金融经营机制，调整金融政策，为培育金融控股公司提供完善的金融法律制度成为金融当局的首要选择。然而，中国却实行严格的金融分业经营、分业监管，只是有些法律政策为混业经营留有相当狭小的操作空间。① 尽管如此，金融机构作为一种市场经济主体，追逐利润是其固有的天性，在各种逐利因素的诱导下，出现各种各样进行混业经营的金融控股公司或者准金融控股公司，其数目难以准确统计，但至少不下于百余家。法律法规对此却不置一词，更没有专门的金融控股公司法。金融分业监管制度也无法对金融控股公司或准金融控股公司进行全面审慎的监管。所以当务之急是为金融控股公司的发展壮大提供完善的制度保障和支持，达到既能让金融控股公司获取更高的综合经济效益，又能进行较为完善的金融监管，有效地防范混业经营带来的金融风险。

二、文献综述

金融控股公司作为一种新的金融组织模式出现的时间并不长。尽管国外经济界和金融界对各种金融问题着力进行研究，各种金融理论也比较成熟，金融实践经验也非常丰富，但针对金融控股公司的研究还是显得比较零星，相关研究资料多是围绕金融控股公司发展的动因、组织模式、综合效益进行研究，还没有形

① 2003 年《中华人民共和国商业银行法修正案》中规定："商业银行在中华人民共和国境内不得从事信托投资和证券业务，不得向非自用不动产投资或向非银行机构和企业投资，但国家另有规定的除外。"

成系统性的理论研究。法学界对金融控股公司法律制度的研究文献更为稀少。至于对中国金融控股公司法律制度的研究，国外资料文献多是新闻报道或者资料性的介绍，深入系统的理论研究基本上处于空白。

国内对金融控股公司的研究文献大都集中于经济学和金融学领域，研究成果相对说来比较丰富，出版了一些专著，发表了许多论文，也有一些以金融控股公司为研究对象的硕士、博士论文。这些文献中有许多开山之作，但研究的主旨各不相同，论述的内容也各有侧重，总体说来多是集中在金融控股公司基本情况的介绍和实务程序的设计，系统性的理论分析有待于进一步深化和拓展。① 更为突出的是，这些文献的写作目的和研究方法几乎全是经济学和金融学领域的，注重的是经济分析和数理统计，而对金融控股公司法律制度方面多未触及，或者有所涉及也是一笔带过，大多语焉不详。②

中国法学界对金融控股公司的研究也是刚刚开始，根据笔者对文献的搜索结果显示，中国大陆出版的第一本有关金融控股公司法律制度的专著是我国台湾地区学者王文宇先生撰写的《控股公司与金融控股公司法》，③ 其内容主要论述我国台湾地区金融控股公司的设立、经营、风险控制等方面的法律制度。此后，有关金融控股公司法律制度的研究文献逐渐增多，但迄今为止，出版的专著、发表的论文以及相关的硕士博士学位论文多是集中

① 例如杨明辉、张翔燕等编著：《金融控股公司实务与操作》，北京：中信出版社 2004 年版。其内容基本上是金融控股公司经营操作的程序大全，并没有理论分析与阐释。

② 例如安志达：《金融控股公司——法律、制度与实务》，北京：机械工业出版社 2002 年版。虽然题目中明确表示法律制度为本书的主要内容，但法律性的内容并不多，侧重点仍然是金融控股公司的实务操作。

③ 王文宇：《控股公司与金融控股公司法》，北京：中国政法大学出版社 2003 年版。

于金融控股公司监管法律制度的研究，或者是有关金融控股公司立法之必要性的论述。① 大部分文献未能就金融控股公司法律制度背后的立法主旨和基本价值理念进行全面的审视和解读。至于中国金融控股公司立法之必要性和迫切性毋庸赘述，关键是如何构建出符合当今金融发展理念的金融控股公司法律制度框架和体系，如何选择金融制度转换的途径和方式，这些研究的空白点也正是本书所关注的重点。

第二节　视角与思路

一、研究视角

对于任何法律制度来讲，严谨的逻辑、完善的结构、精确的表述固然十分重要，但法律制度背后所蕴藏的法律价值理念乃是一项法律制度的核心和灵魂，探求和深究法律制度的价值理念是深入了解和全面把握该项法律制度精髓的不二法门。正如有的学者所说，“忽视法典的法理思想而只是注重其条文，这种研究难得要领，即使可以使人们对具体条文有所了解，这种了解也只能是浅层次的，不可能达到对法典的宏观把握。”②

金融安全和金融效率是进行金融法律制度安排时必须进行综合考量的两个价值理念。具体到金融控股公司法律制度安排上，则应从一国现实的金融环境出发，充分体现金融控股公司法律制

① 例如谢平等：《金融控股公司的发展与监管》，北京：中信出版社 2004 年版；黎四奇：《金融企业集团法律监管研究》，武汉：武汉大学出版社 2005 年版。而专门论述金融控股公司立法必要性的文献则是杜启尧：《中国金融控股公司立法研究》，北京：中国政法大学博士学位论文，2004 年。

② 孙新强：《法典的理性：美国统一商法典法理思想研究》，济南：山东人民出版社 2006 年版，第 1 页。

度生成基因和变迁的动因，在安全与效率两种价值理念之间进行选择。而安全与效率也正是本书研讨金融控股公司法律制度的观察视角。

金融控股公司的出现反映了从分业经营转向混业经营的金融制度变迁，而从金融安全与效率的角度观察则会发现，这种制度变迁所体现的恰恰是金融价值理念的转变。金融价值理念的转变是金融管制与金融自由化之间的角力和金融安全与金融效率之间权衡的结果。金融控股公司法律制度的确立彰显了金融市场化、自由化趋势的增强，金融法律制度在安全与效率的价值理念取舍上，已从防范风险转向追求利润，从安全优先转向效率优先，金融监管当局也由过去的严格管制转向适度监管。在保障金融安全的前提下尽量少干预金融市场，鼓励金融机构在追求更大利润的同时承担更多的责任，让市场本身承受和消化风险。由此可见，金融控股公司法律制度安排应更多地体现效率优先的价值理念。

从金融安全与效率的视角研讨如何构建中国金融控股公司法律制度同样具有十分重要的现实意义和理论意义。中国金融业曾长期处于“重发展轻监管”的不规范的混业经营格局之下，在制度安排上也没有构架出明确的分业经营抑或混业经营的战略发展方向，只是采取头痛医头、脚痛医脚的策略，制定单个金融法规，从而导致 20 世纪 90 年代初的金融混乱，形成数以千亿计的不良资产，成为金融业未来发展的桎梏，严重威胁到国家的金融安全。尽管当时世界金融业的发展潮流是走向混业经营，但中国基于金融安全的考虑，不得不以立法的形式全面推进金融分业经营。

时至今日，中国金融业的发展又走到分业经营抑或混业经营的方向性战略抉择的关口，而以各种方式出现的金融控股公司昭示着中国金融法律制度的价值理念将又一次发生转变。因此，以金融效率与金融安全为视角，探究金融控股公司法律制度背后的价值理念和发展脉络，对当下的中国金融体制的改革具有十分重要的现实意义和重大的理论意义。

二、研究思路

本书主要基于逻辑顺序展开研讨，同时兼顾历史顺序，力求按照逻辑与历史相统一的思路全面系统地把握金融控股公司法律制度的基本内容和基本理念，并以此服务于中国金融控股公司法律制度的构建。

本书在逻辑思路上，第一步首先以经济增长为切入点分析金融法律制度的两大基本理念：金融效率与金融安全，并阐释了金融法律制度立法的价值取向是效率优先、兼顾安全。第二步分析了金融控股公司作为一种金融组织结构模式生发的缘由和动因，也就是金融控股公司存在的合理性。第三步通过对世界各国金融控股公司法律制度历史变迁的考察，论证金融控股公司作为一种获得更高金融效率的结构组织模式，金融立法当局在制度设计上充分体现出的效率优先、兼顾安全的价值理念。第四步则是针对金融控股公司各个方面的法律制度安排进行具体分析，深入探讨了各项制度安排背后的法律价值理念。金融控股公司作为一个市场主体，经济效率应该是其追逐的首要目标。但由于金融在一国经济中处于核心地位，金融监管当局出于国家经济安全的考虑，绝不会任由金融控股公司毫无约束地自行发展，而是实施必要的金融监管措施。从这一逻辑起点出发，金融控股公司法律制度的具体安排就呈现出两个层面：一个是金融控股公司经营层面上的法律制度安排，要充分体现效率优先的立法价值取向，为金融控股公司追求更大利润提供制度支持；另一个是金融控股公司监管层面上的法律制度安排，这个层面的制度安排要充分考虑金融安全优先的立法价值取向。金融控股公司两个层面的法律制度安排在立法价值取向上似乎存在着冲突，但仔细分析后，就会发现二者在整个金融控股公司法律制度中是相辅相成的，是矛盾的统一，其区别在于实施制度的主体不同，看问题的视角各异而已。实质上，金融安全要通过金融效率的提高来实现，而金融效率的提高则要通过自由竞争来实现，以金融安全为前提，金融控股公司各项法律制度的安排都是围绕这一原理进行的。第五步则将研讨的视角转向中国金融控股公司的构建。从中国金融机构所面临的国内国际背景，推证构建金融控股公司法律制度的必要性和紧迫性，研讨各个利益集团在金融控股公司立法博弈中的策略，探究中国金融控股公司法律制度安排所面临的问题、解决方法以及金融制度转变的过渡路径。这也是本书的逻辑归宿和研究主旨所在。

单纯的逻辑顺序思路体现的是理性思辨和论理推演，而历史顺序的研讨思路则会提供现实的图景和变迁的轨迹。研究任何法律制度都必须探求制度生发、型构和演化的历史背景与内在动因，从而预判未来的发展趋势。本书在逻辑推演的基础上也兼顾到制度的历史分析。从各国金融制度发展的历史背景中探求金融控股公司法律制度的立法动因，从制度变迁的历史轨迹中寻找制度的发展趋势，从中国金融制度发展的历史背景中，探求金融控股公司法律制度立法的紧迫性以及制度变迁中的路径依赖。

第三节 内容与创新

一、基本内容

论文的主旨是研讨在效率优先的基本价值取向下金融控股公司法律制度安排，核心是如何构建中国金融控股公司法律制度。

主要阐释了金融控股公司的基本意蕴和金融控股公司法律制度的生发、型构的轨迹以及制度变迁所体现的效率优先、兼顾安全的法律价值理念。并以金融效率与金融安全为视角，分析了各项具体的金融控股公司法律制度，说明金融控股公司的设立、业务运作、治理结构和风险防范等各项制度安排都有其基本的金融法律价值理念作支撑。介绍了中国构建金融控股公司法律制度的必要性和紧迫性，运用博弈论方法分析了各种力量尤其是政府在金融法律制度建构中的立场、态度和作用；提出了中国金融控股公司法律制度构建的基本理念、基本架构和转变路径。

二、主要创新

本书的创新之处主要体现在金融控股公司立法理念的创新、制度建构的创新和研究方法的创新三个方面。

（一）立法理念的创新

理论是行动的先导，理念是制度的灵魂。制度的创新必须依赖于理念的创新。中国在金融立法方面的传统理念一直是推崇安全至上。维护金融安全无疑是正确的，但是，过分地强调安全却损害了金融效率，影响了经济增长，从而最终威胁到金融安全。所以，在世界金融发展的大趋势下，中国金融立法必须重新审视固有的立法理念和价值取向，进行理念创新，确立效率优先、兼顾安全的金融法律制度的基本价值取向。

（二）制度建构的创新

在金融控股公司法律制度设计上，从充分体现效率优先、兼顾安全的价值取向出发，结合中国的具体情况，在金融控股公司的法律界定上，提出采取实质控制的认定标准，并在立法技术上辅之以“兜底条款”；在组织形式上，综合考量各种因素，提出立法中应明确规定金融控股公司的组织形式为纯粹型金融控股公司；在业务范围上，为了拓展金融企业的活动空间，提升竞争力，提出对业务范围采取广义的规定，同时为了维护金融安全，还应限制金融控股公司从事实业生产；在公司设立上，从金融控股公司自身的特点出发，提出在法律中规定股权转让、营业让与、三角合并等迅速便捷的并购、分立形式；在公司治理上提出在立法中采取授权性条款，让有关部门制定相应的公司治理指引；在风险防范上提出外部监管与内部控制相结合的方式进行制度安排，并建议借鉴美国的金融控股公司加重责任制度。

（三）研究方法的创新

本书在研究方法上，综合运用规范分析与实证分析、历史分析与现实考察相结合的方法，对金融控股公司法律制度进行多维度、多层面的研判和论证，尤其是采用了法律经济分析方法、博弈论方法以及制度经济学分析方法，这些方法比较适合于分析金融控股公司法律制度的建构。研究方法上的主要创新有：用古典经济学中的成本—收益的方法分析了金融控股公司是一种提高金融效率的组织制度安排；用制度变迁理论阐释金融控股公司法律制度的生发、型构和演进；用契约经济学的委托—代理理论构建金融控股公司治理制度；用博弈论方法分析中国金融控股公司立法过程中各个利益集团的策略及博弈结果。

第一章　制度背后的理念：金融效率与金融安全

经济增长已成为当今各国追求的首要经济目标。① 金融作为现代经济的核心，对各国的经济增长的贡献至关重要，甚至有些国家的经济增长几乎大部分依赖于金融的贡献。② 然而，一国的金融要为一国的经济增长提供持续、稳定和高效的贡献，必须不断提高金融效率。但是金融业是一个高负债的经济行业，易于积聚各种风险，呈现出金融脆弱性的特点。而经济的高速发展如果没有相应的制度措施，往往使金融难以承受之重，从而引发出对金融安全的关注，在金融法律制度背后也形成了金融效率与金融安全两种基本价值理念，在具体的金融法律制度安排上则体现出或效率优先或安全优先的不同价值取向。所以如何使金融效率与金融安全的价值理念统一协调起来，共同为国家的经济增长提供持续、稳定和高效的动力已成为金融法律制度所关注的重点。

第一节　经济增长与金融发展

金融发展与经济增长之间的关系多为经济学家所青睐，现代

① 需要说明的是，经济增长只是各国追求的首要经济目标，而非唯一目标，更不是全部目标。一国的发展目标不仅是经济增长，还包括社会稳定、政治清明以及民众福祉，在这些目标中经济增长并非目的，而是达到其他目标的手段而已。

② 如欧洲的瑞士。

金融发展流派试图从理论与实证方面，具体考察金融发展对经济增长的积极功能。然而各类研究文献却大都忽视了金融系统的内在“交易成本”问题，而这种成本对金融的结构体系、组织模式和经济绩效与发展都有深刻的影响。① 所以金融发展尤其是以降低交易成本为目的的金融组织结构模式的变革对经济增长起着极为重大的促进作用。

一、经济增长：从要素到效率

（一）经济增长的定义

经济增长（economic growth）是经济学经常使用的术语，更是发展经济学中使用最多的词汇之一。② 发展经济学是以发展中国家的经济增长和经济发展为研究对象的一门经济学科，广义的发展经济学是把发达国家与发展中国家联系起来，考察它们的经济增长和发展情况；狭义的发展经济学则侧重或比较集中地分析发展中国家的经济增长和发展情况。③ 由此可见经济增长是其核心术语之一。对于经济增长的含义，经济学家之间并无太多的分

---

① 道格拉斯·C. 诺斯认为，自亚当·斯密以来，经济学家都把他们的模型建立在收益来自贸易的坚实基石之上。专业化和分工是《国富论》的关键。不过，经济学家在构建他们的模型时，对于这种专业化和分工所需要的成本一直忽略不计。这些交易成本却支撑着决定政治经济体制结构的那些制度。参见［美］道格拉斯·C. 诺斯：《经济史上的结构和变革》，厉以平译，北京：商务印书馆 2002 年版，第 1 页。实际上，有关“交易成本”这一诺斯式的学术批评术语，也为作者研讨金融控股公司法律制度所推崇并一再使用。

② 实际上，增长经济学也比较多地使用“经济增长”一词。增长经济学主要是研究发达国家经济稳定增长的条件，从历史上分析经济增长的速度和各种增长因素的作用，以及预测未来的长期增长趋势。参见外国经济学说研究会编：《国外经济学讲座》（第一册），北京：中国社会科学出版社 1980 年版，第 162 页。

③ 孙林主编：《写给法律人的经济词汇》，北京：法律出版社 2004 年版，第 9 页。

歧，都是以国民生产总值为标准度量经济增长的。[①] 只是在具体描述上有一些差异。有人认为经济增长是国民生产总值的增加，即“经济增长就是社会物质财富不断增加的过程，是一般社会再生产动态的贡献本质”。[②] 有人则把人口总量的变化考虑在内，因为“可能的情况是，产量在增长，而人民群众却变穷了”。[③] 所以确切地说经济增长是一个国家人均产量的增长。经济学家西蒙·库兹尼茨也认为：“我们所说的各国经济增长是指人均或每个劳动者平均产量的持续增长，绝大多数增长常伴随着人口增长和结果的巨大变化。”[④] 这种结果的巨大变化是人口数量是经济增长的一个变量。经济发展的终极目标应该是民众福祉的提升，是个人生活水平的提高，因此更为科学的定义是经济增长是人均产量的增加，人均国民收入的增长，即以人均实物量和价值量来衡量一个国家的经济增长。[⑤]

（二）经济增长是经济发展的首要目标

经济增长原来只不过是人类对付自然以维护自我生存的自发过程。以产权制度明晰为特点的私有制经济的出现，导致经济发展促使了个人财富的增长，从而也促使整个社会经济出现了巨大增长。随着各国政府对经济生活干预程度的提高，经济增长日益成为各国经济发展中主动和自觉的行动目标。

---

① 国民生产总值 GNP 与国内生产总值 GDP 的内容参见孙林主编：《写给法律人的经济词汇》，北京：法律出版社 2004 年版，第 59—60 页。

② 刘满强：《技术进步系统论》，北京：社会科学文献出版社 1994 年版，第 14 页。

③ ［英］W. 阿瑟·刘易斯：《经济增长理论》，上海：上海三联书店 1994 年版，第 1 页。

④ ［英］西蒙·库兹尼茨：《现代经济增长》，北京：北京经济学院出版社 1989 年版，第 1 页。

⑤ 刘茂林：《知识产权法的经济分析》，北京：法律出版社 1996 年版，第 26 页。

当今世界，经济增长的绩效优劣越来越影响到一个国家的国际地位，成为在国际社会中势力强弱的主要标志。而一国之内，民生福祉的提升、族群社会的和谐、民主政治的稳定、国家主权的安全无不仰赖于经济的快速增长，出现了“世界经济主要注意力放在加速国民收入增长方面”的现象，“所有国家（不论是穷国还是富国，也不论是资本主义国家、社会主义国家还是混合型国家）的经济学家和政治家都崇拜经济增长。每年终了，所有的国家均编报他们国民生产总值相对增长率的统计资料。强调经济增长的方针已成为生活的一个方面。”从而形成世界范围的经济“增长竞争”。[①] 各国政府在制定经济发展政策时都不约而同地把经济增长作为首要目标。利用各种方式和手段，采取各种措施和政策，完善各种法律和制度，促进经济持续、稳定、高速增长已成为各国政府的首要任务。

（三）经济增长的动因

对经济增长的顶礼膜拜和疯狂追求，吸引着经济学家们满怀学术兴趣和充满责任感地去探求经济增长的动因，他们从不同的视角进行观察剖析，得出自己的结论，构建出各种各样的理论框架。随着社会经济的发展和学术研究的逐渐拓展，有关经济增长动因的认识不断深入，理论体系也不断完善。

古典经济学家魁奈、斯密和李嘉图等，认为经济增长的动因主要在于土地、劳动力和资本上，其中以大卫·李嘉图最具有代表性，认为经济增长“主要取决于土地的实际肥力、资本的积累和人口状况以及农业上运用的技术、智巧和工具”。[②]

---

① ［美］迈克尔·P. 托达罗：《经济发展与第三世界》，北京：中国经济出版社 1992 年版，第 87 页。

② 转引自刘茂林：《知识产权法的经济分析》，北京：法律出版社 1996 年版，第 27 页。

熊彼特认为企业不断创新是经济增长的基本动因。经济增长的过程是从一个均衡状态向另一个均衡状态的移动过程。当经济处于均衡状态时，既没有变革，也没有发展，企业的总收入等于总支出，既不产生利润，也不出现损失。但这种状态与企业存在的目的相违背，企业家为了获得更大利润，总是不断地打破现有经济的均衡，形成新的经济均衡，并在这一过程中形成利润的增加和经济的增长，而企业家打破均衡获得经济增长的方式便是不断地进行创新。创新就是把从未使用过的生产要素和条件引入到生产体系中，而创新主要包括引入一种新产品或提高产品质量，采用一种新的生产方法，开辟一个新的市场，获得一种原料或半成品的新来源，实行一种新的企业组织形式五个方面，而这些方面的变革或创新就是经济增长的真正动因。

西蒙·库兹尼茨沿着熊彼特的分析理路，将经济增长的动因归结为知识存量的增长，因劳动力受教育、规模经济和技术知识的传播所引起的劳动生产率的提高和结构的变化三个方面。他指出："在技术和社会因素的共同作用中，必须强调的一点是，在任何时代，增长不仅仅是整体上变动，还应包含结构的转变。即使这种变动是由重大技术创新所带来的，每个社会在采用这种技术时必须调整现有的制度结构。这意味着社会组织的巨大变动——新制度的产生和旧制度的逐渐淘汰。"① 他认为经济增长是劳动、资本、技术、需求以及制度和观念因素相互作用的复杂过程，其中制度的作用尤为重要。

此后许多经济学家继续深化经济增长动因的研究并构建出了

① ［英］西蒙·库兹尼茨：《现代经济增长》，北京：北京经济学院出版社1989年版，第5页。

经济增长理论的数学模型，[①] 但对当今经济发展有重要影响的经济动因理论是英国经济学家 E. F. 邓尼逊构建的。他把影响经济增长的因素分为两大类：一类是生产要素投入量的变化；另一类是要素生产率的变化，具体说来包括就业人数及其构成、投入的工作时间、劳动者的教育程度、资本存量的规模、知识的进展、资源的配置和规模经济七个方面，其中知识进展包括技术进步、管理和组织的改进。这一理论表明，生产要素投入量越大，要素生产率越高，经济增长就越快。

由上述经济增长动因的各种理论学说可以看出，经济增长的动因正如 E. F. 邓尼逊所言，主要包括两个方面，即生产要素和要素生产率。在制度经济学看来，资本（金融）是生产要素中的主要构成部分，技术进步则是要素生产率不断提高的基本动因，而技术进步在经济学视阈里含义则较为广泛，既包括物质技术的生产进步，也包括制度技术的创新，还包括社会经济组织结构的变化，这些变化都促进着经济效率的提高和经济的不断增长。

二、金融发展：从工具到资源

（一）金融基本属性的工具化认识

传统金融理论对金融的理解虽然各不相同，但其工具化的认

① 最具有代表性的是哈罗德—多马模型，该模型为 G = S/V，由英国经济学家哈罗德和美国经济学家多马所构建。其中 G 为产出增长率，S 为储蓄率，V 为资本/产出比率。由于 V 主要是由资本和技术决定的，所以该模型的结论为经济增长是投资和技术进步推动。但是该模型假定 V 是不变的观点，受到人们的一再质疑和强烈批评，因为技术的不断进步可能使 V 不断变动，因此美国的托宾和索洛、澳大利亚的斯旺和英国的米德对该模型进行了改进，并提出各自的经济增长模型，其中最为著名的则是索洛模型，他把生产函数总结为一般函数：Y = F（K，L，t），该函数可转换为：Y = A（t）F（K，L）后，可以充分体现技术进步对经济增长的巨大推动，其中 Y 代表产出，K 为资本，L 为劳动力，t 为时间，A 为技术。

识则是基本一致的，这可以从几种金融属性的认识观点中得到印证。

一种观点认为，“金融问题的核心是货币、资金和资本的融通”，“金融所涵盖的是融通的活动、融通的机构、融通的市场等有关方面。”这是中国金融界的主流观点，即金融是融通的资金或资本的媒介和工具。

另一种观点认为，“现代金融的核心，包括的是证券市场的运作机制、市场的有效性、风险、收益和定价等经济过程。”这正是从金融工具性的技术层面进行归并而得出的结论。

在《新帕尔格雷夫货币金融大辞典》中，认为金融是“资本市场的运营，资本资产的供给与定价”。① 基本内容包括有效率的市场、收益与风险、期权定价、公司金融四个方面，其涵盖面是储蓄者投资者的行为活动——私人活动，是作为一种投资工具来认识的，所以这一定义是典型的对金融微观化的工具性理解。②

传统的金融理论对金融工具化的认识，客观地讲是有其合理之处，其进步性在于把货币和市场要素作为研究对象和出发点建立了一套比较系统的、比较符合市场经济特征的金融市场理论体系，在这一整套理论体系的基础之上形成了极具操作性的金融工具理论和模型，给各种金融业务以具体而科学的指导。③ 但是，随着经济一体化和经济越来越金融化以及金融全球化的发展，传统金融理论工具化的倾向已明显与此不相适应，作为一种应对措施的金融工具创新层出不穷，但制度创新滞后、理论创新不足成

---

① ［英］约翰·伊特韦尔等：《新帕尔格雷夫货币金融大辞典》，北京：经济科学出版社 2000 年版，第 27 页。

② 参见曾康霖主编：《金融学科建设与人才培养》，成都：西南财经大学出版社 1998 年版，第 3、4 页。

③ 崔满红：《金融资源理论研究》，北京：中国财政经济出版社 2002 年版，第 66—67 页。

为近一个时期制约金融发展的基本表征。

（二）金融资源化的初步认识

有学者从纵向维度考察金融，以求得金融资产在时间上的最佳组合，认为“金融是在不确定环境中对资源的时间配置”。①并从四个方面揭示了金融的含义：（1）金融资源是指金融资产；（2）金融资源的稀缺性；（3）“跨时期分配”问题，指在不同的时间上对财产或财富在其成本与效益方面的权衡；（4）不确定条件，是指决策者和其他人无法预先明确知道的。这是对金融从资源角度进行的初步分析。并认为金融具有六大功能：

1. 转移资源：进行跨时间、跨地区、跨行业的经济资源转移；

2. 风险管理：提供风险转移与管理的方法；

3. 支付结算：提供支付结算服务以完成交易；

4. 集合分配：提供集合资源并向企业分配资源份额的机制；

5. 信息：提供价格信息，帮助协调不同经济部门决策；

6. 激励：当交易中的一方拥有另一方没有的信息，或一方为另一方的代理人时，提供解决激励问题的方法。②

由此可见，尽管对金融作了资源化的理解，但是观察问题、分析问题的视角仍然是工具化的。

（三）金融资源理论

基于金融工具论认识与现代经济发展之间的扞格，人们重新对金融的功能进行审视，并提出种种新的观点，构建各种理论体

---

① ［美］兹维·博迪、罗伯特·C. 莫顿：《金融学》，北京：中国人民大学出版社2000年版，第4页。

② 董裕平：《金融：契约、结构与发展》，北京：中国金融出版社2003年版，第36页。

系，其中最有现实意义的是金融资源理论。

在近现代经济学发展史上，尽管学派更替不断，但一个始终未变的范式内容就是资源配置效率。而将金融视为一种资源研究其配置效率，恰恰摆脱了金融学学科定位脱离哲学人文关怀的工具性、技术性倾向，完成了研究范式的转换。

资源是一个具有历史、动态、开放属性的概念，资源原意为资财之源，起初单指自然资源。即“资源一般指的是一种客观存在的自然物质”,[①] 联合国环境规划署则将资源定义为“在一定时间和技术条件下，能够产生经济价值，提高人类当前和未来福利的自然环境因素的总称”。[②] 到了工业经济时代，人类在不断拓展自然资源范围的同时，也在突破资源自然领域的限制，把资本、人力等社会要素纳入资源范围，知识、智能、信息、金融等无形财产的资源属性得以阐释，并通过人类自身创造的科学技术和管理统筹能力把它们运用于人类的生存和发展过程之中，成为经济发展中新的动因。金融资源理论由此应运而生。

金融资源理论在金融工具论认识的基础上进一步界定了金融的资源属性，认为金融是资源，是一种社会资源。[③] 金融资源不仅具有资源的一般属性，即有用性、贮藏性、开发性和有限性，而且还有一些特殊属性，即中介性、社会性和层次性，正是对这些特殊属性的认识弥补了金融工具论认识的不足和缺陷。金融资源包括货币资源、资本资源、金融商品（工具）资源和制度资源，货币资源是基础，资本资源是货币资源在经济领域的延伸，而金融商品（工具）资源则是资本资源的派生，而制度资源则

---

① 王慎之：《中观经济学》，上海：上海人民出版社 1988 年版，第 148 页。

② 李京文：《国际技术经济比较》，北京：中国社会出版社 1990 年版，第 32 页。

③ 社会资源是相对于自然资源而言的一类资源，即社会领域以有形或无形状态存在的可开发资源和资本资源、人力资源、智力资源、金融资源、信息资源等。参见崔满红：《金融资源理论研究》，北京：中国财政经济出版社 2002 年版，第 95 页。

是提升货币、资本、商品（工具）资源效率的关键。①

三、金融发展与经济增长

经济学家对金融发展与经济增长之间的关系的认识有一个逐渐深入的过程，看法也并不完全一致。起初一度集中于货币与银行，后来扩展到包括整个金融市场在内的整个金融体系的发展与经济增长之间的关系。回顾经济的发展历史尤其是市场经济的发展历史，我们就会发现金融发展与经济增长是密切相关的。

（一）金融发展理论

1. 货币面纱理论

早期的经济学家研究经济增长问题，将商品交换相关的价值决定理论与货币理论截然分开，认为经济活动本身不受货币因素影响。货币只是商品交换的媒介，既不会促进经济增长，也不会阻碍经济增长，是经济中的中立因素，是罩在实物经济运行上的一层“面纱”。古典政治经济学家约翰·穆勒对此描述道：“货币只是便利交换的工具，对价值法则并无影响。”

2. 推动力论

马克思在科学地分析和考察货币起源和本质的基础上，解开了“货币之谜”，阐明了货币资本的“推动力”理论。商品生产以商品流通为前提，而商品流通又以商品表明为货币、以货币流通为前提。商品生产要求以货币形式的资本或货币资本作为一个新开办企业的前提条件，在此意义上货币资本成为经济增长的“第一推动力”。而且在资本循环过程中，不断地从货币资本出

① 本部分论述主要参考了《金融资源理论研究》第 3 章中相关内容。详细内容参见崔满红：《金融资源理论研究》，北京：中国财政经济出版社 2002 年版，第 89—109 页。

发，通过生产过程和流通过程，最终以增值的形式还原为货币资本形式，持续推动资本循环过程的正常进行，形成经济增长的“持续推动力”。

3. 金融作用论

熊彼特认为，金融发展是经济增长和发展中关键的和不可缺少的部分。经济增长是由于“新组合”带来的产业突变，而信用在新组合的产出中起着十分重要的作用。银行作为资本主义社会的资本家，通过信用和信用创造，把生产手段从循环流转中抽出来，并将其分配给新的组合，使得企业家能够实现创新，所以，信用对于新的组合是首要的。凭借信贷将商品和生产要素托付给企业家，并满足企业家实现新组合创新的需要。这就可能从完全均衡状态的简单循环中产生出经济的增长。而为“创新”目的而提供的信贷，就是给企业家提供的信贷，并成为经济增长的一个重要要素。

4. 金融深化论

20 世纪 60 年代以前，传统金融理论多是从发达国家的金融状况出发，采用货币分析方法，局限于金融理论中的银行理论进行研究，但随着非银行金融机构的迅速崛起，要求构建一种包含货币理论和银行理论在内的金融理论和金融机构理论。而发展经济学的产生又为发展中国家金融与经济增长问题的研究创造了条件。在这种背景下，罗纳德·麦金农出版了《经济发展中的货币与资本》，爱德华·肖出版了《经济发展中的金融深化》，[①] 两本著作都以发展中国家的货币金融问题为研究对象，分别从金融抑制和金融深化的不同角度，对发展中国家金融发展与经济增长的辩证关系进行了开拓性研究，详细分析了发展中国家货币金融

---

① ［美］罗纳德·I. 麦金农：《经济发展中的货币与资本》，上海：上海三联书店 1993 年版；［美］爱德华·肖：《经济发展中的金融深化》，上海：上海三联书店 1988 年版。

的特殊性，提出发展中国家要实现经济快速、持续的增长，必须实施金融深化战略。实行金融深化的政策主张就是使发展中国家在不完全的市场环境中，扩大金融活动的广度和深度，优化资金配置功能，促使投资形成规模和效率，所以金融深化就是通过金融自由化促进经济增长。

5. 金融约束论

20 世纪 90 年代中期以来，经济学家在反思金融抑制、金融深化以及金融自由化的过程中，特别重视研究日本以及东南亚新兴市场经济国家的经济增长与金融发展的关系。对发展中国家的经济增长或经济转型而言，金融抑制将导致经济发展的停滞和落后，而推行金融自由化和金融深化却受到许多客观条件的制约，难以收到预期效果，甚至导致金融动荡。[①] 因此，需要另辟蹊径，赫尔曼、穆尔多克和斯蒂格利茨等人提出“金融约束”理论。

与“金融抑制”不同的是，在金融约束的情况下，政府可以在不损害微观经济主体市场化行为的前提下，通过设租的方式诱使微观主体采取符合政府意愿的行为。在保证微观金融效率的同时，进行政府干预。同时注重保证存款的安全性和中介效率的提高，并解决市场失灵问题。所以对于发展中国家而言，金融约束可以成为国家在保证市场效率前提下干预经济的手段，达到促进经济增长的目的。

（二）金融发展与经济增长的历史考察

在工业革命时期，金融发展极大地促进了经济增长。希克斯通过经济发展史的考察分析发现，工业革命首先不是技术创新的结果，至少可以说不是技术创新的直接结果，因为早期使用的创

---

① 20 世纪 90 年代中后期出现的东南亚金融危机即是典型的例子。

新技术中，大多数发生在工业革命之前。新技术的应用却需要大量用于固定资产形式的长期投资，为应急需，这些投资者还需要能够较方便地获得流动性，若缺乏金融手段就无法实现。工业革命在经济学意义上的实质也正是体现在这一方面。[①]

欧洲经济史发展表明，“1830 年之前，英国没有一种工业已经度过了全面的技术革命，所以古老形式的工业组织和各种各样的过渡形式还充斥于全国。”[②] 在这一时期，现代工厂制度只有找到资本供给的适当方法，才可能最终取得完全的主导地位。但在中世纪形成的货币经营业的贷款对象却大都是王公贵族，用途也是非生产性的，且利息高达 20%—30%，严重阻碍了一般工商业主的借款需求，也使早期银行业自身经营陷于生存发展的艰难境地，常常遭遇破产倒闭的厄运。[③] “金融革命”之后，[④] 建立了新式的金融体系（包括银行制度和证券市场），形成了有效而便利的融资机制和较完备的支付体系，使贷款利率降到平均利润率之下，为工商业提供了大量的资金，从而促进了经济的增长。

（三）金融发展与经济增长之间的关系

从历史与理论的两个维度观察就会发现金融发展对经济增长具有重要的促进作用，因为任何一个经济社会，只有依赖适当的金融系统，才能在时间、空间及产业之间配置资源。具体说来金

---

① 参见［英］J. 希克斯：《经济史理论》，北京：商务印书馆 1987 年版，第 129—131 页。

② ［英］J. H. 克拉潘：《现代英国经济史》（上卷），北京：商务印书馆 1964 年版，第 188 页。

③ 参见［德］金德尔伯格：《西欧金融史》，北京：中国金融出版社 1991 年版，第 62、68 页。

④ 金融革命（financial revolution）一词用来描述 1688 年光荣革命到 18 世纪中叶期间英国的公共金融变化情况。

融发展对经济增长有三种增进机制：[①]

1. 金融中介与金融市场的发展，可以减少储蓄转化为投资过程中的金融耗费，使更大比例的储蓄进入实际投资，从而提高经济增长率。

2. 金融发展可以更有效地评估投资项目，提供风险分担，激励创新活动，通过提高资本生产率促进增长。

3. 金融发展可以对储蓄行为产生影响，通过改变储蓄率影响经济增长。

在现代市场经济中，金融发展对经济增长发挥着强大的推动作用。西方学者将金融与经济增长的相互作用过程描述为：由于市场存在各种信息成本和交易成本，为了解决这些市场摩擦，金融市场和金融中介机构得以产生和发展，金融体系通过发挥动员储蓄、配置资源、改善风险管理、利于商品劳务交易以及发挥联合控制作用，影响资本积累能力和技术创新能力，最后影响到经济增长。所有这些与金融相关的活动构成了一国经济持续增长的基础。[②] 研究者还通过实证分别检验了金融中介、股票市场、银行与经济增长的关系，金融发展与行业成长、企业融资结构的关系，基本揭示出彼此之间具有较强的相关性。

金融发展除了对产业发展和经济增长提供直接的动力之外，还间接地扩展了经济的社会联系。货币与创新的金融手段可以降低交易成本与风险，扩大交易关系或市场的规模与范围。而扩大的市场有利于促进劳动分工的发展，带来递增的规模报酬以及技术变革，从而进一步要求市场容量的扩张。如果没有金融发展与创新，就难以形成规模经济和技术变革，更无法促成大规模的经

---

① 董裕平：《金融：契约、结构与发展》，北京：中国金融出版社 2003 年版，第 4—5 页。

② 孔祥毅：《百年金融制度变迁与金融协调》，北京：中国社会科学出版社 2002 年版，第 33 页。

济增长。

但是金融发展对经济增长的作用也是一把“双刃剑”，如果金融发展与经济发展不协调，出现金融波动或金融风险就会对经济增长形成阻滞甚至破坏作用。股市崩溃引发的20世纪30年代的大危机和金融资本发难掀起的20世纪90年代后期的亚洲金融风暴是金融发展不协调阻碍破坏经济增长的典型案例。所以金融发展使金融体系运行良好时，经济就保持强劲的增长；而一旦金融发展与金融体系的运行出现不协调，则会影响到经济的增长，甚至会导致金融危机和经济危机。

鉴于金融发展对经济增长的作用存在着二重性，所以一个国家或地区在制定金融政策、安排金融制度时，尽量使金融发展对经济增长的促进作用得以最大限度的发挥，使金融发展对经济增长的阻滞作用得以最大限度的降低。但是如何才能检验或证实制度安排是否达到上述目的呢？一个直观的表达就是金融效率的提高，从而促进经济效率，实现经济增长。

第二节　金融效率与金融安全

金融发展对经济增长来说具有重要作用，但这种作用包括两个方面：积极的促进作用和消极的阻碍作用。任何国家和地区从自身利益出发，无不把追求经济增长的高速度作为首要的经济发展目标，这样就产生一个资源配置上的效率问题。实际上经济效率的快速提高得益于各种经济资源的有效配置，而金融作为一种资源，被认为是促进经济增长和提高经济效率的巨大推动力，但是这要有一个前提即金融资源从经济学的角度来看要得到有效配置，用一个专业术语表达就是要有金融效率。只有不断提高金融效率，金融发展才能为经济增长提供“持续的推动力”。

一味追求金融效率常常出现事与愿违的情形，因为金融作为一种高负债经营的行业，自身的脆弱性无法克服。在金融效率不断提高时，与之俱来的是不断增加的金融风险。如果金融风险日益聚集却得不到有效防范，一旦出现金融波动就可能引致巨大的金融危机，从而对经济发展产生难以估计的负面影响，所以在提高金融效率的同时必须注意风险防范，维护金融安全。

由此可见，经济增长要求提高经济效率，而经济效率的提高有赖于金融效率的提高，不断提高金融效率要以保障金融安全为前提，金融安全的运行也是经济稳定发展的一个具体表征。所以经济效率、金融效率和金融安全三者之间相辅相成、相互作用、共同推动着经济增长。

一、经济效率

（一）经济效率的历史考察

所谓效率是一种在资源和技术条件限制下，尽可能满足人类需要的运行状况。随着社会的不断发展进步，效率的内涵也不断扩大。在柏拉图的《理想国》中，效率是指当任何人只从事适合自己天性的那种工作时，才会干得最快、最多、最好，才会产生好的效果。在亚里士多德看来，效率的高低和财富的多少并不是导致政体变革的主要原因，平等与不平等才是政体变革的原因，亚里士多德把效率标准放在财富分配平等与否之后，作为第二位的原因。随着资本主义生产力的巨大发展，效率的定义开始用经济学的语言进行描述。[①]

古典经济学的代表人物亚当·斯密对经济效率最先进行了经

① 李风圣、吴云亭：《公平与效率：制度分析》，北京：经济科学出版社 1995 年版，第 72 页。

济学意义上的分析和阐释。在“看不见的手”的市场作用的引导下，厂商和消费者为了追求最大利润和消费最优，必然“使得其生产会有最大的价值，每一个必定是用它的最大努力提供社会岁入”。[①] 后来，杰文斯、门格尔和瓦尔拉斯以边际效用为基础，各自提出了资源配置的效率标准。由于资源具有稀缺性，但资源可用于多种用途的选择，这种选择以个人获取最大利益为唯一标准。人们为了获得最大收益，会对资源进行重新配置，当资源从较少用途转到获利较多用途时，资源的配置效率就提高了。

庇古在其所著的《福利经济学》中比较全面地提出了效率的评价标准。他认为，资源的最优配置标准是边际私人产值等于边际社会产值。所谓边际私人纯产值，是指当私人增加一个单位的投资后，投资者增加的产值等于边际私人纯产品和价格的乘积。所谓边际社会纯产值，是指社会增加一个单位的生产要素所得到的纯产值等社会纯产品和价格的乘积。

（二）经济效率的含义[②]

许多经济学家从不同的视角给出了经济效率的不同描述，它们之间既有相同之处又有相异之处，其中较为主要的有以下几种表述。[③]

R. H. Leftwich 认为经济效率就是投入与产出的比率，但是与物理效率或机械效率不同，经济效率则是用货币单位计量的有用资源投入与产出之间的比率。

Richard G. Lipsey 认为效率可分为技术效率、经济效率和工

---

① ［英］亚当·斯密：《国民财富的性质和原因的研究》，北京：商务印书馆 1979 年版，第 422—423 页。

② 参见王振山：《金融效率论：金融资源优化配置的理论与实践》，大连：东北财经大学博士学位论文，1999 年，第 16—17 页。

③ 张先治：《经济效益研究》，大连：东北财经大学出版社 1996 年版，第 47 页。

程效率三种。技术效率是用实物单位计量的效率；经济效率是用成本（价值）单位计量的效率；工程效率是指只计量某一特定要素的效率。资源应用中的效率通常是指帕累托效率或帕累托最优，也就是说资源的不同使用已经不可能使任何一个人处境变好，同时也不致使另一个人处境变坏。

Sumuelson 认为效率意味着尽可能有效地运用经济资源以满足人们的需要，是指在经济中的资源和技术既定的条件下，能够给消费者提供最大可能的商品组合。精确地说，资源配置效率是指任何生产和消费的重新组织，如果不使其他任何人的处境变坏，就不可能使任何人的处境变好。

戴维·W. 皮尔斯认为经济效率或配置效率，是指通过投入要素的最有效的组合生产出"最优的"或最适度的产品组合。"最优的"产品组合是指由消费者根据完全竞争市场中价格的变化选择决定的，而这种价格又真正反映了产品生产成本。最有效率的投入要素组合是指以最低的机会成本把产品生产出来，投入要素这样使用有时视为在技术上是有效率的。

约翰·伊特韦尔认为在经济学中的效率通常是指不浪费，或者是指现有资源用得最好。对于某种经济的资源配置，如果不存在其他生产上的可行配置，使得该经济中的所有个人至少和他们在初始时情况一样好，而且至少有一个人的情况比初始时严格地更好，那么这个资源配置就是最优的。

由此可见，尽管经济学家对效率认识并不完全相同，有些人把效率说成是"投入产出的比率"，有些人把效率说成是"不浪费"，有些人把效率说成是"最优组合"，有人把效率说成是"最大的产出"，但是有一点是相同的，那就是效率这个词意味着帕累托效率。

（三）帕累托效率

帕累托效率是经济学中运用最为广泛的术语之一，也是经济学中的一个核心概念，作为一个经济学范畴，学术界对帕累托效率的争议也比较少。意大利经济学家帕累托在《政治经济学讲义》和《政治经济学教程》中指出：对于某种经济的资源配置，如果不存在其他可行的配置，使得该经济中的所有个人至少和他们在初始的情况一样良好，而且至少有一个人的情况比初始时良好，那么这个资源配置是最优的，也是有效率的。由此可见，资源的帕累托最优配置，仅在有限意义上是最好的，它不能使每个人的情况都比初始情况好，而只能是某个人或某部分人比初始情况好，而其他人并不因此而受损。

对帕累托效率在理解上应注意以下几个方面：（1）这个定义是在完全竞争市场条件下界定的。在不完全竞争的市场上，应该考虑资源配置的内在约束，比如关于相同禀赋的配置，没有其他竞争性均衡是受约束条件人的帕累托最优。（2）帕累托定义是指一个在最优状态下取得的最大剩余或收益的概念。（3）帕累托效率概念与帕累托一般均衡思想联系在一起。帕累托均衡是指一个非常特殊的效用函数和一个线性函数，其证明并不是十分严密，而且帕累托在分析中混淆了时间的性质，没有明确区分存在性问题和稳定性问题，他把均衡看做是一个过程的终点。① 因为帕累托认为“如果我们考虑几千万人的人口和几千种商品生产的巨额数量方程，这将不是经济学得到数学的帮助，而是数学得到经济学的帮助”。姑且不论经济学能否帮助数学，即使有帮助，这种帮助也应该是有限的，这样的方程组超出了人的求解能

---

① 参见李风圣、吴云亭：《公平与效率：制度分析》，北京：经济科学出版社1995年版，第77—78页。

力。因此，帕累托放弃了求大规模经济的解，而是转而为达到帕累托最优设定各种条件，这就是所谓的帕累托最优条件。

具备了帕累托最优条件也就意味着资源配置已经处于帕累托最优状态，也就实现了帕累托效率，帕累托最优条件包括生产的最优条件、交换的最优条件、交换和生产的最优条件，而最优条件是指当某种分配标准为既定时，我们可以按照这种标准，研究何种状态会使集体中各个人达到最大的福利。让我们考虑任何一个特定的状态，并且假定在适合所包括的关系方面做一很小的变动，如果这样做以后，每一个人的福利都增加了，显然新的状态对每一个人就更有利；相反，如果所有人的福利都减少了，则新的状态对每一个人就没有利。但是，另一方面，如果这种微小的变动使一些人福利增加，而一些人福利减少，那么对于整个社会来说，就不能认为这种变动是有利的。因此，我们规定最大偏好状态是："在那种状态，任何微小的变动，除了某些人的偏好依然不变外，不可能使所有的人的偏好全都增加，或者全都减少。"①

针对帕累托效率适用条件的严格性，经济学家卡尔多在《经济学的福利命题和个人间效用的比较》一文中提出卡尔多效率标准，即如果经济发生变化，这一变化使受益者对其所得利益的效用，高于受损者对其所受损失的效用，也就是说受益者补偿损失者的利益有余，这种变化就意味着效率的增加。希克斯对此补充道，这种补偿并不一定进行，而是一种"补偿的可能性"或"补偿的潜在能力"，② 这就是经济学上的卡尔多—希克斯效

---

① 参见 Pareto V. Manuale d'economia politica. Milan: Scocieta Editrice Libraria. (Referred to as Manuel in the text) . Revised and translated as Manuel d'economie politique Paris: Giard et Briere, 1909, pp. 617 - 618. 转引自李风圣、吴云亭：《公平与效率：制度分析》，北京：经济科学出版社 1995 年版，第 79 页。

② 林立：《波斯纳与法律经济分析》，上海：上海三联书店 2005 年版，第 73 页。

率。"由于在现实世界中几乎从未满足帕累托效率存在的条件，……则在经济学中，实际在运作的效率概念一定不是帕累托效率意义上的。当一位经济学家在谈论自由贸易、竞争、污染控制，或是些其他政策，或关于世界状况是有效率之时，百分之九十所指的是卡尔多—希克斯意义的效率。"[①] 尽管如此，卡尔多—希克斯效率并不是否定了帕累托效率，而是放宽了条件的帕累托效率，实际上在卡尔多—希克斯效率情形下具有补偿潜在能力的一方将补偿的可能性变成现实性时，经济变动的情况则又回到帕累托效率状态之下。基于这一理由，笔者在讨论经济效率、金融效率和制度效率时，如无特别说明就是指帕累托效率。

二、金融效率

金融作为一种资源具有稀缺性，从这一约束条件出发，则涉及一个金融资源配置优化的问题，即金融效率问题。

（一）金融效率的内涵

金融是货币和信用融为一体而进行各类经济活动的资源。简单地说金融就是资金融通，金融效率则是效率的概念在金融领域的特殊化、具体化。学者们从不同角度对金融效率进行了不同的阐释。

王广谦认为，金融效率是指金融运作能力的大小，包括三个层次：第一层次是金融作为一种产业，金融机构作为这一产业的主体在经营发展中的效率；第二层次是金融作为经济发展中的一个重要因素在市场运作中的效率，即金融市场效率；第三层次是

① See Richard A. Posner, Economic Analysis of Law, 5. edition, New York, 1998, pp. 14 – 15.

通过金融机构经营发展效率和金融市场效率所反映出来的综合效率。

杨德勇认为金融效率是一国金融整体在国民经济运作中所发挥的效率，金融要素的投入和国民经济运作结果之比。

王振山认为金融效率就是资金融通的效率，即在金融市场上，在健全的金融监管体制和金融调节机制下，以金融中介和金融市场为手段实现的金融资源的帕累托有效配置。①

实际上对金融效率的分析很难集中到一个层面上进行，可以从微观经济个体和宏观经济总体两个方面考察，从而也就将金融效率分为微观金融效率和宏观金融效率。微观金融效率如金融机构、金融市场的效率，指各经济部门所完成的金融资源配置达到的最优状态。宏观金融效率即金融对经济的效率，指金融促进经济增长的效能大小，即金融体系动员储蓄，加速储蓄向投资转化的过程，提高储蓄向投资转化的效率，实现资源的有效配置，从而推动经济增长的效率。具体表现在两个方面：（1）规模效率，即储蓄和投资总量的增加；（2）配置效率，即把储蓄更有效地分配在投资项目之间，宏观金融资源配置的帕累托效率。②

尽管微观金融效率与宏观金融效率并非总是一样，但长期观察二者从总体上还是一致的。例如，由于金融机构交易成本降低而提高微观金融效率时，对宏观金融而言也意味着交易成本的降低。而且宏观金融效率的提高只有依赖于各微观经济部门金融效率的提高才能实现。

---

① 参见陆文磊：《论金融结构的演进机制：一个金融效率的观点》，上海：华东师范大学硕士学位论文，2002 年，第 3 页。

② 孔祥毅等：《百年金融制度变迁与金融协调》，北京：中国社会科学出版社 2002 年版，第 625 页。

（二）金融资源的帕累托效率

金融效率无论是从微观角度观察还是从宏观角度观察都应是指金融资源的配置达到帕累托最优状态。因为金融作为一种资源，其配置状态直接影响着其他经济资源的配置，而且经济资源的帕累托最优配置也要求金融资源的配置达到帕累托最优，这样才能实现经济增长，所以金融效率指的就是金融资源的帕累托最优配置状态。经济学家们通过对完全意义的金融市场交易主体行为的分析证明，当金融商品的投资者与融资者实现市场一般均衡时，可以同时达到金融资源配置的帕累托条件，从而实现金融效率。

金融资源配置达到帕累托效率的三个条件是：（1）对所有投资者来说任意两种金融商品的边际替代率必须相等；（2）对所有融资者来说，任意一对融资商品之间的边际融资转换率必须相等，且等于两种商品价格之比；（3）任何一对金融商品的边际融资转换率与投资者的边际替代率相等。上述三个条件只有在完全竞争的金融市场条件下才能获得满足，如果对业已存在的相互竞争的金融市场重新布局，致使一些市场出现垄断，则金融资源达到帕累托效率的这些条件将不复存在；如果金融资源的配置没有达到帕累托效率状态，通过鼓励竞争和培育竞争性的金融市场总能实现金融资源配置的帕累托改进。

实际上，完全竞争的金融市场是不存在的，金融资源配置的帕累托效率状态仅仅是一种抽象的完全市场假设条件下的理想的金融资源配置状态。由于条件的过于严格和苛刻，现实金融资源的配置中没有哪个国家，也不可能有哪个国家真正实现。但这并不意味金融效率理论毫无意义。由于现实的金融运行过于复杂，只有对其抽象和简化才有可能对其开展研究，而在抽象和简化的过程也是获取金融资源配置信息的最佳途径。同时这种理想化的金融资源配置状态还为现实中的金融运行效率的提高指明了方向。因为在逐步放宽金融资源配置的帕累托效率存在的条件时，我们会从中发现是哪些因素影响到金融效率，这就为理解现实金融资源配置的状态和探索帕累托效率改进的渠道尤其是经济金融法律制度的安排对金融效率的影响，提供了解读的视角和完善的路径。

(三) 金融效率与经济效率

金融效率可以分为微观金融效率和宏观金融效率。微观金融效率对金融行业自身的发展至关重要，但是金融发展的落脚点应是通过金融的发展促进整个经济的增长，如果金融只着眼于自身的发展而与经济发展相脱节，则金融发展便失去了实质意义。因此微观金融效率虽然是提高经济发展效率的基础，但金融对整个经济的作用效率即宏观经济效率则更为重要。①

经济效率指的是经济资源的配置达到帕累托最优状态，这种资源配置就是把一个社会可调动的各种经济资源配置到各种可供选择的用途中，以生产出能够满足人们不同需要的不同物品。在现代经济条件下，金融资源是一个社会动员与分配物质资源的手段和工具，因此一个社会的经济系统必须为适应现代金融经济的发展需要，培育和发展起金融资源配置的金融系统，作为经济系统的一个组成部分。从根本上说，金融效率的标志和目标就是促进一个国家的经济增长，实现经济效率，所以金融资源的配置应服务于各国的经济增长。金融效率反映为利用有限的金融资源推动尽可能多的国民产出；表现为金融资源的配置有利于促进经济结构、产业结构、产品结构的调整和合理分布；金融资源的动员

---

① 孔祥毅：《百年金融制度变迁与金融协调》，北京：中国社会科学出版社2002年版，第624页。

和使用有利于推动技术进步和民众福祉的逐步提高。总之，金融效率的终极目标是能够最大限度地推动一国经济的长期均衡发展。

但是金融资源的配置和金融效率的实现必须与整个经济发展相匹配，经济效率决定着金融效率，因为金融效率是经济效率的延伸，是经济效率在货币信用经济条件下的一种特殊表现形式。经济效率描述的是经济资源配置满足帕累托条件时的效率状态，而金融效率则是对金融资源配置满足帕累托最优条件的描述。金融资源作为经济资源的一个组成部分，与实物资源相对应。尽管金融资源的配置有越来越独立于实物资源的运行趋势，而且随着金融全球化、自由化的不断发展这种独立的趋势还在不断加快，但脱胎于实物资源的金融资源，仍不能完全摆脱与其生成的母体。金融资源分配在交易总量、交易结构、交易形式和收益源泉上的变化均决定于经济资源的分配总量、分配结构、分配形式以及分配效率，所以经济效率制约着金融效率。[①]

有学者从协调理论来解说金融效率与经济效率之间的关系，认为金融顺利发展时期往往是金融协调时期，这时金融效率较高，经济快速发展，经济效率也迅速提高；而一旦金融发展与经济发展不协调，金融风险就会增大，金融效率降低，经济发展受阻，从而使经济效率降低。[②] 实际上，金融与经济之间如果协调发展，则是一种良性循环关系，一国金融效率的高低是影响经济能否健康发展的重要因素之一，而成功的经济发展反过来也促进了金融效率的进一步提高。[③]

---

① 王振山：《金融效率论：金融资源优化配置的理论与实践》，大连：东北财经大学博士学位论文，1999 年，第 136 页。

② 孔祥毅：《百年金融制度变迁与金融协调》，北京：中国社会科学出版社 2002 年版，第 630 页。

③ 温涛、冉光和、王煜宇："金融产业可持续发展运行机制研究"，载于《金融理论与实践》2004 年第 1 期，第 20—21 页。

三、金融安全

金融安全是相对于金融风险而言的。[①] 金融发展的每一进程中都蕴藏着矛盾和冲突，产生着风险和危机。为了促进经济增长而单纯追求金融效率，不注意防范金融风险，往往危及金融安全，从而使金融效率毁于一旦，更无法促进经济增长。所以在注重提高金融效率、促进经济增长的同时，还应关注金融安全。

（一）金融安全的含义

国外学者通常将金融安全放在国家安全战略和国家经济安全系统中进行探讨，但并未有明确的概念界定。1997 年东南亚金融危机爆发后，国内学者开始关注金融安全问题，并就如何界定金融安全发表了许多见解。

有的学者从金融的实质角度界定金融安全，认为金融安全是货币资金融通的安全，凡是与货币流通以及信用直接相关的经济活动都属于金融安全的范畴。[②] 在这一概念的涵摄下，一国国际收支和资本流动的各个方面，无论是对外贸易，还是利用外商直接投资、借用外债等也都属于金融安全的范畴，其状况如何直接影响着经济安全。[③]

有的学者则是用描述性的语言刻画现实金融安全的内涵，认为金融业是一个技术强、利润丰厚、竞争异常激烈，但又存在高度风险的领域。想造就一个无风险的金融运行体系，这在任何国

---

① 张亦春：“金融安全与金融创新相辅相成”，载于《现代商业银行》2002 年第 7 期，第 25 页。

② 王元龙：“对外开放的中国与金融安全”，载于《金融时报》1998 年 5 月 18 日。

③ 王元龙：“我国对外开放中的金融安全问题研究”，载于《国际金融研究》1998 年第 5 期，第 11 页。

家都无实现的可能。所以，金融安全的含义只能是将金融风险控制在可能引致危机的临界点以下，在不致发生金融危机的条件下，尽可能地降低金融风险、提高金融效率。[①] 这只是描述了金融危机、金融风险与金融安全之间的关系而并未界定金融安全的概念。

有的学者从国际关系学的角度界定金融安全，认为国家金融安全是指国家能够抵御内外冲击保持金融制度和金融体系正常运行与发展，即使受到冲击也能保持本国金融及经济不受重大损害，如金融财富没有大量流失、金融制度与金融体系基本保持正常运行与发展的状态，包括维护这种状态的能力和对这种状态与维护能力的信心的主观感觉，以及由这种状态和能力所获得的政治、军事与经济安全。[②] 这是从国际关系学中的安全概念出发，结合经济学的思维方式界定的金融安全。

其他学者也作了类似的界定，例如有人认为金融安全就是一国利益不受侵犯，金融体系的正常运转不受破坏和威胁，金融体系能够抵御各种金融危机对其的侵害。[③] 有人认为金融安全就是指金融领域能够通过采取各种手段抵御和消除来自内部及外部的各种威胁和侵害，以确保正常的金融功能和金融秩序。[④]

笔者认为，对金融安全的界定既要考虑金融实质问题，又要考虑国际环境的变化，还要考虑安全的具体含义。基于上述考虑，下述有关金融安全的界定应是比较科学的，即金融安全是指

---

① 徐滇庆、于宗先、王金利：《泡沫经济与金融危机》，北京：中国人民大学出版社2000年版，第262页。

② 梁勇：《开放的难题：发展中国家的金融安全》，北京：高等教育出版社1996年版，第10页。

③ 郑汉通：《经济全球化中的国家经济安全问题》，北京：国防大学出版社1999年版，第97页。

④ 雷家骕：《国家经济安全理论与方法》，北京：经济科学出版社2000年版，第89页。

在金融全球化的条件下，一国在其金融发展过程中具备抵御国内外威胁、侵袭的能力，确保金融体系、金融主权不受侵害，使金融系统保持正常运行与发展的一种态势。[①]

（二）金融风险、金融危机与金融安全

1. 金融风险与金融安全

金融风险是指金融机构在进行金融交易的过程存在遭致损失的可能性，具体包括信用风险、市场风险、国家风险。金融风险又可以分为市场化风险（market risks）与制度性风险（institutional risks）。[②] 就金融风险的本质含义而言，金融风险是指金融资产损失的可能性。这种可能性伴随在一切金融活动之中。无风险无收益，只要有金融活动，就必然存在金融风险。

金融风险的产生对金融安全构成威胁，金融风险的积累和爆发造成对金融安全的损害，对金融风险的防范就是对金融安全的维护。但是，金融风险与金融安全又相互区别。金融风险主要从金融结果的不确定性的角度来探讨风险产生和防范问题，金融安全则主要从保持金融体系正常运行与发展的角度来探讨威胁与侵袭来自何方及如何消除。[③]

在金融安全状态下并不是没有金融风险，因为金融风险不一定会导致金融的不安全。而现实的状况是如果对金融风险控制得好、防范得好，那么在金融风险中也有金融安全的态势。金融风险是与金融活动相伴生的，只要从事金融活动，就存在着金融风险。它的根源在于金融活动所存在的时间和空间的差异，因此，

---

① 王元龙：《中国金融安全论》，北京：中国金融出版社 2003 年版，第 67 页。

② 王曙光：《金融自由化与经济发展》，北京：北京大学出版社 2003 年版，第 237 页。

③ 李羽中：《国家金融风险论》，北京：商务印书馆 2000 年版，第 17 页。

金融风险并不意味着金融不安全。[①]

2. 金融危机与金融安全

金融危机是指金融体系和金融制度的混乱和动荡。主要表现为：强制清理旧债、商业信用剧减、银行资金呆滞、存款者大量提取现钞、部分金融机构倒闭、有价证券行市低落、发行锐减、货币饥荒严重、借贷资金缺乏、市场利率猛烈提高、金融市场动荡不宁、本币币值下跌。[②]而在西方经济学中，对金融危机则定义为："全部或大部分金融指标——短期利率、资产（证券、房地产、土地）价格、商业破产数和金融机构倒闭数——的急剧、短暂和超周期的恶化。"金融危机的特征是基于预期资产价格下降而大量抛出不动产或长期金融资产，将其换成货币。[③] 这与金融繁荣或景气时的特征正好相反：基于预期资产价格上涨而大量抛出货币，购置不动产或长期金融资产。这个定义揭示了全部或大部分金融指标在一个较短的时间内急剧恶化，且这种恶化是超周期的，是金融危机的主要表现形式，应该说这个定义比较准确地把握了金融危机的特征。[④]

金融安全的反义词是金融不安全，但绝不是金融危机的爆发。我国有些学者将金融安全的实质描述为金融风险状况，而金融不安全的表现主要是金融风险与金融危机。实际上，金融危机是指一个国家的金融领域已经发生了严重的混乱和动荡，并在事实上对该国银行体系、货币金融市场、对外贸易、国际收支乃至

---

① 参见王元龙："关于金融安全的若干理论问题"，载于《国际金融研究》2004年第5期，第13—14页。

② 戴相龙等：《中华金融辞库》，北京：中国金融出版社1998年版，第252页。

③ 金融危机的这一定义是著名经济学家查尔斯·P. 金德尔伯格所撰写。参见[英] 约翰·伊特韦尔等：《新帕尔格雷夫经济学大辞典》，北京：经济科学出版社1992年版，第362页。

④ 韦伟等：《金融危机论——经济学角度的分析》，北京：经济科学出版社2001年版，第25页。

整个国民经济造成了灾难性的影响，包括全国性的债务危机、货币危机和金融机构危机等，这说明金融危机是金融不安全状况积累爆发结果。①

(三) 金融安全是动态发展的安全

绝对的金融安全并不存在，存在的是动态发展的金融安全状态。因为经济运行的态势是一种连续不断的变化过程，而在这一过程中，金融运行往往处在一种连续的压迫力和惯性之中。在经济快速增长时期，银行会不断扩张信贷，其结果有可能导致不良资产增加；在经济衰退时期，银行经营环境的恶化迫使其收缩信贷，从而又使经济进一步衰退。因此，金融安全是基于信息反馈机制良好的运行基础上的动态均衡，安全状态的获得是在不断调整中实现的。所以说金融安全是特定意义上的金融稳定，金融安全作为一种动态均衡状态往往表现为金融稳定发展。②

金融安全所要求的是一种宏观整体上的安全，金融安全是动态发展的安全状态。从金融运行来看，金融安全只是其中的一种客观状态和主观能力状态。金融安全的对立面就是金融不安全，临界于金融安全与金融不安全之间的就是金融基本安全，而金融危机则是金融不安全状况积累的爆发结果。金融运行的基本态势参见下表。

---

① 参见王元龙："关于金融安全的若干理论问题"，载于《国际金融研究》2004年第5期，第14—15页。

② 参见王元龙："关于金融安全的若干理论问题"，载于《国际金融研究》2004年第5期，第16—17页。

金融运行的四种基本态势

安全状况	风险状况	金融运行状况
金融安全	无明显风险	各项风险指标均在安全区内，金融市场稳定，金融运行有序，金融监管有效，金融业稳健发展。
金融基本安全	轻度风险	金融信号基本正常，部分指标接近预警值；不良资产占总资产比重低于10%；有正常的金融机构倒闭，但所占比重很小；货币有贬值的压力；金融运行平稳。
金融不安全	严重风险	大部分金融指标恶化；大多数金融机构有程度不同的不良资产问题，不良资产占总资产比重超过10%；有较多的金融机构倒闭；货币较大幅度贬值；金融动荡，经济衰退。
金融危机	风险总爆发	金融不安全状况积累的结果，爆发严重的货币危机和银行危机，货币大幅度贬值、大批金融机构倒闭；金融崩溃，经济倒退，社会动荡。

金融运行的四种基本态势在1997年爆发的亚洲金融危机中表现得淋漓尽致：一是金融危机，在此期间印度尼西亚爆发金融危机，金融动荡波及到了政治领域，导致政局动荡、经济倒退和社会动荡。二是金融不安全，亚洲金融危机爆发之前的泰国、韩国和日本等国的金融运行状况就是典型的金融不安全。三是金融基本安全，在此期间我国虽然面临人民币贬值的压力，但经济金融状况基本良好。四是金融安全，在此期间美国经济运行保持良好态势，失业率、消费物价指数处在低水平，金融体系稳定。①

① 王元龙：《中国金融安全论》，北京：中国金融出版社2003年版，第90—91页。

第三节 金融法律制度的立法理念

一、立法理念的含义

社会历史的变迁过程中的制度演化也与时俱进，尤其是在社会转轨时期，制度的重整与构建成为社会变革的一项重要内容，而制度重构中的焦点则是正式制度的变换和确立，即立法活动的展开。或许将立法视为“对社会影响最有力、最直接、最深远的社会活动”①有些言过其实，但不得不承认的是，法律制度的构建的确是国家推进法治进程、维持社会秩序的一项重要手段和措施，因为当今世界，“社会控制首先是国家职能，并通过法律来行使”，“法律已成为社会控制的最高手段。”②

研究法律制度的构建可以在不同的理论层次上展开，如立法原理、立法制度和立法技术；可以从不同的视野背景中进行分析，如立法史、立法与社会的关系，不同国家、不同地区、不同法系立法的比较研究；还可以从立法在法律运行中的地位角度进行分析，如立法与司法的关系、立法与执法的关系、立法与守法的关系，③ 但是，最能体现法律制度构建本质的是立法理念，因为立法理念是一个比立法原理更高的范畴，统摄着立法原理和具体立法的指导思想，法律制度的设计和安排无不体现着立法理念的价值取向，所以立法理念是一部法律的灵魂。

---

① 周旺生:《立法技术手册》，北京：中国法制出版社 1999 年版，第 1 页。

② ［美］庞德:《通过法律的社会控制》，沈宗灵译，北京：商务印书馆 1984 年版，第 13 页。

③ 赵维贞：“美国成文法与传统大陆法系成文法立法理念比较研究”，载于《西南政法大学学报》2001 年第 6 卷第 2 期，第 119 页。

理念一词的含义，不同的学者有不同的理解。在西方学术语境中，“理念”更多的是在哲学领域中频频现身，其意义又常常是变幻不定。古希腊哲学时期，理念一词特指理智的对象或理解到的东西。而黑格尔则把哲学上的理念与世俗中的法律结合起来，认为法的理念，即是指法的概念及其现实化，或曰法的理念即是自由。[①] 我国台湾地区学者史尚宽认为：“法律制定及运用之最高原理，谓之法律理念。”[②] 中国大陆学者江山则在其《中国法理念》著作中从不同角度阐释了理念的内涵，包括“理念即是内在精神，直至最高本体”，“理念是被理解的东西的定在”，“理念是知识论”，“理念是历史的成长”，“理念即哲学问题的解释和解决”等。[③] 他对理念的阐释明显带有黑格尔哲学的痕迹，其范畴的抽象也达到了哲学的高度，并直指法律制度构建背后真实的力量所在。从这个意义上讲，立法理念就是蕴涵于法律制度中内在的精神和最高原理，体现了立法者对法律制度的本质、原理、规则及其运作规律的理性认识并在此基础上形成的法律理念的价值取向，它是法律制度的构建者为实现法治的最终目标，期望通过完善的法律制度的构建来管理经济活动、规范社会生活、治理国家政府的一种最高的思想境界。

就法律制度的一般价值理念而言主要包括：秩序、公平和个人自由。[④] 德国古典哲学的代表人物康德、黑格尔将法的价值理念理解为自由。“法的理念是自由，为了得到真正的理解，必须在法的概念及其定在中认识法。”“任何定在，只要是自由意志

---

① ［德］黑格尔：《法哲学原理》，贺麟、张企泰译，北京：商务印书馆1996年版，第1页。

② 史尚宽：“法律之理念与经验主义法学之综合”，载于刁荣华主编：《中国法律思想论集》，台北：汉林出版社1984年版，第259页。

③ 江山：《中国法理念》，武汉：中国地质大学出版社1989年版，自序。

④ ［英］彼得·斯坦、约翰·香德：《西方社会的法律价值》，王献平译，北京：中国法制出版社2004年版，第2页。

的定在，就叫做法。所以一般来说，法就是作为理念的自由。”①新康德主义者施塔姆勒等人将法的理念理解为正义，但并未脱离法的理念的自由价值指向。史尚宽先生也指出：“法律之概念，谓‘法律为何者’；法律之理念，谓‘法律应如何’。”“前者为存在之问题，后者为价值之问题。研究法律之理念如何，为法理学。罗马法以公平与正义，为法理之理念，法国革命、美国建国之理念，为自由、平等、博爱之原则，基督以爱人为理念，边沁及耶林以利益（社会一般幸福）为法律之理念。”② 法律制度背后的价值理念支配统摄着法律原理、法律原则和法律规则，只有对法律制度构建的价值理念有了深刻的理解和把握之后，才能掌握好法律原理，适用好法律原则，运用好法律规则。

二、金融法律制度的价值理念

（一）金融法的定位

不同的部门法体现出不同的价值理念，研究金融法律制度的价值理念首先必须对金融法进行定位。依据法律的调整对象和调整方法可以把法律划分许多部门。但是由于调整对象的变动性和调整方法的交叉性，往往造成在认定某项法律归属何种法律部门时，产生诸多分歧，而金融法的部门法律归属也存在这样的问题。

对于金融法的法律部门归属问题主要有三种意见：第一种意见认为金融法是行政法，因为金融法主要是大量的国家金融财政

① ［德］黑格尔：《法哲学原理》，北京：商务印书馆 1982 年版，第 1—2 页、第 36 页。

② 史尚宽：“法律之理念与经验主义法学之综合”，载于刁荣华主编：《中国法律思想论集》，台北：汉林出版社 1984 年版，第 264 页。

税收部门规制金融活动的法律规范，这种观点是深受计划经济思想的影响，现在已经几乎没有人坚持这一观点了。第二种意见认为金融法是经济法，这种观点认为金融业的经营主体属于特许经营，经营范围由金融主管机关特别批准，而且在金融体系中，起核心作用的是中央银行，而中央银行是货币发行的银行、政府的银行、银行的银行以及金融调控和金融监管的银行，具有金融政府之称。而规范中央银行的地位、性质、职能、组织机构和行为的法律属于经济法，金融市场的其他主体都不能脱离中央银行的调控范围。目前，持这种观点的大多是经济法学界中的学者专家。[①] 第三种意见认为金融法归属民商法律部门，更准确地说金融法应归属于商法部门。笔者同意这种观点，其理由是：（1）就金融法体系的基本内容看，可以包括金融主体法、金融行为法和金融监管法，其中金融主体多为以营利为目的的商事主体，金融行为也多是以营利为目的的商事行为；尽管中央银行并不是商事主体，其行为也多是监管行为，但从整体上衡量，这只是全部金融法中的一小部分内容，而且其存在也是为了维护一个稳定的金融秩序，营造一个金融交易的安全环境。由此可见，金融法中的中央银行法和其他监管法律的存在并不影响金融法的商事法律性质。（2）现代金融法的前身是商法中的金融信用制度。金融信用制度在商业发展和商法体系的构建中起到了举足轻重的作用，罗马时代的存款银行在12—13世纪复兴，并形成商业银行制度；为海外冒险活动提供风险分散功能的保险制度应运而生并扩张到其他商事领域；为了交易的便捷，汇票等票据制度形成。现代商法的分支包括的商业银行法、保险法、票据法等金融法律当时均已形成，至今其性质仍未改变。（3）随着经济的发

① 张宇润：“金融法的定位及内在冲突的衡平”，载于《当代法学》2004年第18卷第1期，第57页。

展，金融在在现代经济中逐渐居于核心地位，国家为了促进经济增长，一方面制定法律规章，尽可能地提高金融效率；另一方面又担心金融的快速扩张，与经济发展不协调，出现金融风险，形成金融危机，造成金融不但没有促进经济的增长，反而阻滞经济的发展。因此，逐渐加大政府对金融活动的干预程度，这些干预都是在法律制度框架内进行的，从而形成金融监管法律体系，但是这并未改变金融主体法和金融行为法的商事法律性质。

总之，金融法在现代法律体系中其内容和构成绝大部分还是商事金融法律规范，金融法律制度的立法理念，仍然体现的是商事法律的价值取向。只有从这一基本价值理念出发，才能深刻理解金融法律的制度安排和制度变迁，才能更好地构建出符合商法价值理念的金融法律制度。

（二）金融法律制度的价值理念

金融法律制度的价值理念并非是单维的，而是多层次、多方面的。只有全面考察这些理念真实内涵，衡量这些理念的价值定位，才能真正了解金融法律制度。

1. 自由

按照市场经济的基本原理分析，在金融领域内最理想的境界就是要达到自由竞争，也只有这样，金融机构才能提高效率，提供优质服务，促进经济与金融的健康发展。金融资本的本性就要求自由流动，否则，等于扼杀了金融市场。所以，金融法律制度要体现金融自由的价值理念。如果禁止证券交易市场，就会限制了股份公司利用证券市场扩充资本的能力，抑制了市场的本来冲动。西方国家的金融立法中总是尽可能地体现鼓励自由竞争、限制垄断的价值理念。例如，在有价证券市场法律制度中一般都有反垄断条款，禁止证券市场上垄断价格的形成，有利于证券的自由交易。[1] 20世纪90年代初期，日本经济泡沫愈演愈烈，日本金融立法加强了对金融风险的严格控制，从此金融市场越来越走向衰落。后来日本《金融体制改革法》的立法理念定位为自由、公平和全球化，该法改变了过去只强调风险而过分限制市场的法律规定，撤销由法律设定的对金融业务范围的各种限制，授予银行、证券、保险以及其他金融机构更多的自由竞争权利，促进金融机构真正成为国际金融市场的自由竞争者。[2] 因此，当金融市场法律已经健全，市场主体控制风险的能力和法律意识已经成熟时，法律应当给予更多的自由。

2. 效率

金融法律制度的设计与安排要体现效率理念。市场经济的最高原则就是效率，任何一个市场主体都是力图以最小的代价取得最大的利润。金融机构作为市场主体也是以追求最大利润为目的。一般而言，产权清晰是效率的前提，主体行为的自由是产生效率的动力，自由和效率正相关。根据制度经济学家的观点，最佳的制度安排应有助于减少交易成本，以最小的交易成本获得最大的经济利益。[3] 金融法法律制度的设计与安排直接影响着金融市场效率原则的发挥。20世纪80年代美国发生银行危机，由国会立法授权成立清算信托公司，由财政出资处置破产银行，避免金融机构倒闭冲击其他银行。这种将金融机构看成公共产品的做法，违反了市场的效率原则。美国立法和监管当局及时纠正，按照市场规则处置金融机构风险：包括对问题金融机构及时处置；严格限制救助范围；对确需救助的大银行所产生的救助成本，按

① 胡炳志：《中国金融制度的重构研究》，北京：人民出版社2003年版，第52—53页。

② 张宇润："金融法的定位及内在冲突的衡平"，载于《当代法学》2004年第18卷第1期，第57页。

③ 高德步：《产权与增长：论法律制度的效率》，北京：中国人民大学出版社1999年版，第17页。

“谁受益、谁掏钱”的原则，在受益金融机构中分摊。[①]所以波斯纳指出法律责任的一个经常功能，就是减少“交易成本的障碍而成为财富最大化的交易”。[②] 因此效率成为金融法律制度设计安排的一个基本理念。

3. 安全

金融机构的经营原则之一就是稳健运行，因此金融安全同样是金融法律制度追求的价值理念。金融交易，从某种意义上说更是一种信息和观念的交易。金融资本来源于投资大众和存款人，由于货币乘数原理，存款转化为贷款，贷款又转化为存款，整个社会被银行信用紧密地联系在一起，牵一发而动全身，一家银行的倒闭会引起一连串银行的倒闭，会引起一连串大型企业的倒闭，这就是金融危机和经济危机。[③] 所以，在促进金融自由竞争的同时，还应考虑如何保证金融机构的稳健经营与安全。为此金融监管当局在金融法律制度中制定了许多带有预防与稳妥性质的金融监管措施，如规定新建的金融机构必须满足一定的准入条件，金融机构在业务经营管理中必须遵守规定的资本与资产、负债的比率要求，流动性资产比率要求、资产的质量要求等，都充分体现了稳健与安全的基本理念。[④]

4. 正义

但效率原则并不是一个绝对的概念，金融主体在追求自己利益最大化的同时可能侵害到他人的利益和社会公共利益。因此，

---

① 陈建新：“以市场原则处理金融风险——与青年学者徐诺金博士谈美国80年代银行危机的成因、处置及启示”，载于《金融时报》2001年5月19日（9）。

② ［美］R. 波斯纳：《法理学问题》，北京：中国政法大学出版社1994年版，第450页。

③ 张宇润：“金融法的定位及内在冲突的衡平”，载于《当代法学》2004年第18卷第1期，第58页。

④ 参见胡炳志：《中国金融制度的重构研究》，北京：人民出版社2003年版，第53—54页。

金融法应考量效率和正义的衡平。正义，包含平等、公正、秩序和有利于社会等多种含义，金融法正义原则具有自己的个性。银行等金融机构所有者用少量资本支配巨额社会资本，所有者与经营者相分离，决定了金融业是一个内在的具有道德风险产生机制的行业，全部制度设计都必须以控制逆向选择和道德风险为目标。金融是一种特殊的产品，交易中信息不对称问题特别严重，如果没有良好的法律制度，道德风险的问题特别严重。少数人如果存心不良，就会利用资金、信息和人才优势，利用投资大众对金融知识的无知、信息的短缺和交易力量的弱小，操纵市场，获取暴利。因此对弱者利益的保护是金融法的重要使命。[①] 证券法将立法目的规定为保护广大中小投资者的利益，就充分体现金融立法的正义理念。

三、金融法律制度的基本价值取向：效率优先，兼顾安全

（一）商法立法理念的基本价值取向

庞德指出："价值问题虽然是一个困难的问题，它是法律科学所不能回避的。"[②] 立法价值取向则是立法者为了实现某种目的或达到某种社会效果而进行的价值取舍和价值选择。它既反映了各国立法的根本目的，也是解释、执行和研究法律的出发点和根本归宿。在每一个历史时期，"人们都使各种价值准则适应当

① 参见张宇润："金融法的定位及内在冲突的衡平"，载于《当代法学》2004年第18卷第1期，第58—59页。

② ［美］庞德：《通过法律的社会控制》，沈宗灵译，北京：商务印书馆1984年版版，第55页。

时的法学任务，并使它符合一定的时间和地点的社会理想。”[①]

商法立法理念的基本价值取向是效率优先。在处理效率与其他法律原则的关系时采取的是效率优先兼顾公平及其他。[②] 商法在价值取向上之所以作出如此抉择，其背后是有诸多原因的。

市场经济是效率优先产生的经济原因。市场包括人的要素、物的要素和行为要素几个方面。其中人的要素即市场主体是纯粹的经济人。市场中物的要素主要是货币资本，货币资本不同于单纯的货币，它具有强烈的逐利趋向。所以，作为市场经济的基本法律的商法必须以效率为首要的价值理念追求。

商法规范的技术性特点是效率优先产生的法律规范原因。商法作为市场经济的基本法，有什么样的市场交易方式和市场交易内容，就相应地有什么样的商法规范进行调整。由此决定了商法规范必然具有很强的操作性、技术性，即商法规范中必然包含大量的技术性规范，这些技术性规范的设计大多是出于对市场主体营利性行为的保护。其目的只是为商法的营利性提供便捷的通道，以实现效率最大化。

商事主体的商人特征是商法效率优先的适用对象基础。作为商事主体，商人最主要的特征在于他是以营利为目的的经济组织。商人作为市场经济中的主体是以从事营利性活动为唯一存在目的的经济人。所谓经济人，按照古典经济学家穆勒的观点就是会计算、有创造性、能寻求自身利益最大化的人，[③] 并且要求必须是有理性的人。经济人的理性是指每个人都能通过成本—收益或趋利避害原则来对其面临的一切机会和目标及实现目标的手段

① ［美］庞德：《通过法律的社会控制》，沈宗灵译，北京：商务印书馆 1984 年版版，第 55 页。

② 赵万一：《商法基本问题研究》，北京：法律出版社 2002 年版，第 87 页。

③ ［美］亨利·勒帕日：《美国新自由主义经济学》，北京：北京大学出版社 1985 年版，第 24 页。

进行优化选择，而商法效率优先的基本价值取向与商事主体的逐利性是一致的。

作为商法分支的金融控股公司法的性质和基本价值取向绝不可背离商法立法理念的基本价值指引，制度、规则和原则必须符合这一价值指引。诚如有的学者所言：公司法……应该为商业群体提供有效的工具，从而在一个规范且自律的氛围内自由发展。我们需要一个便利的模式来开通社会资源和财富创造的渠道。我们的公司法应该提供最大限度的自由空间，并以必要的透明度配合，来确保负责地并自律地利用这一自由度。它应能使我们的公司可以在全球市场上竞争。总之，我们的目标：构建符合竞争经济的现代公司法。① 而金融控股公司法要成为符合竞争经济的现代公司法，必须秉承效率优先的基本价值取向。

（二）金融法律制度的基本价值取向：效率优先，兼顾安全

金融效率与金融安全是金融法律制度中的两大基本立法理念，但是在金融法律制度框架内二者并非永远和睦相处，而是常常会发生冲突，那么金融控股公司立法理念如何在二者之间进行取舍呢？如果作出取舍，理由又是什么呢？立法者应该洞悉法律制度背后的基本立法理念，在相互冲突的利益中，法律所倾向保护的利益就是优先的利益，“相互冲突的社会群体中的一方利益应该优先于另一方利益。”② 而在金融法律制度立法理念发生冲突时作出的价值判断则是效率优先，兼顾安全。

---

① See Modern Company Law For a Competitive Economy , Final Report (on 26 July 2001)，转引自傅穹：“法定资本制：诠释、问题、检讨——从公司不同参与人的利益冲突与衡量观察”，载于蒋大兴主编：《公司法律报告》，第 1 卷，北京：中信出版社 2003 年版，第 249 页。

② ［美］E. 博登海默：《法理学：法哲学及其方法》，邓正来、姬敬武译，北京：华夏出版社 1987 年版，第 137 页。

金融法作为商法的一个组成部分，必须与商事立法的基本价值理念相吻合。尽管金融当局考量和衡平各种利益，常常强调金融安全与金融稳定，但这并不是否定金融立法效率优先的价值理念，因为，在金融当局看来，追求金融效率是金融法律赋予商事金融主体的基本权利，也是商事金融主体的本质要求，而无须他人督促。金融当局所应做的只是规制不法行为，防范金融风险，维护金融稳定与安全，为商事金融主体自由竞争追求利润提供一个良好的外部环境，其目的仍然是更好地提高金融效率。

从金融效率与金融安全二者之间的关系来看，也应该将效率优先作为金融立法理念的基本价值取向。因为金融安全本质的要求是金融体系的效率，但是金融发展的核心或根本任务，是要使金融机构成为高效率的资本运营主体，然后通过其本身的效率来保障全社会金融资源的配置效率。

金融安全要求金融体系的稳定是积极主动的稳定而不是被动稳定和超稳定，传统的金融安全观强调的是保持金融体系的稳定。应该说，金融秩序的稳定和金融体系的稳定是经济稳定的重要前提，也是金融安全的要求。维持金融体系的稳定是正确的，但是仅仅被动地维持金融稳定，并不能保证金融安全。

金融安全最核心的内涵是金融体系不受外部的冲击和扰动，维持基本功能的正常发挥，从而保障经济的稳定增长。但是过分地追求稳定从而形成了金融的“超稳定”状态就牺牲了金融资源配置的效率，从长期来看金融安全必然受到削弱。[①] 而金融资源配置的效率取决于金融制度的安排，“金融部门自由化往往可以促进经济的增长，但是如果改革的设计和实施不适当的话，金融部门自由化的改革同样也需承担风险。对金融体制改革的国家

① 参见徐明棋：“科学发展观视角下的新金融安全观”，载于《新金融》2005年3期，第11—12页。

而言，一个中心的和操作性的问题是改革要按次序进行，从而使自由化的效益最大化并抑制风险。”① 由此可见，金融法律制度必须以效率为基本立法价值理念，并注意金融风险的防范，兼顾到金融安全。

总之，金融效率是金融安全最根本的保障。只有充分有效地利用国内金融资源，不断提高金融效率，才能保障经济可持续发展，这也是金融安全的落脚点。

本章小结

金融作为现代经济的核心，对各国的经济增长的贡献举足轻重。一国金融要为一国经济增长提供持续、稳定和高效的贡献，必须不断提高金融效率。

金融发展对经济增长的作用存在着二重性，所以一个国家或地区在制定金融政策、安排金融制度时，尽量使金融发展对经济增长的促进作用得以最大限度的发挥，使金融发展对经济增长的阻滞作用得以最大限度的降低。验证制度安排达到上述目的一个直观的表达就是提高金融效率，从而促进经济效率，实现经济增长。金融效率无论是从微观角度观察还是从宏观角度观察都应是指金融资源的配置达到帕累托最优状态。

经济增长要求提高经济效率，而经济效率的提高有赖于金融效率的提高，不断提高金融效率要以保障金融安全为前提，而金融安全的运行也是经济稳定发展的一个具体表征，所以经济效率、金融效率和金融安全三者之间相辅相成、相互作用、共同推

① ［英］R. 巴里·约翰斯顿：《金融改革的次序——国别经验问题》，北京：中国金融出版社 2000 年版，第 1 页。

动着经济增长。

金融法在现代法律体系中其内容和构成绝大部分还是商事金融法律规范，金融法律制度的立法理念，仍然体现的是商事法律的基本价值取向。金融法律制度的立法理念包括自由、效率、安全和正义。而金融效率与金融安全是金融法律制度中的两大基本立法理念。立法者应该洞悉法律制度背后的基本立法理念的价值取向，在金融法律制度立法理念发生冲突时作出的价值判断则是效率优先，兼顾安全。

第二章　金融控股公司：法律界定与经济分析

金融控股公司是当今多元化金融集团的一种组织结构。在多元化金融业务的组织模式中，金融控股公司是取乎“中”的一种模式选择和制度安排，即介于金融混业模式和分业经营模式之间。但迄今为止，对于什么是金融控股公司却没有一个大家一致认可的概念，不同国家的法律有着不同的规定和条件相异的认定标准。尽管如此，在制定金融控股公司法时，为了避免不必要的概念混乱，法律应给予一个基本的框架界定，以便在现实经济活动中适用。

在金融控股公司模式下，可以实现混业经营和股权的集中管理。但从金融业务经营上看，在子公司层面上设置严格的防火墙，各子公司遵循分业管理、分业经营的基本原则；而集团层面上则是“全能”的、混业的。[①] 产生这种金融组织的内在经济动因是金融控股公司充分体现了金融效率原则，同时又兼顾了金融安全。所以金融控股公司在美国出现后，作为金融组织结构的重要创新，受到越来越多国家和地区金融业的重视和追捧，组建金融控股公司已成为当下金融业的一股潮流。

① 谢平等：《金融控股公司的发展与监管》，北京：中信出版社 2004 年版，第 11 页。

第一节　金融控股公司的法律界定

一、控股公司

金融控股公司在金融业中，既具有特殊的“金融混业”属性，又具有“控股公司”的法律属性。[①] 所以，要从法律角度界定金融控股公司，必须先弄清楚金融控股公司的上位概念——控股公司。

（一）控股公司的含义

不同的视角，对控股公司的含义会产生不同的界定，形成不同的阐释。如果仅仅从字面意思去理解，控股公司可以界定为：“一以控制他公司为目的而成立之公司，其任务主要为股份的持有与管理指挥者。”[②]《布莱克法律辞典》这一描述性阐释，并没有给定控股公司一个精确的概念边界，学者也对此作出纷纭复杂的理解。美国公司法学者罗伯特·W. 汉密尔顿（Robert W. Hamilton）将控股公司定义为“持有他公司大多数股票的公司，而控股公司除持有股份外，并不经营其他业务”。[③] 德国学者 R. Liefmann 则将控股公司定义为“以持有其他公司的股份证券为基

① 姜立文：“美国金融控股公司加重责任制度的实效评析”，载于《浙江工商大学学报》2004 年第 6 期，第 38 页。

② Holding company: “A company formed to control other companies, usu. Confining its role to owning stock and supervising management” . Bryan A. Garner, Black's Law Dictionary, 7th Edition, West publishing Co. , 1999, p. 275.

③ Robert W. Hamilton, The law of Corporation in a nutshell, 7th Edition, West publishing Co. , 1996, p. 255.

础，发行本身的证券（股份、公司债）来进行证券代位之企业”。[①] 日本学者高宫晋基于日本的现实状况，将控股公司定义为“以持有其他公司证券为基础，发行自己的证券，从一般投资家手中收集持有各种企业股份所需之资本，并以最少的资本获得对各种企业的支配权之公司”。[②] 英国学者 Garnesy 从企业财务管理与经营角度认为，控股公司是以持有其他公司股权，控制其他公司营运活动为主要功能而存在之公司组织。这种组织有两种：一种是纯粹型控股公司，即控股公司以持有他公司股份，取得左右被投资公司营运决策的实力，以获取股利分配为主要目的，本身并没有实质的公司业务，这种控股公司也被称为“非贸易型控股公司（the Non - trading Holding Companies）”；另一种是事业型控股公司，即控股公司本身有自己的实质业务，也称为“贸易型控股公司（the Trading Holding Companies）”。[③] 而一些美国学者则将控股公司的范围扩大，认为无论何种类型的公司，只要至少持有其他公司一部分的证券，可支配或实质上左右该公司重大决策者，即为控股公司。[④] 有学者在此基础上作出进一步解释，强调除非被控股公司股权极为分散，否则控股公司为取得主导地位，至少仍须持有被控股公司大多数有表决权之股票，以掌控董事会与公司经理阶层。[⑤]

---

① 所谓“证券代位”是指公司发行自己的证券、公司债，并非为创造自己实际之资本，而是为取得其他企业之股份。参见 R. Liefmann, Beteilgungs - und Finanzierungsgeseuschafyen, Jena, 1931, p. 105. 转引自张家溢：《日本独占禁止法对控股公司之规范》，台湾：淡江大学日本研究所硕士学位论文，2000 年，第 7—8 页。

② 张家溢：《日本独占禁止法对控股公司之规范》，台湾：淡江大学日本研究所硕士学位论文，2000 年，第 8—9 页。

③ See Carnesy G. F. , Holding Companies and Their Published Accounts, London: Gee & Co. , 1923.

④ James C. Bonbring & Cardiner C. Means, The Holding Company, New York: Mc Graw - Hill Book Co. , 1932, p. 18.

⑤ See Childs, William Herbert, Consolidated financial statements; principels and procedures, Ithaca, New York, Cornell Univ. Press, 1949.

综观上述各种控股公司的学理界定，虽然在语言表述上存在着一定的差异，但就其实质性的内涵而言并无根本区别。这些定义中的共同点有两个，这两个共同点也是控股公司的两个基本元素，一是持有其他公司的股份，二是对其他公司享有控制权，尤为重要的是对被投资公司重大决策享有控制权，这一点也是控股公司与一般共同基金的重大区别。①

（二）控股公司的法律界定

许多国家和地区，在有关“控股公司”的立法中，对控股公司的含义从法律上进行明文规定，但其内容也各不相同。

《日本独占禁止法》在 1997 年修改前，将控股公司定义为“以持有股份支配日本国内公司事业活动为主要事业之公司”。修改后变为“持有子公司股份的价额合计占总资产超过百分之五十之公司”。② 由此可见，日本有关控股公司的法律规定，其范围要比一般学说上的“控股公司”狭窄。

《法国商事公司法》第二节第 355—1 条规定了一个公司被视为另一个公司的控股公司的情形，包括：如公司直接或间接持有，赋予在另一个公司的股东大会的多数表决权的一部分资本；如根据同其他合伙人或股东达成的协议，公司独自享有在另一个公司中的多数表决权时，该协议不应违反公司的利益；如公司事实上通过持有的表决权，决定在另一个公司中股东大会的决议。另外，当公司直接或间接享有 40% 以上表决权时，并且任何其他合伙人或股东都未直接或间接持有高于该公司的表决权时，该

---

① See Daems Herman, The Holding Company and corporate control, Leiden; Boston: Martinus Nijhoff Social Sciences Division, 1978.

② 日本商事法律中所指的子公司，是公司的被其他公司“持股比例超过 50% 之公司”，而且包括持股比例因间接持有股份导致超过 50% 的情形。

公司被推定为实际控股公司。①

美国在不同的法律中对控股公司界定时差别很大，1935 年《公用事业控股公司法》（Public Utility Holding Company Act）规定，任何公司已发行的有表决权的股票中，如果有 10% 或更多的数量为另一公司所掌握时，该公司即为另一公司的子公司，即采用 10% 作为是否控股的标准。1940 年《投资公司法》（Investment Company Act）规定，一公司对他公司直接或间接持有 25% 以上股权者，推定为控制他公司，他公司为子公司，而 1956 年《银行控股公司法》（Bank Holding Company Act）规定，5% 就可以推定为控股，25% 就是无可怀疑的控股。② 此外，美国《证券法》（Securities Act）、《证券交易法》（Securities Exchange Act）以及《信托契约法》（Trust Indenture Act）都未对控股公司规定明确的持股比例，而是以实质控制为认定标准。由此可见，对持有股权比例达到多少才能认定为控股公司在美国并没有绝对统一的标准。③

德国法律并未采取母子公司的模式来认定控股公司，而是采取了合同康采恩及公司归附制度。④ 股份公司法区分了纵向康采恩与横向康采恩。纵向康采恩是指一个支配企业与一个或若干个从属企业形成的置于支配企业统一管理之下的联合，而横向康采

① 卞耀武主编：《当代外国公司法》，北京：法律出版社 1995 年版，第 497—498 页；亦可参见《法国商法典》，金邦贵译，北京：中国法制出版社 2000 年版，第 234—235 页。

② Phillip I. Blumbery, The Law of Corporate Groups, Procedural Problems in the Law of Parent & Subsidiary Corporations, little Brown and Company, 1983, p. 426.

③ 殷召良：《公司控制权法律问题研究》，北京：法律出版社 2001 年版，第 29 页。

④ 所谓"康采恩"，就是一个支配企业与一个或多个从属企业形成的并置于该支配企业的统一管理之下的联合；各企业属于康采恩企业。参见吴越：《企业集团法理研究》，北京：法律出版社 2003 年版，第 11 页。

恩则是指法律上彼此独立的企业在统一管理之下的联合。[①] 纵向康采恩的有关界定接近于控股公司的内涵。具体说，一个全资子公司或者被拥有全部股份的95%的子公司可以选择归附；而仅仅被多数持股的子公司，即非全资子公司，则可以通过企业合同的方式与其母公司组成康采恩，从而选择合同康采恩模式。[②]

我国台湾地区公司法中并没有"控股公司"的专门法律规范，与这一名称相近的概念为关系企业中的"控制公司"。所谓控制公司，是指公司持有他公司有表决之股份或出资额，超过总额半数时为控制公司，若公司直接或间接控制他公司之人事财务或业务经营者亦为控制公司。如果公司与公司执行业务股东或董事有半数以上相同者，或已发行有表决权之股份总数或资本总额有半数以上为相同股东持有或出资者，推定为控制公司。[③] 而"控股公司"一词首先出现在台湾证期会"投资控股公司申请股票上市审查规则"之中。该规则规定控股公司是指"以投资为专业并以控制其他公司之营运为目的之公司"。认定标准为公司取得他公司50%以上的股份。[④]

---

① 参见《德国股份公司法》第18条，该条规定康采恩和康采恩企业，具体内容是：(1) 如果一个支配企业和一个或几个从属企业在支配企业的统一领导下合并，就形成了一个康采恩。各单个企业为康采恩的企业。相互之间签有支配合同的，或其中的一个企业加入另一个企业的，都被看做是在统一领导下的合并。由一个从属企业可以推测为它与支配企业形成一个康采恩。(2) 如果不是一个企业从属于另一个企业，而是法律上独立的企业合并到统一领导下，那么它们也构成一个康采恩；各单个企业为康采恩企业。卞耀武主编：《当代外国公司法》，北京：法律出版社1995年版，第116页。

② 吴越：《企业集团法理研究》，北京：法律出版社2003年版，第79页。

③ 参见台湾"公司法"369条。

④ 对控股公司的认定，包括下列三种情形：一是投资公司直接持有他公司已发行有表决权股份总额50%以上；二是投资公司经由子公司间接持有他公司已发行有表决权股份总额50%以上；三是投资公司直接持有及经由子公司间接持有他公司已发行有表决权股份总额50%以上。参见台湾证期会"投资控股公司申请股票上市审查准则"第2条、第3条。

（三）控股公司的法律特征

控股公司从法律的角度分析乃指一公司持有对他公司控制性之股份。所以就控股公司典型的法律特征而言，一个是持有他公司的股份；另一个是对他公司享有控制权。

1. 持有他公司的股份。控制公司一般通过股权结构的变化达到控制他公司的目的，所以，控股公司须持有他公司的股份。而且所持有的股份应是已发行且有表决权的股份。许多国家和地区的法律都明确规定了这一点。①

2. 对他公司享有控制权。控制权是指对公司的所有可供支配和利用的资源的控制和管理的权力（power）。所以控制权是以所有权为根据的经营管理权。② 就有限责任公司与股份有限公司而言，控制权与控股权紧密相连。控股公司对其他公司进行投资，拥有其他公司占有表决权股份的总额达到控股地位时，也就对其他公司拥有了控制权。至于拥有其他公司有表决权股份的数额到底是多少，学者们的看法和各国的法律规定都不一致。但从理论上讲，持有其他子公司半数以上有表决权的股份或半数以上有表决权的资本数额，就构成毫无异议的控股。这种控股地位直接导致控股公司对子公司的财务管理、生产运营、人事安排、经营决策等各方面有决定性的影响或控制。

总而言之，控股公司持有的股份达到控股地位，进而形成对子公司各方面的控制权是控股公司在股权结构比例和公司治理结

---

① 未发行的股份，他人无从获得，只有公司发起人拥有。而发行的股份又可分为有表决权的股份和无表决权的股份，无表决权的股份在参与公司的管理权时受到限制，拥有这种股份，无法达到控制公司的目的。表决权是股东最重要的权利，是股东参与公司决策的基本手段。See Shleifer & Vishny，A Survey of Corporate Governance，52 The Journal of Finance，1997，pp. 750—751。

② 殷召良：《公司控制权法律问题研究》，北京：法律出版社 2001 年版，第 25 页。

构两方面典型的表现，这也是公司成为控股公司在法律上必须具备的两大要素。

(四) 公司法有关控股公司的规定

在我国原来的公司法中虽然提及控股公司，但并没有给予清晰的界定。① 而地方性法律文献中如《深圳市股份有限公司暂行条例》第37条规定："对于关系到国计民生的重点公司，国有股要保持控股地位。"但是占有多少股份才是控股地位则语焉不详。2005年刚刚修改的公司法中，并未涉及控股公司的有关规定，而只是在条文中提及"控股股东、实际控制人"等词语，② 这不能不说是这次修改公司法留下的一个遗憾。

基于上述情形，要在《公司法》中界定控股公司之定义在短时间恐难实现，为此应先在理论及实务中对控股公司进行界定，以便今后修改公司法时再补充进去。对控股公司的界定不能脱离控股公司的法律特征，而要以这两个法律特征为核心要素描述控股公司的边界。综合有关控股公司的各种学说以及各国有关控股公司的法律规定，结合我国的实际情况，可以对控股公司作出以下界定："控股公司是指持他公司有表决权的股份或有表决权的资本总额半数以上，处于控股地位或对他公司形成实质控制权的公司。"

这一界定既从数量标准界定控股公司，又阐明了控股公司的

---

① 参见1993年《中华人民共和国公司法》第12条第2款："公司向其他有限责任公司、股份有限公司投资的，除国务院规定的投资公司和控股公司外，所累计投资额不得超过本公司净资产的百分之五十，在投资后，接受被投资公司以利润转增的资本，其增加额不包括在内。"由上述规定可以看出，这并非是有关控投公司的条款，而是关于公司转投资限制之条款。

② 参见《中华人民共和国公司法》（2005年修订）第21条："公司的控股股东、实际控制人、董事、监事、高级管理人员不得利用其关联关系损害公司利益。违反前款规定，给公司造成损失的，应当承担赔偿责任。"

本质性问题——对他公司形成控制权。这对实务操作中的控股公司认定将起到重要的便利作用。一个公司只要形成事实上的实质控制权，就可以认定为控股公司，从而适用各种有关控股公司的法律规定。

二、金融控股公司

金融控股公司作为控股公司的下位概念，既具有控股公司的法律特性，又具有经营业务上的金融特性，是多元化金融集团的一种组织结构模式。

（一）对金融控股公司的不同界定

美国：金融控股公司最早出现在美国，但美国并没有定义什么是金融控股公司，只是在《银行控股公司法》（Bank Holding Company Act）中对银行控股公司作了界定，根据该法第2条规定："银行控股公司是指对任何银行或依本法成立之银行控股公司具有控制权之公司。"① 而1999年的《金融现代化服务法》（Financial Services Modernization Act）中只是规定了金融控股公司的经营范围，而且是通过一些禁止性规定来确定的。概言之，美国金融控股公司可以是银行控股公司、保险控股公司以及投资银行控股公司，只要经营不同金融业务的机构符合控股公司结构，就可以被视为金融控股公司。金融控股公司的子公司可以经营从传统银行产品到证券、投资咨询、保险等任何金融业务，并且金融控股公司所控股的银行也打破了传统的界限，可以经营多

① See 12 U. S. C. § 1841 (a) (1): " 'bank holding company' means any company which has control over any bank or over any company that is or becomes a bank holding company by virtue of this act. "

种金融业务。[①]

日本：金融控股公司在日本并没有统一的定义，也没有统一的金融控股公司法。其立法模式是在《银行法》、《保险法》和《证券交易法》中分别界定了银行控股公司、保险控股公司和证券控股公司，也就是说凡是将银行、保险、证券等机构作为子公司的控股公司，都统称为金融控股公司。

欧盟：2001 年《金融集团审慎监管统一指引》中定义集团是指两个或两个以上相互之间存在紧密联系的法人或自然人，而符合下列条件的集团为金融集团：（1）其业务活动主要为在金融领域内提供多种服务；（2）至少应包括一个受管制的实体，且该实体根据相关法律法规的规定已获得许可；（3）其至少应包括一个保险或重复保险业实体，且至少其中另一实体从事某一不同的金融业；（4）上条所指在金融业内从事跨行业的金融活动是必不可少的。[②] 这些规定说明了金融集团的混业特征，但未表明其是否有控制权。2002 年《欧盟对金融集团中的信贷机构、保险公司、证券公司补充监管指令》中则强调了金融集团的主导地位和控制权，该指令特别强调集团要直接或间接拥有一企业 20% 或以上的表决权或资本，除此以外还要求：（1）被监管实体必须在该企业集团中处于主导地位；（2）处于被监管的实体一般应是金融部门实体的母公司，或在金融部门实体中持有股权的实体，或与金融部门有某种法定联系的实体；[③]（3）金融部门

① 杨素兰："发展中国金融控股公司的现实意义与制度分析"，载于《金融论坛》2001 年第 9 期，第 19—20 页。

② 谢平等：《金融控股公司的发展与监管》，北京：中信出版社 2004 年版，第 12 页。

③ 根据《欧盟对金融集团中的信贷机构、保险公司、证券公司补充监管指令》的规定，金融部门实体要比被监管实体广泛。被监管实体仅仅指信贷机构、保险公司和投资公司；而金融部门实体则包括上述被监管实体、金融机构、再保险机构、保险控股公司、混合金融控股公司。

标准；（4）跨部门标准。[①] 而实际上在此两个指令之前的《欧盟信贷机构设立及其业务经营指令》中就对金融控股公司作了规定，它是指一种金融机构，其子公司完全或主要是信贷机构或其他金融机构。[②]

我国台湾地区：2001 年颁布的台湾地区“金融控股公司法”中对金融控股公司作了明确的界定。其中第 4 条第 2 款规定：“金融控股公司指对一银行、保险公司或证券商有控制性持股，并依本法设立之公司。”所谓控制性持股“指持有一银行、保险公司或证券商已发行表决权股份总数或资本总额超过百分之二十五，或直接、间接选任或指派一银行、保险公司或证券商过半数之董事”。[③]

1999 年由巴塞尔银行监管委员会、国际证券联合会、国际保险监管协会联合发布的《对金融控股集团的监管原则》中，将多元化经营的金融控股集团定义为：金融业在集团业务中占主导地位，所属的受监管主体至少明显地在从事两种以上的银行、证券和保险业务，同时每类业务的资本要求也不相同。

（二）金融控股公司的基本构成要素

综合上述金融控股公司的各种阐释，可以看出一个金融控股公司须具备以下两个基本要素。

1. 金融控股公司是以控股公司形式存在的多元化金融集团组织模式，并且对金融子公司的持股比例达到一定标准。

控股公司是一种股权结构下的组织模式，而单一的金融机构

---

① 周仲飞、郑晖：《银行法原理》，北京：中信出版社 2004 年版，第 255—256 页。

② 参见 2000 年《欧盟信贷机构设立及其业务经营指令》第 1（31）条。

③ 王文宇：《控股公司与金融控股公司法》，北京：中国政法大学出版社 2003 年版，第 337 页。

虽然在业务上进行跨业经营，但就主体而言，仍是单一法人机构，如德国的全能银行，根据法律规定的联邦德国实行全能银行制度（Universal Banking System）其业务范围虽然可以涉足金融领域的所有业务，但只要不以设立子公司的形式开展这些业务，就不是金融控股公司。

金融控股公司对金融子公司的持股达到一定标准。至于这个标准到底是多少，各国的规定并不一样，日本要求达到50%以上；美国要求绝对控股应达到50%以上，相对控股达到25%以上，而欧盟指令中要求达到20%以上，我国台湾地区要求达到25%以上。无论如何限定持股标准，其目的只有一个，这就是要获得对金融子公司的控制权。

2. 金融控股公司从业务范围上看，其子公司应涉及两种以上的金融领域。

金融控股公司是从事多元化金融业务的一种组织形式，是从全能银行到分业经营的一种中间形态，其业务特点是“集团混业，子公司分业”。所以金融控股的子公司中所从事的业务应至少包括银行、证券、保险中的两种金融业务领域，这在许多国家和地区的法律中都有明确规定。所以，只在某一类金融行业提供金融服务的金融公司，即使采用控股公司的组织形式，也只能以单一业务命名称为银行控股公司或保险控股公司，而不能称为金融控股公司，如根据美国1956年《银行控股公司法》设立的银行控股公司（Bank Holding Company）。“欧盟指令”中明确规定金融控股公司必须是从事包括保险领域在内的两个以上金融领域的金融集团，并且其控股子公司中至少有一家受到金融监管当局的直接监管。

（三）金融控股公司的界定

我国目前实行分业经营、分业监管，在世界金融业由分业转向混业的主流趋势下，中国的金融业不可能完全悖离国际金融制度，代表国际趋势的金融控股公司将成为我国金融从分业走向混业的最优路径。①

金融控股公司在中国已是客观存在。② 不过金融控股公司在中国毕竟是一个新生的企业组织形态，虽然在现实中已存在众多事实上的金融控股公司或准金融控股公司，但没有一个冠以“金融控股公司”的名称。中国也没有一个为金融监管当局、金融理论界和金融实业界所一致认同的金融控股公司概念，为了理论研究的方便和行文表述的规范，参照其他国家有关金融控股公司的规定，综合金融控股公司的构成要素，结合我国当前金融制度的实际情形，可对金融控股公司作出如下界定：金融控股公司是指持有银行、保险公司、证券公司等金融机构控制性股份，或为银行、保险公司、证券公司等金融机构直接、间接指任或选派过半数之董事，并且其主要资产显著分布在银行、保险、证券等两个以上金融领域的公司。

对金融控股公司的上述界定充分考虑到以下几点：一是突出金融控股公司对金融子公司的控制权，这种控制权既包括因股权结构、类型、比例而获得的控制权，也包括实质性的控制权即指派或选派过半数董事。二是在业务范围上突出金融控股公司的金融子公司中所从事的业务应涉及至少两个金融领域，这也是当前中国由分业走向混业的需求及制度演进的路径依赖。

---

① 姚秦：“金融控股公司：一个有效的混业经营制度安排”，载于《财经理论与实践》2001 年第 22 卷第 113 期，第 39 页。

② 吴晓灵：“金融混业经营和监管现实”，载于《比较》第 11 期，北京：中信出版社 2004 年版，第 106 页。

第二节 金融控股公司的制度、组织和契约

按照新制度经济学的理论，企业是为节约交易成本而进行的一种制度安排下的经济组织。交易成本越低，制度的生产效率就越高。但是交易成本依赖于一国的制度，如法律制度、政治制度、社会制度以及教育文化等方面的制度，制度决定着经济绩效。[①] 由此可见，制度对经济组织的重要性。关于制度与经济组织之间的联系，新制度经济学的一个分支——契约经济学作出了详尽而准确的阐释。

一、经济组织与契约

科斯认为，如果没有交易成本的存在，企业这种经济组织就没有必要存在，而事实上交易成本是存在的，由此科斯得出一个初步结论："市场的运行是有成本的，通过形成一个组织，并允许某种权威（'企业家'）来支配资源，就能节约某些市场运行成本。"[②] 也就是说经济组织存在的根本原因在于它能够节约成本。因为经济组织作为市场的替代物而产生、存在的，企业内部的科层结构的协调（看得见的手的协调）替代市场的价格机制协调（看不见的手的协调）可以节约交易费用。

---

① ［美］罗纳德·H. 科斯："新制度经济学"，载于［美］科斯、诺斯等：《制度、契约与组织》，［法］克劳德·梅纳尔编，刘刚等译，北京：经济科学出版社2003年版，第11页。

② The Nature of the Firm: Origins, Evolution and Development, Edited by Oliver E. Williamson, Sidney G. Winter, Oxford University Press, 1993, p. 22.

现代经济组织本身是一种契约安排，一个人或更多的人（即委托人）聘用另一个人或一些人（即代理人）代表他们来履行某些服务，包括把若干决策权委托给代理人。① 从规范的方面看，企业主要是在不确定性和不完全监管的条件下如何构造委托人与代理人之间的契约关系，包括补偿性激励，从而为代理人提供适当的激励，促使选择委托人福利最大化的行动。由于当事人的有限理性②和信息非对称造成的机会主义倾向，③ 使得契约具有不完全性。契约的不完全性是交易费用产生的基本原因。

契约经济学认为经济组织的科学结构运行本身也需要耗费成本，即组织成本。经济组织的组织成本决定了它本身不能完全替代市场，而是将替代边界决定在经济组织的“组织成本”等于利用市场进行交易的边际交易成本的边际点上，这个点也决定了经济组织规模的边际界限。随着管理技术革新、信息技术进步等方面的变化，经济组织边界进一步扩张。经济组织的边界扩张是对环境变化的适应性反应，表现为企业组织交易规模的扩大和企业内部组织结构的适应性调整。也就是说，经济组织规模扩大变化的临界点为“在企业的内部组织一笔交易的成本，等于在公平市场完成这笔交易的成本，或等于另一企业组织这笔交易的成

---

① ［美］迈克尔·森、威廉·麦克林：“企业理论、代理成本和所有权结构”，载于陈郁编：《所有权、控制权和激励》，上海：上海三联书店、上海人民出版社1998年版。

② 西蒙认为，如果假定我们所选择的对象不是一个有限集合，并设想会产生各种方案，也可以假设不知道结果概率的分布，而只将这些情况的估计程序引入分析，或者寻找那些不确定性的策略。也就是说，人的理性是有限的，对外在环境的不确性是无法完全预期的，不可能把所有可能发生的未来条件都写入契约条款中，更不可能制定好处理未来条件的所有具体条款。参见 Simon H. A. , A Behavioral model of Rational Choice, Quarterly Journal of Economics, 69. 1995, pp. 99 - 118.

③ 将非对称信息引入经济行为者模型时，不仅要考虑经济行为者知道些什么，还要考虑其他经济行为者知道些什么，以及他们认为其他经济行为者对他们自己知道些什么。现实中，要做到这种完全对称的信息状态是不可能的。参见 Akerlof G. , The Market for Lemons. Quarterly Journal of Economics, August. 1970, pp. 488 - 500.

本”。

二、制度与契约

诺斯认为:“制度是委托人与代理人之间和委托人之间为实现作为专业化的结果的交换收益,因而使其财富最大化而作出的契约安排。”而且“来自交换的收益只能通过在委托人之间或代理人与委托人之间建立契约来实现,这些契约就构成了政治与经济体系的制度结构”。① 所以,任何制度都反映为一种契约关系,规定着每个人在契约交易中的权利和义务,界定人们在交易中可以做什么与不可以做什么,谁违反了这些规则应该受怎样的惩罚,以及衡量人们是否违反这些规则的标准。

制度作为一种契约关系既是人们选择的结果,又界定了人们选择的范围。人们在制度契约的选择中尽可能地把资源配置到收益高的地方。正如诺斯所言,在已有的制度契约安排下,当获利的机会不能充分利用时,人们就会选择或者创新一种制度,而这种制度的选择会改变或者调整现有的产权结构以降低交易成本,从而提高资源配置效率促进经济的增长。② 制度作为一种契约安排一旦确定就会减少人们不确定的风险并增强人们对未来的预期。所以诺斯说:“制度是人类处理信息方法的延伸,而且也是预测选择动机的复杂组合。有了制度,可以减少涉及人类互动中的不确定性。这些不确定性是出于问题的复杂度和个人所具有的解决问题的能力两方面造成的。……完成制度安排,透过安排人

---

① 易宪容:《金融市场的合约分析》,北京:经济科学出版社 1998 年版,第 14—15 页。

② See Lance Davis and Douglass C. North, Institutional Chang and American Economic Growth, Journal of Economic History, Vol. 30, 1970, pp. 131—149.

类互动的结构来限制行为者的选择范围。”① 由此可见，制度安排可以减少进行思考选择的成本以及人们在交易过程中的不确性。简而言之，制度是重要的，正确的制度安排会形成高效率的组织，而高效率的组织又促进着制度的发展和变迁。所以作为金融中介组织的金融控股公司必须在制度上进行完善，形成降低交易成本及风险的契约安排。②

三、纯粹型金融控股公司与事业型金融控股公司

金融控股公司作为节约交易成本，提高金融效率的组织模式，在不同的制度安排下，具体形式并不完全一致。对金融控股公司组织模式的划分，不同的标准和视阈所得出的模式类型是迥异的。③ 为了避免讨论范围过大而脱离主要论点的情形出现，我们只讨论纯粹型金融控股公司和事业型金融控股公司。这两类金融股公司模式的划分，是以母公司是否拥有自己的事业领域为标准的。

---

① Douglass C. North, Institutions, Institutional change and Economic Performance, Cambridge University Press, 1990, p. 25.

② 参见江春：“新制度经济学探索”，载于《经济学动态》2002 年第 6 期，第 13—17 页。

③ 根据母公司是否拥有自己特有的事业领域，可以分为纯粹型金融控股公司和事业型金融控股公司；根据母子公司所从事的业务，可以分为银行控股公司、证券控股公司和保险控股公司等；根据控股公司经营的业务范围，可以分为单一银行控股公司、金融服务控股公司和多元化控股公司；根据母公司与子公司之间的战略管理方式，可以分为直接参与战略管理型金融控股公司、间接参与战略协调型金融控股公司和松散财务管理型金融控股公司；根据控股公司的产权性质，可以分为国有金融控股公司、私有金融控股公司和混合所有金融控股公司。参见谢平等：《金融控股公司的发展与监管》，北京：中信出版社 2004 年版，第 16 页。

(一) 纯粹型金融控股公司

纯粹型金融控股公司（pure financial holding company）是指母公司没有自己的专门金融事业领域，而是把对金融控股公司的经营管理作为唯一的事业。母公司负责整个集团公司的经营战略决策，并通过股权投资活动加以实现；控股公司的具体金融业务则由各子公司分别承担。纯粹型金融控股公司的组织架构如图所示：

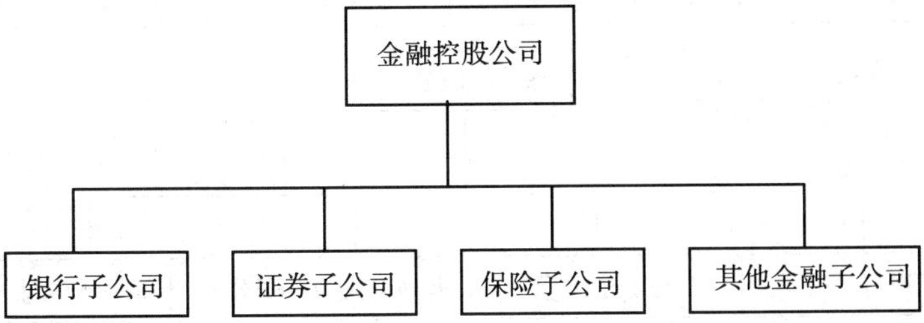

纯粹型金融控股公司的特点有：[①]

1. 战略管理与业务经营管理相分离；
2. 各金融子公司相对独立；
3. 提高风险控制能力；
4. 提高资本运作效率；
5. 有利于内部整合与外部兼并。

(二) 事业型金融控股公司

事业型金融控股公司（operating financial holding company）是指母公司拥有自己特有的金融事业领域，同时通过控有其他金融事业领域子公司的股份来管理支配子公司的经营活动，母公司

① 谢平等：《金融控股公司的发展与监管》，北京：中信出版社 2004 年版，第 17 页。

既从事股权控制，又经营具体的金融业务。根据事业型金融控股公司的母公司所拥有的金融事业领域进行分类，可分为银行控股公司、证券控股公司、保险控股公司和其他金融控股公司，各种控股公司的组织架构如图所示。

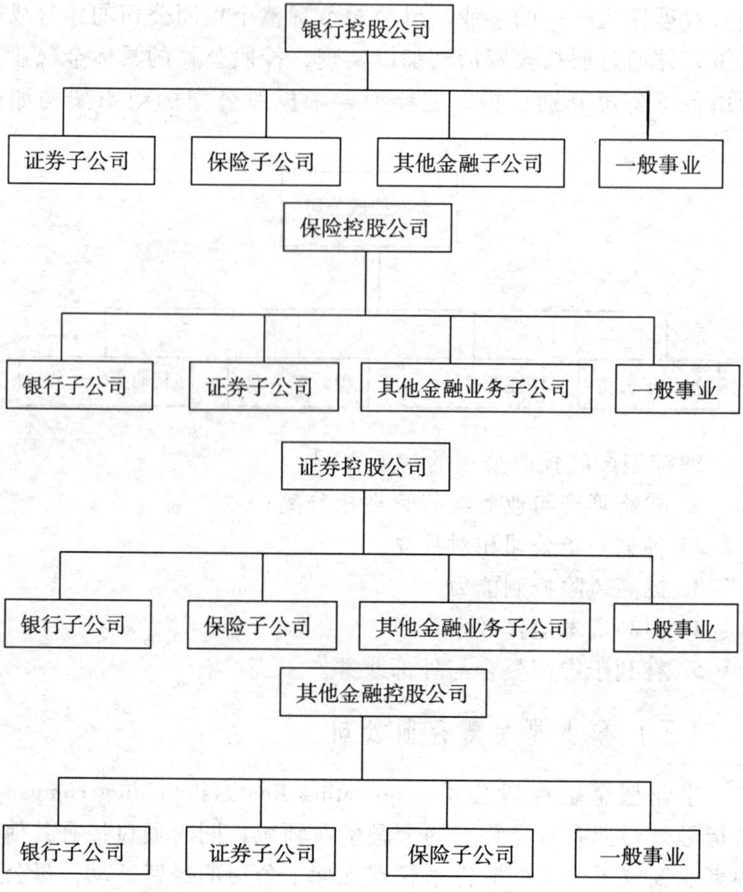

事业型金融控股公司的特点有：

1. 金融控股公司以母公司为核心进行经营；

2. 母公司既要从事金融业务，又要负责各子公司的发展；

3. 除母公司自己从事的金融业务外，其他金融业务由子公司经营；

4. 母公司与子公司常常出现利益冲突；

5. 风险控制难以真正落实。

（三）两种金融控股公司组织架构的比较

纯粹型金融控股公司与事业型金融控股公司的组织架构本身并无优劣之分，而是各有其长处与缺点。例如，事业型金融控股公司以母公司为核心进行经营，突出主业的主导地位，在母公司控制下的各子公司围绕着主导金融业务进行经营，有利于获得协同效应。但纯粹型金融控股公司自身并无金融业务，更谈不上主导业务，各子公司作为独立法人，地位平等，也没有所谓的核心子公司，各子公司均衡发展，便有利于形成规模效应。此外，事业型金融控股公司在内部组织安排因为没有独立的控股组织形式存在而是与母公司的组织合二为一，这有利于节约交易成本，但容易产生内部利益冲突，难以控制内部风险，而纯粹型金融控股公司却有一个独立的控股组织存在，这无疑会增加组织成本，但是却利于防止内部利益冲突，能有效控制内部风险。因此在立法上是否有必要规定金融控股公司的组织形式，规定何种形式的金融控股公司，根据哪些因素来确定金融控股公司的形式等一系列的问题，都是金融控股公司立法中必须考虑的制度安排。

第三节 金融控股公司的经济分析

当前许多国家和地区放弃分业经营制度，实行以金融控股公司为组织模式的混业经营制度。从经济学的角度观察，其根本原因在于金融控股公司作为一种金融中介，其实质是一种产权交易的形式，可以降低交易成本及风险的契约安排。[①] 所以许多学者认为作为多元化金融服务的金融控股公司出现的动因，是其可能实现规模经济、范围经济以及风险分散等多种潜在效应。[②] 如果从新古典经济理论观察，金融控股公司的出现与金融资产专用性程度较低密切相关。本节内容主要从这一新古典经济理论入手，运用制度经济学的有关方法来分析金融控股公司这种经济组织形式。

一、资产专用性与金融资产同质性

（一）资产专用性

所谓资产专用性（Asset - specifity）是指对已经投入生产过程的资产进行再配置的难易程度，或者是再配置已投入生产要素成本的高低。[③] 由于不同行业对生产要素的品质、要素特征、要素结构等都有不同的要求，如果不支付一定的成本，就难以实现资源在不同行业的转移。资产专用性越强，资源在不同行业或业务之间进行转移的成本（Switching cost）就越高，成本高到一定程度，生产要素就会被锁定在（lock - in）相应行业。但是如果不同行业或者业务的生产要素资产专用性程度低，生产要素的转移成本就低，就可以通过合作或其他的资源转移方式在更广泛的

---

① 参见江春："新制度金融学探索"，载于《经济学动态》2002 年第 6 期，第 13—17 页。

② 参见张春子：《金融集团内部各种业务关联与互动》，中信国际研究所研究报告，2000 年 12 月 4 日。

③ 谢平等：《金融控股公司的发展与监管》，北京：中信出版社 2004 年版，第 52 页。

经济领域进行资源优化配置，在整体上实现更高层次的资产专用性。[①]

（二）金融资产同质性

现代金融业的生产要素不外乎资本、信息、企业家才能三种，资本又可分为现实资本与人力资本。[②] 现实资本在金融业主要表现为从 M0 到 M4 的各种货币、有价证券以及各种抵押票据。随着这些金融工具资金流动性的降低，资产专用性逐渐上升。作为现金的 M0 一般不具有资产专用性，是一般等价物，可以随意配置到不同行业，转换成本几乎为零，M4 则具有较高的资产专用性，转换成本也变高。但是相对于实物经济部门而言，各种金融资产的专用性还是比较弱的，尤其是它们在不同的金融部门之间转换时，成本非常低。金融机构的其他实物资本要素，如办公场所、计算机设备、通讯线路，甚至交易平台，在不同的金融部门之间都具有非常强的通用性。此外，随着金融创新的不断发展，各种金融产品不断产生。其中有些金融产品已经难以界定归属的金融部门，如证券部门推出的开放式基金、银行部门实行的抵押贷款证券化，这些金融创新使金融部门的原有界限逐渐模

① 参见张春子：《金融集团内部各种业务关联与互动》，中信国际研究所研究报告，2000 年 12 月 4 日。

② 参见刘波："金融体制的结构性选择"，载于《金融与经济群言堂》，上海：上海财经大学出版社 1999 年版，第 91—112 页。

糊，出现所谓金融一体化的经济现象。①

金融业务是一种与信息具有最密切联系的经济活动。从信息经济学的角度分析，金融业就是一个在储蓄者和投资者之间减少信息不对称的部门。从信息来源看，一个金融机构所获取的信息主要包括宏观信息、行业和市场信息、企业信息和个人信息。由于金融机构所面临的宏观环境是一致的，在信息的获取上也是类似的，只是不同种类的金融机构在信息利用上根据自身不同的情况采取不同的对策，但这并不构成信息专用性问题。同样，不同种类的金融机构所面临的市场环境、行业环境以及企业客户和消费者的个人信息也没有太大的差别，基本上不存在信息专用性问题。

现代金融业是一个非常注重创新的行业。企业家才能作为金融业的一个要素，其实质就是一个创新能力问题。无论是商业银行家、投资银行家还是保险企业家在创新才能上并没有明显的专用性，相反，不同金融部门的企业家的不断创新使各种金融工具相互配合，共同促进金融业的发展，由此形成金融企业家的“才能”，不仅没有专用性，反而具有更强的互补性。

综上所述，资本、信息和企业家才能作为现代金融业的三种生产要素，其专用性与实物经济部门相比并不十分明显，对比而

---

① 金融一体化有两个方面的含义：一个是区域间的一体化，即金融一体化是指国与国（地区）之间的金融活动相互渗透、相互影响而形成一个联动整体的发展态势。它可以分为两个层次：第一，它是一个流动性问题，金融一体化意味着国内外的经济主体可以不受任何限制地进行金融资产交易活动，即金融资产具有高度的流动性；第二，它是一个替代性问题，意味着国内外的金融资产具有高度的替代性。参见陈晶、高丽峰：“金融一体化与资本的国际趋向”，载于《经济论坛》2005 年第 6 期，第 48 页。另一个是金融业务的一体化，有人甚至认为金融一体化实质上专指金融产业一体化。即金融产业发挥内部组织和调控功能，使金融要素流体现出严密的关联性、整体性和统一性。金融产业的专业部门组织，主要包括银行业、证券业、保险业和信托业之间出现融合现象。金融产业集聚效应十分强烈，形成金融业务一体化。参见张风超：“金融一体化的理论建构”，载于《东北师范大学学报》2005 年第 4 期，第 47 页。

言，这些生产要素相同的方面大于相异的因素。所以，有的学者认为金融资产具有同质性。[①] 正是由于金融资产的同质性，使得金融控股公司在从事多元化金融业务时，能降低生产要素的转换成本和金融交易成本，能够产生组织经济、规模经济和范围经济，降低风险、增加收益、增强竞争优势。

二、金融交易成本

（一）交易

交易（transaction），意指“交互影响的行动”，亦即经济社会中所有不同的人之间的交互活动。然而在经济思想史上像许多经济学基本范畴一样，交易的概念在很长一段时间内一直没有得到清楚的界定。[②] 把“交易”作为比较严格的经济学范畴建立起来并作了明确界定和分类的是早期制度经济学家康芒斯（Johan R. Commons）。在其《制度经济学》中详细阐释了有关“交易”的重要论点，指出：（1）交易是人类经济活动的基本单位，也是制度经济学分析的单位；（2）是人与人之间的关系，是所有权的转移；（3）这种人类基本的活动单位，是使法律、经济学和伦理学发生相互关系的基本单位；（4）交易可以分为三种类型：市场交易即买卖交易（Bargaining transaction），企业交易即管理交易（Managerial transaction），政府交易即限额交易（Rationing transaction）。[③]

---

① 谢平等：《金融控股公司的发展与监管》，北京：中信出版社 2004 年版，第 55 页。

② 程恩富、胡乐明：《新制度主义经济学》，北京：经济日报出版社 2005 年版，第 70 页。

③ 参见［美］康芒斯：《制度经济学》，于树生译，北京：商务印书馆 1997 年版，第 74—85 页。

（二）交易成本

科斯率先将交易成本的概念引入到经济分析之中。其重要意义就连科斯本人都说："我不相信在我的一生中还会作出如此重要的事情。"[①] 事隔40年之后，他仍然认为《企业的性质》一文对经济学最重要的贡献是"明确地将交易费用概念引入经济分析"。[②]以科斯、威廉姆森为代表的新制度经济学对交易概念作了进一步解释：（一）新制度经济学对交易分析的重点是交易成本；[③]（二）交易主体双方的关系通过交易契约体现，契约与交易成本是内容与形式的关系；[④]（三）决定交易成本的因素是交易的确定性、交易频率、交易资产专用性；[⑤]（四）按照交易组织形式的差异，可将交易分为三类，买卖的交易——市场集合交

① Coas R. H., The Nature of the Firm: Meaning. in the Nature of the Firm: Origins, and Development. Edited by Williamson O. E. and Winter G. W., London: Oxford University Press, 1993, p. 51.

② 科斯在1993 The Nature of the Firm: Influence. p. 62 和1991 Noble Lecture: The Institutional Structure of Production. p. 231 两篇文章中都有此种看法。See Coas R. H., The Nature of the Firm: Meaning. in the Nature of the Firm: Origins, and Development. Edited by Williamson O. E., and Winter G. W., London: Oxford University Press, 1993.

③ 在1960年的《社会成本问题》中，科斯对交易成本进行了进一步解释，"为了进行市场交易，有必要发现谁希望交易，有必要告诉人们交易的愿望和方式，以及通过讨价还价的谈判缔结契约，督促契约条款的严格履行，等等。这些工作都是花费成本的，而任何一定比率的成本都足以使许多成本的定价制度中可以进行的交易化为泡影。"参见［美］科斯：《论生产的制度结构》，盛洪等译，上海：上海三联书店1994年版，第157页。而且"谈判要进行，契约要签订，监督要实行，解决纠纷的制度要设立，等等。这些费用后来被称为交易成本。"参见 Coas R. H., 1991 Noble Lecture: The Institutional Structure of Production. in the Nature of the Firm: Origins, and Development. Edited by Williamson O. E., and Winter G. W., London: Oxford University Press, 1993, p. 230.

④ 达尔曼和威廉姆森从契约的角度说明交易成本。See Ddhlman C. J., The Problem of Externality, Journal of Legal Studies, Vol. 22, 1979, pp. 141 - 162. Williamson Oliver E. The Economic Institutions of Capitalism. New York: Free Press, 1985, pp. 20 - 22.

⑤ 贺卫、伍山林主编：《制度经济学》，北京：机械工业出版社2003年版，第71页。

易；管理交易——企业集合的交易；配给的交易——政府集合的交易，分别对应于现代社会中市场、企业、政府三种制度。沿着这一分析框架，可以来阐释金融交易及其交易成本。

金融交易是交易双方对货币与资本使用与收益权的交易，交易对象是信用。由于信用本身蕴涵的不确定性风险的存在，使得金融交易中的冲突、依存与秩序原则的表现尤为突出，从而使交易成本（坏账风险）大大上升。

金融交易的组织形式包括市场交易即消费者与金融机构之间的市场交易集合，金融契约、金融工具都是规范金融交易的冲突、依存与秩序原则的具体体现；企业集合的金融交易是指金融机构采用何种公司架构、治理结构、管理方式实现金融机构与消费者之间的交易；政府配给的金融交易是指政府制定的金融法规和制度对市场的金融交易和企业集合的金融交易所产生的影响。

在金融交易的三种组织形式中，市场交易主要取决于市场需求，如果市场中的消费者需要“一站式（one - stop shop）”服务，则需要金融机构提供综合理财式的交叉金融产品。企业交易主要取决于企业自身的选择，同样是混业经营，金融机构既可以是一级法人式的全能银行，又可以是多级法人式的金融控股公司。政府交易就是指金融监管制度，它直接影响到市场交易和企业交易。在政府交易既定的前提下，企业交易的组织形式就确定下来，如上所述，在德国的金融监管制度下，进行混业经营的企业组织形式是全能银行，而在美国则是金融控股公司。企业组织确定后，市场交易也随之确定。由于全能银行与金融控股公司之间在组织形式上存在差异，所以提供金融服务的方式途径、控制风险的方式也有所不同。

从金融交易的资产专用性看，由于金融资产的同质性，所以金融资产在不同金融部门之间转换几乎不存在沉淀成本。银行、证券、保险各行业之间具有很强的关联性和互补性，相互转换金融资产十分便利，抵押贷款可以证券化、开放式基金类似银行存款，保险兼有投资和储蓄功能。这些特点决定了一个金融企业内集合的市场交易（业务单元）越多，交易成本越低。在考虑交易频率的条件下，如果一个金融企业内集合的市场交易（业务单元）越多，则企业内部的交易频率越高，因为所交易的金融资产的专用性低，所以交易频率越高，节约的交易成本越多。[①]

但由于金融交易不确定性较大而可能产生较高的风险成本，也就是金融交易并非即时交易而是信用交易，很容易产生不良资产，这是增大金融交易成本的一个重要因素，所以要降低金融交易成本，必须进行维护金融安全的制度安排，最大限度地控制金融交易风险。

三、金融控股公司的规模经济

规模经济（economies of scale）是指在合理的企业边界范围内，随着企业规模的扩大，企业平均成本下降，收益增加。[②] 仅仅就企业规模而言，经济组织达到最合理的规模时，其边际收益等于边际成本；在边际收益大于边际成本的范围内，企业形成规模经济；当边际收益小于边际成本时，则产生规模不经济。

新古典经济学代表人物马歇尔认为规模经济一方面取决于企业内部资源投入的增加或组织管理效率的改善，另一方面取决于它所在产业其他生产者生产经营状况的改善，并认为整合、协作能产生更大的效益。

对金融控股公司而言，规模经济本身并不能说明金融控股公

---

① 谢平等："金融控股公司该走哪条创新路"，载于《上海证券报》，转引自中国信托研究网站。

② 孔令学：《中国金融控股公司制度研究》，北京：中共中央党校博士学位论文，2004 年，第 14 页。

司形成的合理性，但是它本身却存在达到规模经济的可能性。关于金融业中规模经济的实证研究的样本主要是美国银行控股公司，以及德国、瑞士等全能银行样本，研究结论证明，金融业的规模经济同样受上述经济原理的制约，但从理论上分析金融控股公司规模经济可能源于金融资产的同质性。[①] 金融资产的同质性意味着金融控股公司的子公司之间要素的边际替代性强，转换成本低，产品成本的无差异曲线接近一条直线，同时金融部门进行规模扩张时平均成本曲线为一个很平的"U"形。[②]

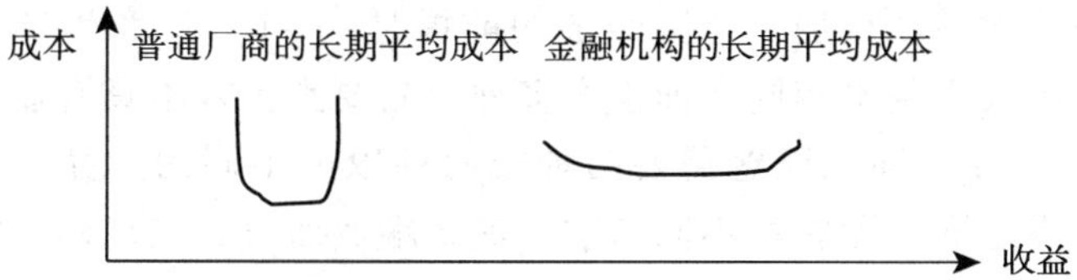

由此可见，金融控股公司通过对子公司进行资本和其他资源的调配与协调，并促使各子公司之间在资金、业务、技术方面进行合作，不同的金融部门可选择任意的产品组合而并不需要付出额外的成本，从而实现资源的有效配置，达到降低成本的目的。金融控股公司通过股权控制关系或其他法律关系将不同金融业务的子公司整合在一起，提高了整体金融资产的利用率和使用范围，扩大了金融子公司的企业边界，从而在原有企业规模条件下提高服务的质量和产量，实现规模经济效益。

---

① 谢平等:《金融控股公司的发展与监管》，北京：中信出版社，第 62 页。

② 刘波:"金融体制的结构性选择"，载于《金融与经济群言堂》，上海财经大学出版社 1999 年版，第 96 页。

四、金融控股公司的范围经济

范围经济（economies of scope）是指在同一经济组织内，由于经营范围扩大使平均成本低于平均收益，从而增加收益的情况。规模经济着眼于要素使用的平均成本和收益，而范围经济则从产品的角度考察一家厂商生产多种产品的效益。在通常情况下，随着经营范围的扩大，平均成本降低，边际成本低于边际效益，企业效益就增加。范围经济的前提是：（1）厂商生产多种产品所需投入基本相同，即生产多种产品要素投入不具有显著的专用性；（2）同一顾客需要两种或两种以上不同的产品，也可以同时满足同一顾客的不同需求。就金融业而言，在规模经济一定的条件下，如果一家金融机构同时经营N种金融产品的成本小于N家金融机构分别经营其中一种金融产品的总成本，则表明存在范围经济。（见下图）

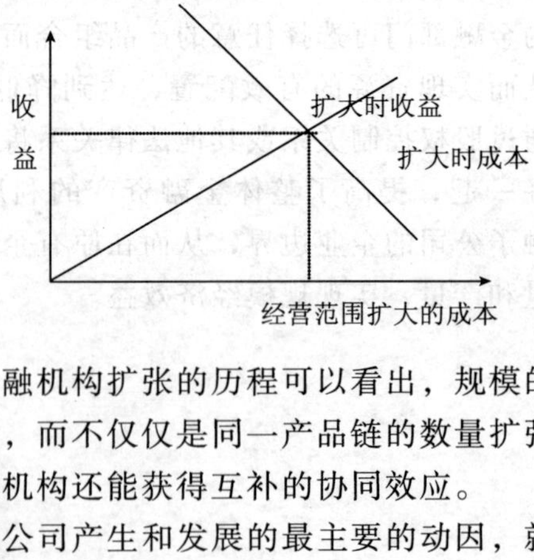

从一些金融机构扩张的历程可以看出，规模的扩张伴随着业务范围的扩大，而不仅仅是同一产品链的数量扩张，甚至跨越两个行业的金融机构还能获得互补的协同效应。

金融控股公司产生和发展的最主要的动因，就是利用控股公司的组织架构有效地整合各子公司的资源，扩大经营范围，从而实现范围经济。金融控股公司之所以能实现范围经济，主要原因有：（1）信息经济优势存在，尤其是同一种信息可多次使用于不同的金融产品；（2）常规成本或管理费用的分摊和节约；（3）信息的溢出效应，就是信誉可以在不同的经营范围自然延伸；（4）客户对金融产品需求的多样性。[①] 由此可见，金融控股公司的范围经济可以分为内部范围经济和外部范围经济。

金融控股公司的内部范围经济。金融控股公司各金融子公司之间存在很强的关联性和互补性，通过内部整合可以有效地向客户提供"一站式"服务，服务设施等资源使用效率提高，固定成本可以分摊到更多的产品上，单位成本大大下降，金融控股公司可以用较低的成本提供更多的金融服务产品，增加业务量。金融资产多样化、分散化，经营成本降低，从而有可能使金融控股公司在规定风险水平上获得更高的收益。

金融控股公司的外部范围经济，也就是指金融消费的范围经济。消费的或需求的范围经济可来源于投资、储蓄、信贷和保险产品的交叉营销。许多金融产品都是互补的关联的，如汽车贷款伴随着汽车保险，按揭贷款伴随着贷款保险。金融消费者在一个金融集团中购买金融产品比在专业金融机构中购买相同的一组金融产品时的搜寻成本、信息成本、监控成本和交易成本更低。美国花旗集团与银行者集团合并后组成了全美最大的金融控股公司，其经营思路就是集商业银行业务、投资银行业务、证券经纪业务和保险业务等所有金融业务于一身，实现范围经济，追求集

① 金融控股公司的范围经济在多元化组织架构下，可能产生正的范围经济，也有可能产生负的范围经济。负的范围经济的产生有多种原因，例如由于不同金融产品的特点存在差异，在金融控股公司架构下进行同一渠道销售时，因为存在利益冲突而产生负的范围经济。

团利益最大化。[①] 花旗集团的宣传口号是“The one - stop solution for all your financial needs”，(一站式的金融服务会满足你所有的金融需求)[②] 非常形象地说明了花旗集团作为金融控股公司集团的内部范围经济和外部范围经济。实际上，美国废除《格拉斯—斯蒂格尔法》，实行金融控股公司制度，给美国消费者节约数以亿美元计的费用，同时也提高了金融业的经济效益，增强了国际竞争力。

范围经济的计量分析，可运用资产组合理论模型加以证明。其基本原理是：在不确定性投资组合中，如果一类资产的预期收益高于另一类资产，则综合经营所获得的资产组合收益将高于单一经营的资产收益，即综合经营的收益函数较之单一经营的收益函数具有一阶随机优势；在不确定性投资组合中，在预期收益相同的情况下，如果一类资产的风险低于另一类资产，则综合经营下投资组合的风险低于单一经营的风险，即在收益相同的情况下，综合经营的收益函数较之单一的经营收益函数的方差更低，具有二阶随机优势。[③] 因此对于范围经济的计量分析，可以从收入增长和成本节约两个方面分析，前者是和需求相联系的效率来源，后者是和供给相联系的效率来源。

金融控股公司的范围经济来源于业务的多元化经营，而业务的多元化有两种模式：一种是相关业务的多元化，另一种是不相关业务的多元化。两种模式的范围经济的数学模型具有差异，从

---

① 花旗集团（citigroup）是当今世界上资产规模最大、利润最多、全球连锁性最高、业务门类最齐全的金融集团。在全球范围内，花旗集团为100多个国家2亿多顾客服务，每位客户到任何一个花旗集团的营业点都可得到储蓄、信贷、证券、保险、信托、基金、财务咨询、资产管理等全能式的金融服务，从而也形成了花旗集团的范围经济。

② 登录花旗网站就可以见到这一宣传语。

③ 蔡浩：《抉择：金融混业经营与监管》，昆明：云南人民出版社 2002 年版，第四章相关内容。

而影响到金融控股公司多元化业务的安排方式。

在金融控股公司多元化经营模式下的相关业务包括彼此相联系的金融业务，如金融控股公司下的专业银行、投资银行、保险公司以及资产管理公司。其成本方程可以表示为：

C（d）=f（D、L、S、M）

C（d）表示与多元化经营相关的成本。

D 表示控股公司内存在的业务单元数量。

L 表示各种业务之间的关系和相关程度。

S 表示控股公司的总销售额。

M 表示控股公司监督各类业务带来的成本增量。

D 服从多元化业务的一个假设，即业务数量越多，组织成本越高；L 反映不同业务之间关系的数量，关系越多越复杂；S 是另一个反映复杂程度的指标，用销售额总量来衡量。成本函数对四个变量的偏导数都是负的。

其收益方程可以表示为：

B（d）=g（D、G、Sc）

B（d）表示多元化经营的收益。

D 表示存在的业务单元数量。

G 表示因共享投资与管理费用而减少的成本。

Sc 表示多元化经营带来销售额的增量。

收益方程中自变量和因变量之间的关系如下：D 变大时 B（d）变小；G、Sc 变大时，B（d）变大。

在上述方程下，金融控股公司要想达到范围经济的最大化，必须是使相关业务多元化的成本与收益达到均衡，即边际收益等于边际成本 B（d）= C（d），假设 L、G、Sc、S 在短期内均为常量，实现均衡的条件是 SC（d）/SD = SB（d）/S（D）。

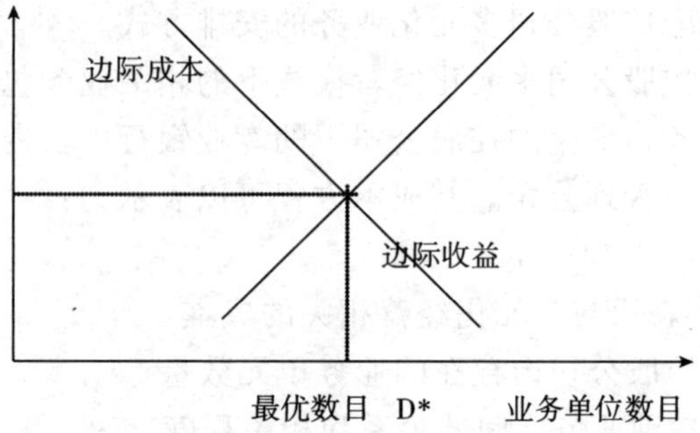

短期均衡由最优业务单位数量 D^* 表示，它随着上述成本和收益方程变量的变化而变化。如前所述，由于金融资产的同质性特点，金融控股公司在经营相关金融业务时，进入成本和退出成本都比较低，因此，其经营相关金融业务能够获得比其他行业多元化经营更强的范围经济。

第四节　金融控股公司的组织结构优势

一、金融控股公司的组织经济优势

制度经济学将企业理解为节约交易成本的一种组织形式，并且认为不同企业组织与不同交易典型相互适应。① 按照制度经济学的划分理论，企业组织形式包括市场制、等级制和混合制三种。市场制的企业组织按照市场对交易的需求决定企业的组织类型；等级制的企业组织根据企业内部不同部门之间的协作需要确定企业组织。但在一个具有一定经营规模和经营范围的现代企业

① 科斯的《企业的性质》与威廉姆森的《组织经济学》中对交易类型与企业组织形式之间的适应关系都有比较详细的论述。

中，其组织结构要同时考虑市场制下的激励作用与等级制下的协作功能，从而形成一种混合制的企业组织。金融控股公司就是金融领域中的混合制企业组织。

三种企业组织结构的区别

治理机制			
	市场制	等级制	混合制
激励强度	+ +	0	+
协作强度	0	+ +	+

金融控股公司的组织结构形式可以节约金融交易成本。因为各金融子公司都具备独立的法人资格，彼此之间相互平等，各自按照市场需求设立各自的金融业务单元，这有利于最大限度地发挥市场的激励作用。而就金融控股公司整体而言，通过层层控股关系，形成自上而下的等级系统。在这种股权结构关系下，通过控股公司的统一运作，形成各子公司之间的协作互动关系，从而有利于控股公司发挥整体优势，形成等级制下的协作优势。

金融控股公司作为一个整体，虽然子公司在法人人格上独立，控股公司、各子公司都各自独立承担民事责任和享有民事权利，但由于控股公司掌握着各子公司的控股权，子公司的重大决策基本上由控制了子公司董事会的母公司决定，整个控股公司能够实现整体利益一致。金融控股公司实际上就是利用这一股权连接的长期合约关系，采取介于市场制与等级制之间的混合制模式。

金融交易的不确定性较大，易形成不良资产，产生较高的交易成本。要想控制风险，降低交易成本，金融企业组织，必须同时满足两个条件：一是能够集中足够多的业务单元，以增加内部交易频率及交易量，从而利用金融资产的专用性（或金融资产的同质性）带来的低交易成本；二是能够在不同业务单元之间隔离风险，以减少由于不确定性引起的风险成本。根据这两个约束条件判断，作为集团控股混业、子公司经营分业的金融控股公司，正是金融交易的合适载体。因为在金融控股公司集团内，各子公司的联合经营能够形成内部金融市场，这就使得内部交易的频率增加、数量扩大，从而降低了金融交易成本。另外，通过金融控股公司结构下各子公司作为独立法人进行分业经营，能够有效隔离不同业务单元之间的风险，将风险锁定在一个最小范围内，从而降低由金融交易不确定性而造成的金融风险成本。因此，从金融资产和金融交易的特点出发，根据制度经济学的相关理论判断，金融控股公司是能够节约交易成本的一种企业组织形式。

二、金融控股公司的信息经济优势

在金融控股公司模式下从事的金融混业经营，与其他行业相比更容易形成信息经济优势。金融控股公司的信息经济优势，主要是指金融控股公司的各子公司的客户信息因其业务的关联性和互补性可以共享信息资源，与单一的金融机构相比，具有极强的信息优势。这一点我们可以以金融机构最重要的客户——企业为例来进行说明。

企业往往有一些有关信誉程度和投资计划的信息是不对外公开的。一些企业通过与信用评级机构合作来缩小信息差距（information gap）。信用评级机构向外界传递有关企业的信息，同时对企业的资信状况提供担保。这可以使企业进入资本市场的成本降低。而有一些企业的有关信息的生产成本可能太高，转而将一些融资职责委托给金融中介，这样可以大大节约成本。银行在对企业进行贷款前，要收集与企业及其投资机会有关的信息，这要花费成本。贷款发放后，银行要对企业进行监管，确保企业遵守贷款合同，同时进一步收集该企业的有关信息，所以通过银行的间接融资成本要高于在资本市场直接融资，因此信誉较好的大企业倾向于直接融资，而较小的和成立时间较短的企业则依赖于银行进行间接融资。

在上述融资体制下，金融控股公司要比单一的金融机构有优势。金融控股公司可以为企业提供更多的金融产品，从而与更多的企业建立起更广泛、更长期的联系。金融控股公司通过观察企业与多种金融工具有关的行为，获取更多的企业信息，同时利用收集到的信息，以多种业务形式而不仅仅是贷款形式对企业的活期存款账户进行监管。而且由于为企业提供的金融产品越多，获取的信息也就越多，在设计各种金融合同时，金融控股公司可以利用多种金融工具，对企业的管理决策施加更多的影响，达到节约代理成本的目的。

金融控股公司与企业合作的时间越长，信息经济优势就越明显。由于金融控股公司长期获取和占有的信息中有一部分为金融控股公司所独自享有，企业不能轻易地将其传递或移送给其他金融机构。因此，企业如果决定更换合作的金融机构，就必须付出更多的成本。

在金融控股公司模式下，企业转换合作金融机构的成本很高，因为金融控股公司可以采取优先购买行动。由于在信息上占有优势，金融控股公司可以预先估计企业的资金需求，并根据这一需求，通过相关的控股子公司提前做好必要的准备工作，从而比潜在的竞争对手具有更多的优势。当企业离开金融控股公司，终止合作关系，而另行寻找新的金融合作机构时，又会产生新的

"二手车市场"难题。[①] 同时，在专业金融机构中，当企业为了在市场发行证券进行直接融资，将合作的金融机构从商业银行转往投资银行时，本来就是一件顺理成章的事，不会引起其他疑问。而在业务单元齐全的金融控股公司系统中，当企业转向系统外的一家投资银行，该投资银行自然而然地提出疑问：企业原来的金融控股公司中的投资银行为什么不提供证券发行承销业务？这种怀疑会导致"二手车市场"溢价的产生，无形中增加了企业的转换成本。

此外，在金融控股公司模式下，由于各金融子公司可以从客户与其他金融子公司进行交易的过程中获取有用信息，而不必逐项地对每笔交易，对每一个客户进行评估。由此可见，只要通过一定的组织形式允许不同种类的金融业务部门之间实现一定程度的资源共享，就可以降低各子公司的信息成本，从而形成金融控股公司整体上的信息经济优势。

三、分散和减少风险

金融控股公司通过风险互补效应来分散风险，它在提供多元化金融服务的同时，也实现了收益的多元化和风险的分散化。从整体上来看，当某一个地区的子公司因当地经济不景气而出现经

① 在"二手车市场"上，由于买主与卖主之间关于旧车的信息不对称形成逆向选择问题。卖主知道车的真实质量，买主不知道，只知道车的平均质量，因而只愿意根据平均质量支付价格，但这样一来，质量高于平均质量的卖主就会退出交易，只有质量等于或低于平均质量的卖主进入市场。结果导致了市场上出售的旧车质量进一步下降，买主愿意支付的价格也就进一步下降。更多的较高质量的车退出市场，依次类推，最后只有最低质量的车成交，在极端的情况下，市场可能不存在。这种逆向选择效应广泛存在于经济现实之中，只要在互动环境下，行动者之间存在有关类型的消息不对称，逆向选择就可能会发生。参见 Akerlof, The Marker for "Lemons": Quality Uncertainty and the Marker Mechanism, Quarterly Journal of Economics, Vol. 84 Issue 3, 1970. 转引自张维迎：《信息、信任与法律》，北京：生活·读书·新知三联书店 2003 年版，第 311 页。

营亏损时，可以通过另一个经济相对较好地区的子公司的盈利来弥补亏损，当某一金融行业不景气导致该行业子公司出现亏损时，就可以通过另一个较好行业的子公司的盈利来弥补亏损。

在证券业务风险高于商业银行业务风险的假定下，此两种业务收益之间的相关系数较低，且证券业务所占比重相对较低，则金融控股公司可以通过混业经营分散风险。对美国金融业的实证研究表明，金融控股公司证券子公司的自营和承销收益与商业银行子公司业务收益的相关系数很低，说明通过金融控股公司可以达到分散风险的目的。

本章小结

金融控股公司是指持有银行、保险公司、证券公司等金融机构控制性股份，或为银行、保险公司、证券公司等金融机构直接、间接指任或选派过半数之董事，并且其主要资产显著分布在银行、保险、证券等两个以上金融领域的公司。

作为一种金融混业经营的企业组织形式，从经济学的角度进行分析，能够降低交易成本，提高经济效率，易于形成规模经济和范围经济。所以金融控股公司作为一种新的制度安排，具有经济组织结构优势和信息经济优势，并能在一定程度上分散和减少金融风险，具有风险防范优势。由此可见，金融控股公司是一种充分体现效率优先又兼顾金融安全理念的经济组织形式。

第三章 金融控股公司法律制度演进：制度变迁的历史考察

金融控股公司法律制度有其自身生成、变迁的发展轨迹。根据制度经济学的有关理论学说，[①] 制度的生成有其生成的背景，制度变迁有其变迁的诱因，本章主要是依据制度经济学的理论和方法分析阐释金融控股公司法律制度变迁背后的经济因素，从制度分析的范式和框架出发，探寻金融控股公司法律制度的经济学意义，即把金融控股公司法律制度看成变量，作为金融发展的函数。有学者甚至提出要建立“法与金融学”这样一门学科。[②]认为传统金融法与金融学研究长期处于割裂状态，这种对金融现实与秩序问题的漠视导致了金融与法律学术对金融制度演进过程解

① 制度主义的发展经历了从旧制度主义到新制度主义和新制度经济学两条不同的路径。制度主义从产生之日起大体经历了三个阶段。第一阶段是从 19 世纪末到 20 世纪 30 年代，该阶段的制度经济学被称为旧制度学派，主要代表人物有凡勃伦、康芒斯和米契尔等。第二阶段是从 20 世纪 30 年代到 20 世纪 50 年代，这是制度主义从“旧”传统到“新”理论之间的过渡阶段，主要代表人物贝利、伯恩汉和艾尔斯等。第三阶段是从 20 世纪 50 年代到 20 世纪 80 年代，该阶段沿着前述传统发展的制度经济学被称为新制度主义，代表人物是加尔布雷思和缪尔达尔等，其特点是既继承了凡勃伦、康芒斯传统，又从贝利、伯恩汉和艾尔斯等人学说中吸收了若干观点，并在新的政治环境中加以发挥。新制度经济学沿着另外的途径发展起来，试图建立对经济问题以及其他社会现实问题采取传统的经济分析方法，着重从制度的角度进行探讨的新的经济学。科斯、诺斯是这一学派的领军人物。其特点是采用古典经济学分析方法，研讨制度的起源、作用和变迁。参见贺卫、伍山林主编：《制度经济学》，北京：机械工业出版社 2003 年版，第 34 页。如果没有特别说明，本章的制度经济学主要是指新制度经济学。

② 参见张建伟：《转型、变法与比较法律经济学——本土化语境中法律经济学理论思维空间的拓展》，北京：北京大学出版社 2004 年版，第 167—169 页。

释力的下降。就我国转轨时期金融发展的现实来说，制度建设可能显得更为紧迫，许多金融改革与发展的结构性难题总是会涉及法律与金融两个方面，而法律又成为重要的内生性约束变量。这就需要金融法研究摆脱法学条文主义的约束，以金融学和法学交叉研究来带动金融法基础理论的创新，“法与金融学”则是最佳选择。但是，“法与金融学”要成为一门分支学科似乎还不具备学科成立的条件，至少目前还不具备，现在至多是“法与经济学”分析方法与范式在金融学的应用，属于法律经济学研究的前沿分支领域。尽管 Fafael La Porta、Florencio Lopez - de - Silance 和 Andrei Shleifer、Robert Vishny 等人（简称 LLSV）取得了一些研究成果，但法与金融学研究仍没有一个独自的统一的研究范式，一些研究成果散见于法律经济学、新制度经济学和金融法的一些领域的专题文献中，况且就国际学术界已成热潮的法律经济学理论而言，在我国也只是引进、评价，要在此基础上构建在国际学术界尚未形成体系的“法与金融学”分支学科，恐非易事，这并非妄自菲薄，因为学术的进步需要以学术积淀为前提。

第一节　经济学视野中的制度

一、制度起源与科斯定理

从制度经济学来讲，主要研究几个方面，第一个方面是制度的起源，第二方面是制度的变迁，第三个方面就是制度的结构。[①] 而其中制度起源是非常根本的方面。制度经济学家认为探寻制度起源是一件非常令人着迷、充满趣味、引人入胜的事情，

① 盛洪：《为什么制度重要》，郑州：郑州大学出版社 2004 年版，第 2 页。

所以他们经常在思考制度的起源，并提出自己的见解和理论。其中科斯对制度起源的解释是最具经典性的描述。

科斯作为新制度经济学派的代表人物，以交易成本为最基本的分析工具，论证制度的性质、制度存在的必要性以及制度合理性的标志，因此，新制度经济学也被称为交易成本经济学。科斯赋予交易成本概念一般化的意义，将交易成本用以解释各类经济现象及其相关因素，从而使交易成本这个概念完全可以与价格、成本、效率等基本经济范畴等量齐观。所以，以科斯为代表的新制度经济学派考察的重点不是经济运行过程本身，而是经济运行背后的产权关系，即经济运行的制度基础。并指出制度产生的原因就是为了降低经济运行中的交易成本，提高经济运行效率，改善资源配置。

按照科斯的理论，如果没有交易费成本，亚当·斯密的“看不见的手”就会指引社会资源发挥最佳效率。事实上，社会交易是有成本的，如果不对资源利用设置一定规则，那么，“看不见的手”引导的就不是繁荣，而是混乱。只要交易成本存在，制度就会发挥作用，制度的设立就是为了减少交易成本。①

科斯在为《企业、市场与法律》所写的导言中说：“本书核心由《企业性质》(1937)、《边际成本的分析》(1946) 和《社会成本问题》(1960) 三篇论文组成。所有论文实质上都持相同的观点。”② 科斯指出：“在主流经济学中，企业与法律多半被假定存在，而本身并不是研究的主题。于是，人们几乎忽视了在决定由企业和市场进行的各种活动时，法律起着重要作用。”③ 经

① 参见程恩富、胡乐明主编：《新制度主义经济学》，北京：经济日报出版社2005年版，第187页。

② R. H. Coase: The Firm, the Market and the Law, The University of Chicago Press, 1988, p. 28.

③ R. H. Coase, The Firm, the Market and the Law, The University of Chicago Press, 1988, p. 5.

济政策包含着对不同体制的选择，而这些社会体制是由法律规定的，或依赖于法律。

第一科斯定理是：如果交易成本为零（zero transaction cost），不管怎样选择法律规则、配置权利，有效率的结果都会出现。即交易成本为零时，并且个人合作行动时，任何制度都是有效率的。

第二科斯定理又称反科斯定理，其内容是：如果存在现实的交易成本，有效率的结果就不可能在每个法律规则、每种权利配置方式下发生。即交易成本为正的情况下，不同的制度安排，则会带来不同的效率。

根据科斯定理，能使交易成本最小化的法律是最好的法律。

科斯定理是经济分析法学理论基础的主要框架，经济分析法学的研究大都是科斯定理的运用。波斯纳曾说：科斯定理是他的《法律的经济分析》的主旋律。[①] 科斯定理提供了依据效率原理解释法律制度的分析范式，也为朝着实现最大效率的方向改革法律制度提供了理论依据。[②]

科斯本人并未对上述定理进行一般化的定义，所以就出现了对科斯定理的含义的不同解释，[③] 但对科斯定理的不同理解，从不同角度揭示了科斯定理一致的本质：如何有效率地进行制度安排，使社会资源配置最优，实现社会财富最大化。

---

① R. A. Posner, Economic Analysis of Law, Little Brown and Company, 1977, p. 17.

② 钱弘道：《经济分析法学》，北京：法律出版社 2003 年版，第 138 页。

③ 科斯定理由芝加哥大学教授斯蒂格勒（Geogro J. Stigler）1966 年发表的《价格理论》（the Theory of Price）一书中提出，科斯本人对这个定理思想的阐述，主要集中于《联邦通讯委员会》、《社会成本问题》和《“社会成本问题”的注释》三篇论文中，但科斯始终未对科斯定理下定义，可能是这一定理的内涵太丰富、太复杂，而无法用一个定义概括出来。

二、制度的内涵

制度作为“一个社会的游戏规则”，“为决定人们的相互关系而人为设定的一些制约”，构造了“人们在政治社会或经济方面发生交换的激励结构”。① 这种激励结构的制度是为了减少交易成本而安排的。

在新制度经济学的研究范围中，制度包括正式约束和非正式约束，非正式约束主要包括价值观念、伦理规范、道德观念、风俗习性、意识形态等因素，其中意识形态处于核心地位。正式约束是指人们有意识地创造的一系列规则。两者之间的差别只是一个程度上的问题，尽管正式规则可能由于政治或司法决定的影响而在一夜之间发生变化，但是，内含着习俗、传统和行为准则的非正式规则可能更多地不受影响。这些因素不仅将过去与现在和未来联结起来，而且也为人们提供了一个解释历史变迁路径的线索。②

制度有着丰富的内涵，制度与人的动机、行为有着内在的联系。从深层次看，历史上的任何制度，都是当时人的利益及其选择的结果。制度是一种“公共物品”，作为一种行为规则，具有一定的普遍性。制度是一种游戏规则，是人们创造出来的用以约束人们相互交流行为的框架。制度的功能主要是减少不确定性，减少交易费用，提高效率。

因为完全竞争的市场只是一种理想的假定，市场的不完善是一种常态。各种要素，只有在有了制度的前提下才能发挥功能，

---

① ［美］道格拉斯·C. 诺斯：《制度、制度变迁和经济绩效》，刘守英译，上海：上海三联书店 1994 年版，第 3 页。

② ［美］道格拉斯·C. 诺斯：《制度、制度变迁和经济绩效》，刘守英译，上海：上海三联书店 1994 年版，第 8 页。

如制度短缺、供给滞后或制度不适，同样会制约经济的发展。经济落后往往是制度落后造成的。经济学家将制度视为除资源、技术和偏好以外的支撑经济增长的第四大柱石，成为影响经济发展的决定性因素和内生变量。①

经济学家对制度，特别是正式制度中的法律规则问题关注，表明其已将视角延伸到传统的法学研究范围之内，从而在经济学和法学之间架起了相互连接、沟通、融合的桥梁。

第二节　制度变迁

制度经济学是一门以经济学的方法研究制度的学问，有一套分析方法和理论结论。其中一个结论就是制度的效率与运行制度的交易费用是相关的。从效益较低的制度到效益较高的制度的转变就是制度变迁。②

一、制度非均衡与制度变迁

对制度起源、构成和功能的分析只是新制度经济学的理论基础，制度变迁和制度创新才是研究的核心问题。③ 制度变迁理论是有关制度的替代、转换与交易过程的理论，它以一种效率更高，即能获取追加或额外利益的制度对另一种制度的替代过程为

① 孙同鹏：《经济立法问题研究》，北京：中国人民大学出版社2004年版，第18页。

② 盛洪：《为什么制度重要》，郑州：郑州大学出版社2004年版，第15、19页。

③ 孙同鹏：《经济立法问题研究》，北京：中国人民大学出版社2004年版，第20页。

研究对象，探讨制度变迁的原因、动力、作用机制和作用形式等。[①] 如果从模型化的需要出发，制度变迁是对制度非均衡的一种反应，从非均衡到均衡的制度结构的演变过程也就是制度变迁的过程。[②] 所以制度变迁是与制度非均衡相联系的，而与制度非均衡相对应的则是制度均衡。

所谓制度均衡，就是指在既定制度安排下，已经获取各种资源所产生的所有潜在收入或潜在利润仍然存在，但改变现有制度安排并不能给任何人带来额外的收入，即改变现有制度安排的预期成本超过潜在收入。因而，制度均衡时制度结构处于帕累托最优状态之中。从行为均衡的性质看，制度均衡表现为愿意维护现有制度的行为主体集合力量超过或等于愿意改变现有制度的行为主体集合力量时所表现出的一种制度状态。[③]

如果满足不了上述条件就会出现制度非均衡状态。就整个社会发展而言，制度均衡只是一种理想状态或瞬时状态，而制度非均衡才是一种常态，制度变迁作为一种制度非均衡的反应也是一种常态。所以诺斯指出："制度在一个社会中的主要作用是通过建立一个人们相互作用的稳定的（但不一定有效的）结构来减少不确定性，但是制度的稳定性丝毫没有否定其是处于变迁之中这一事实。从习俗、行为规则、行为规范到法律以及人们之间的合约，制度是处于演进之中的，因而不断改变着我们所能获得的选择。变迁在边际上可能是十分缓慢的，犹如历史的长河。为了

---

① 孔令学：《中国金融控股公司制度研究》，北京：中共中央党校博士学位论文，2004年，第67页。

② 程恩富、胡乐明主编：《新制度主义经济学》，北京：经济日报出版社2005年版，第188页。

③ 经济学中的均衡包括变量均衡和行为均衡。变量均衡是指多种产品或要素的供给量与需求量均等；行为均衡是指供给量与需求量的各个行为主体不能改变自己与他人行为时所达到的均衡状态。制度均衡是一种行为均衡，因为制度的供给与需求量不能用一定的数量单位表示。

揭示它们，我们还得像历史学家一样回顾过去，尽管我们生活在一个制度变迁的速度非常快的世界。”[①] 从动态过程看，制度的均衡和非均衡状态都不是长期不变的。从制度的均衡到非均衡，再到均衡，制度在这一过程中不断地变迁。但需要注意的是，制度非均衡是制度变迁的必要条件，而非充分条件。制度变迁只可能在制度非均衡状态下发生，而制度非均衡不一定导致、更不等于制度变迁。[②] 因为制度变迁作为一个行动过程，其发生需要一些前提条件，并存在许多制约因素。

二、制度变迁的成本因素

科斯从需求方面展开，分析交易成本在制度变迁中的决定性作用，指出只有在制度变迁的预期收益大于成本时才可能成为现实。“一旦考虑到进行市场交易和成本，那么显然只有这种调整后的产值增长多于它所带来的成本时，权利的调整才能进行”，[③] 因为“只有得大于失的行为才是人们追求的”。制度变迁的成本主要包括制度设计成本和制度实施成本。制度的设计成本主要取决于设计新的制度安排的人力资源和其他资源的要素价格。在既定的法律制度下，要作出新的制度安排，通常必须有专项法规或司法制度，或两者兼得。如果维持立法机关和司法制度的费用很高，制度设计的成本也会随之上升。至于实施制度变迁的成本越小，新制度推行的可能性就越大。具体说来影响制度变迁的成本要素主要包括：

---

① ［美］道格拉斯·C. 诺斯：《制度、制度变迁和经济绩效》，刘守英译，上海：上海三联书店 1994 年版，第 7 页。

② 程恩富、胡乐明主编：《新制度主义经济学》，北京：经济日报出版社 2005 年版，第 188 页。

③ ［美］科斯：“社会成本问题”，载于《财产权利与制度变迁》，上海：上海三联出版社 1991 年版，第 20 页。

宪法秩序。宪法秩序是一个社会基础性的制度规则，是制定规则的规则，因而深刻地影响着制度变迁的预期成本和收益，从而影响新的制度安排。宪法秩序直接为制度安排规定了选择空间并影响制度变迁的进程和方式，决定着进入政治体系的成本和建立新制度的立法基础的难易，所以一种稳定而有活力的宪法秩序会给政治经济引入一种文明秩序的意识，也就是一种解决冲突的基本价值和程序理念，从而大大降低制度创新的成本和风险。①

现行制度安排。原有的制度安排影响着新制度创立的途径和方式。初始的制度安排或现有的制度安排作为一种制度存量在很大程度上决定着未来的制度选择。这就是所谓的"路径依赖"。因为沿着原来制度安排的路径和方向渐进，其风险和成本都比另辟新路径要小。现有制度安排造成了一种既得利益格局，形成了一种强化稳定的均衡状态，要想打破这一格局，需要付出很大的成本，从而造成某种有效的制度创新难以实现。

技术变化。技术变化会影响创设新的制度安排成本与收益，从而引致对新制度安排的需求。技术的进步可能会调动个人对其资源进行重新配置的积极性，以及为了再确定产权以实现新的收入流的分割而组织和引发集体行动的积极性。因为技术变迁所释放的新的收入流是对制度变迁需求的一个重要原因，而且新的收入流的分割所导致的与技术变迁和制度绩效的增进相联系的效率收益，也是制度进一步变迁的一个主要激励。

此外，市场规模、知识积累和社会科学知识进步、规范性的行为准则、公众态度、决策者的预期利益、制度设计实施成本、

---

① 参见［美］诺曼·尼科尔森："制度分析与发展的现状"，载于《制度分析与发展的反思》，北京：商务印书馆2001年版，第12—13页。

产品和要素的相对价格等因素对制度变迁也有重要的影响。①

三、制度变迁的方式

制度变迁的方式，不同的视角就会划分出不同的变迁方式。比较常见的有渐进式变迁与激进式变迁、诱致性变迁与强制性变迁、需求主导型变迁与供给主导型变迁。

（一）渐进式变迁与激进式变迁

从制度变迁整体推进速度进行划分，可以把制度变迁分为激进式制度变迁和渐进式制度变迁。

渐进式制度变迁是指变迁过程相对稳定，不引起较大的社会震荡，是在现有的制度结构相对稳定的状态下发生的制度变迁，是一定意义上量的变化。激进式制度变迁是一种一步到位的突进式变迁，是“大爆炸式”的“快速推进型”，② 是在短时间内不顾及各种关系的协调，采取果断措施进行制度变革，通常发生在社会的制度结构和制度安排存在严重的非均衡状态时。激进式变迁一般不是一次完成，而是果断完成其中的关键性任务，其余非关键性任务用渐进式的变迁进行解决。

诺斯详细论述了这两种制度变迁，他认为渐进式变迁是一个连续的变迁，是一个演进过程，而激进式变迁是非连续的，是指正式规则的一种根本变迁。制度变迁更典型的是渐进式的而非激

---

① 详细内容参见程恩富、胡乐明主编：《新制度主义经济学》，北京：经济日报出版社 2005 年版，第 190—192 页；亦可参见孙同鹏：《经济立法问题研究》，北京：中国人民大学出版社 2004 年版，第 24—25 页。而有关以制度安排的需求与供给的框架分析制度变迁，参见［美］戴维·菲尼：“制度的供给与需求”，载于《制度分析与发展的反思》，北京：商务印书馆 2001 年版，第 122—158 页。

② 参见吴敬琏：“中国采取了“渐进改革”战略吗?”，载于《经济学动态》1994 年第 9 期，第 1—3 页。

进式的，这是由于非正式约束在社会嵌存的结果。尽管正式规则可以因政治法律的决定而突然发生变化，但体现在习俗、传统和行为准则中的非正式约束则难于一时改变。它不但把过去与未来连接起来，而且是我们理解历史变迁路径的关键。所以诺斯指出，尽管激进式的非连续变迁是重要的，但渐进式的连续性变迁更为重要。①

（二）诱致性变迁与强制性变迁

根据制度变迁过程中政府和组织的作用形式，可以分为诱致性制度变迁和强制性制度变迁。

诱致性制度变迁是指“制度安排的变更或替代，或者是新制度安排的创造，由个人或一群（个）人在响应获利机会时，自发倡导、组织和实施”的制度变迁。“潜在利润”或者说外部利润诱发了制度变迁，拉坦根据希克斯的诱致性技术变化模型的分析思路，将诱致性制度变迁也作为一种模型加以研究。②

诱致性制度变迁是有关个人或群体即第一行动集团和第二行动集团对制度非均衡条件下盈利机会的一种自发性反应，其特点有：盈利性，只有当制度变迁的预期收益大于预期成本时，有关群体才会推进制度变迁；自发性，非均衡制度状态下的自动反应；渐进性，由于制度的转换、替代、扩散需要时间，从外在利润的发现到其内在化要经过许多环节，因此诱致性制度变迁往往是一种自下而上，从局部到整体的渐进式制度变迁过程。

此外，诱致性制度变迁的过程中，谈判成本是一个重要的制约因素，谈判成本过高往往使一些诱致性制度变迁无法发生。诱

---

① ［美］道格拉斯·C. 诺斯：《制度、制度变迁和经济绩效》，刘守英译，上海：上海三联书店 1994 年版，导言。

② ［美］V. W. 拉坦：“诱致性制度变迁理论”，载于《财产权利与制度变迁》，上海：上海三联书店、上海人民出版社 1991 年版，第 827 页。

致性制度变迁还面临的一个突出问题是外部性和“搭便车”问题，制度创新具有公共性，不能获得专利，人们可以模仿别人创造的合约方式或制度安排而无须付费，从而造成制度创新者会缺乏激励。

强制性制度变迁是由政府的命令或法律引入和实行的制度变迁。[1] 林毅夫详细阐述了强制性制度变迁，他认为由于广泛的外部性存在，制度创新的私人收益小于社会收益必然会使得制度短缺或者说制度供给滞后，这就需要国家或政府介入制度变迁的过程，从而形成强制性制度变迁。实际上，供给制度是国家的一项重要职能。但国家也遵循经济原则供给制度，但国家的预期效用函数不同于私人的效用函数，除了经济因素外，还包括统治秩序、国家安全、国际地位等非经济因素。[2] 所以国家参与下的强制性制度变迁并非是无条件的，要受到统治者的偏好和有限理性、意识形态刚性、官僚政治、利益团体冲突、社会科学知识的局限性和国家的生存危机等因素的影响和制约。[3] 这些因素都有可能导致强制性制度变迁的失败。尽管如此，国家作为主体介入制度变迁可以产生许多有益之处，如具有规模经济，与竞争性组织相比，能以比较低的费用提供较多的公共物品。国家的强制性在制度实施和组织方面更具优势，如弥补制度供给不足，解决外部性和“搭便车”问题，减少制度变迁时间，供应作为纯公共产品的制度。

将制度变迁区分为诱致性变迁和强制性变迁只是理论上的一种做法，实际生活中二者很难区分开。当诱致性制度变迁满足了

---

① 林毅夫：“关于制度变迁的经济学理论：诱致性变迁与强制性变迁”，载于《财产权利与制度变迁》，上海：上海三联书店 1991 年版，第 384 页。

② 孙同鹏：《经济立法问题研究》，北京：中国人民大学出版社 2004 年版，第 28 页。

③ 林毅夫：“关于制度变迁的经济学理论：诱致性变迁与强制性变迁”，载于《财产权利与制度变迁》，上海：上海三联书店 1991 年版，第 384 页。

社会对制度的需求的时候，由国家实施强制性制度变迁就可以弥补制度供给的滞后，所以二者互相联系，相互补充，共同推动着制度变迁。

（三）需求主导型变迁与供给主导型变迁①

需求主导型变迁假定追求利益最大化的单个行为个体总是在给定的制度约束条件下，谋求确定预期对自己最为有利的制度安排和界定，一旦发现制度的不均衡，就会产生制度变迁的需求。这种制度变迁方式以市场经济为基础，一般是一种自下而上的制度变迁。这与西方传统的自由价值取向和民主历史文化传统相适应。

供给主导型制度变迁是在一定的宪法秩序和行为的道德规范下进行的。政府是决定制度供给的方向、形式、进程及战略安排的主导力量，而政府的这种优势地位又取决于政府集权的程度、财力集中的程度以及权力中心在国民中的威望等。一般说来，对一个长期集权和市场不发达的国家来说，供给主导型的制度变迁将起主要作用。由于发达国家存在许多经过历史检验的具有效率的制度安排，往往可以充分利用这种“后发优势”，积极主动地进行制度变迁，最大限度地减少制度变迁的成本，而政府的这种意愿还取决于社会既得利益集团的权利结构或力量对比关系。当政府与非政府主体在某一新制度安排的成本与收益预期不同时，二者在制度变迁中的需求就会存在差异，从而引起制度供给上的矛盾。

---

① 这一部分内容主要参考了程恩富、胡乐明主编：《新制度主义经济学》，北京：经济日报出版社2005年版，第201页。

四、制度变迁的过程

(一) 制度变迁的一般过程

一次制度变迁的全过程就是一个制度变迁的周期。制度变迁过程实际上是实施制度的各个组织在相对价格偏高或偏好的情况下，为谋取自身利益最大化而重新谈判，达到更高层次的合约，改变旧的规则，最终建立新的规则的全部过程。制度经济学家非常重视对制度变迁过程的具体分析，诺斯将一个完整的制度变迁的一般过程分为五个阶段。

1. 形成制度变迁的初级行动集团或第一行动集团，它们对制度变迁起主导作用。某些社会成员首先认识到变迁的条件，发现变迁的机会或通过变迁获利的机会，从而组织起来，发动变迁。而且集团当中至少有一个对制度变迁起主要作用的企业家。[①]

2. 制定有关制度变迁的方案，包括确定变迁的目标，确定选择集合。这是制度借鉴或发明的过程。

3. 确定变迁方案。第一行动集团从利益最大化原则出发，理性地对各种变迁方案进行评估，并选择出最能实现其自身利益的制度。

4. 形成次级行动团体即制度变迁的第二行动集团，它能促使制度变迁方案得以尽快实施。

5. 两个团体共同努力去建立新的制度安排，实现制度变迁。

需要说明的是，初级行动团体之所以能够发现制度创新的潜

---

① 熊彼特认为经济发展的基本动力是创新，其中最主要的就是企业家的创新。制度经济学家也认为在企业制度创新中，企业家同样起着重要作用，而且是制度变迁中第一行动集团中的领袖人物。

在利益，除了企业家的主要作用外，还受新条件的出现、制度的创新与发明以及政治法律的变化这些客观条件和环境的影响。

（二）制度变迁的时滞

制度变迁的时滞是指制度创新滞后于潜在利润的出现，潜在利润的出现与利润内部化的制度安排建立之间存在着一定的时间间隔。所以诺斯上述的制度变迁模型是一种“滞后供给型”模型。诺斯将制度变迁时滞分为认识和组织时滞、发明时滞、选择时滞和“启动”时滞四个部分，并指出影响制度变迁的时滞长短的因素有许多，但下述三个方面的因素特别重要。

1. 现存的法律和制度安排。尽管法可以变化，但法的最大特性应是其稳定性，所以法律的存在制约了新的安排选择，而且制度创新也是一个利益调整的过程，也必然受到现有制度安排的影响。虽然民主国家任期制政府不可能约束其继任者，但事实上，规则一旦确立就很难改变，否则要付出大量的交易成本。现存的法律和其他制度安排的存在不仅影响制度创新变迁的形态，而且还影响制度创新变迁需要准备的时间。

2. 现存的制度技术状态也以另一种方式影响供给反应的时滞。只要旧技术的平均可变成本还低于新技术的平均总成本期间，企业不会在短期内进行技术革新。这一规则对制度安排同样成立。

3. 制度革新必须要等待新制度形式的发明，则新制度的供给实际上也是需要一个过程。

在上述三个因素中，现存法律和制度安排是影响制度变迁时滞的最重要的因素。

（三）路径依赖

在制度变迁逐步推进的过程中，表现出很强的依赖性，不但后一阶段的变迁情况依赖于前一段的变迁结果，而且影响后一段制度变迁的因素也依赖于它前一阶段的发展结果，这就是所谓的“路径依赖”现象。

路径依赖理论最初由阿瑟（Arther）等人提出，主要强调技术演变过程中的自我强化现象。制度经济学把技术演变过程的路径依赖（path dependence）现象推广到制度变迁中，用以解释制度变迁的运行轨迹，[①] 认为制度变迁也存在路径依赖性问题。

诺斯指出“人们过去作出的选择决定了他们现在可能的选择”，而路径依赖是指“过去对现在和未来的强大影响”，是“政策制定者所拥有的能改变经济发展方向的自由度受制于行为人的信仰结构和制度矩阵”。[②] 在诺斯看来，正是由于路径依赖的存在才导致了一些经济社会制度安排的高效率，同时导致另一些经济社会的低效率制度安排的存在。

在制度变迁中存在着报酬递增和自我强化机制。由于报酬递增和市场的不完全性，使自我强化机制得以发挥作用，制度变迁中的自我强化机制主要表现在：（1）成本降低。一项制度的设计需要大量的初始成本，而随着制度的推行，单位成本和追加成本会下降，具有规模经济的特性。（2）学习效应。制度变迁的速度是学习速度的函数，适应制度而产生的组织会充分利用制度框架提供的获利机会。（3）协同效率。通过适应制度而产生的组织和其他组织缔约，以及具有互利性的组织的产生和对制度的进一步投资，会产生相互间的协同效应。而且一项规则的产生会导致其他正式规则以及一系列非正式规则的产生。（4）适应性预期。随着制度的推行，以制度为基础的交易盛行，这将形成不

① 孙同鹏：《经济立法问题研究》，北京：中国人民大学出版社 2004 年版，第 30 页。

② 参见陈振波：“试从制度变迁理论角度论体制转型期政府的作用”，载于《江西教育学院学报·社科版》1999 年第 2 期，第 41—44 页。

确定性，使制度得以存续下去。

基于制度变迁的这种特性，诺斯总结了两条路径依赖：一是一旦一种独特的发展轨迹建立以后，一系列的外在性、组织和学习过程、主观模型都会加强这一轨迹；二是一旦初始阶段带来报酬递增的制度安排，在市场不完全，组织无效率的情况下，阻碍发展，但由于制度产生了一些利益集团，它们不会进一步投资，而只会加强现有制度，从而使无效的制度变迁持续下去。

可见，如果最初的制度选择是正确的，制度变迁可能进入良性循环而不断优化；否则沿着最初选定的无效制度路径走下去，造成一种制度锁定。制度被锁定在一种无效率状态中，陷入恶性循环，忍受长期的经济停滞。①

路径依赖理论在某种程度上有助于理解长期的社会经济变化，理解不同地区、不同国家发展的差异。如果缺乏进入现代法律和其他制度化社会的机会，就可能造成经济停滞不前，这是在制度构建时必须高度重视的问题。

第三节　金融控股公司法律制度变迁

一、金融制度变迁：从分业走向混业

从历史的角度审视现代金融制度变迁史就会发现，金融分业经营制度取代了自然的金融混业制度后，又有被金融混业制度所取代的趋势。但这并不是简单的回归，而是在现代市场经济和国际金融一体化条件下，出现的更高形式的金融混业经营制度，组

---

① 参见籍庆利：“制度变迁中的创新精神探析”，载于《南京师大学报·社科版》2000 年第 2 期，第 11—15 页。

织模式也由单一功能的金融机构发展为金融控股公司和全能银行。在金融混业经营的组织形式中，金融控股公司更能适应当前和今后一定时期内金融混业经营制度存在和发展的条件和环境。①

（一）金融分业经营与混业经营

金融分业经营与混业经营并没有一个明确的界定，也没有一个统一的划分标准。因为金融行业的界限是相对的，所以整个金融业的划分也是相对的。因此，金融分业经营与混业经营总是相对而言的。

分业经营与混业经营有广义和狭义之分。广义上的分业和混业不仅指金融业务内部自身，还包括金融业与工商业的融合问题，即金融机构与工商企业间是否可以相互渗透和融合，形成“产融结合”的全能实体，这一分法主要见于实行全能银行制的欧洲大陆国家。而一般意义即狭义上的分业与混业则是一个金融业内部业务分工的概念，在我国一般指银行、证券（投资银行）、保险、信托等四大金融业务在同一机构内融合分离的关系。②

在不同国家，金融分业与混业又有不同的具体含义，如在美国分业经营时期，银行一直可以从事信托业务，即分业并不包括信托业与银行业的分离；而在日本的分业时期，分业不仅是四大金融业务的严格分离，还包括银行业内部长期融资与短期融资的分离。但是无论哪个国家和地区，金融分业与混业最主要的都是指银行业与证券业之间的关系，所以分业与混业还有一种最狭义

① 孔令学：《中国金融控股公司制度研究》，北京：中共中央党校博士学位论文，2004年，第31页。

② 姚秦等：“分业与混业：几个理论问题的探析与反思”，载于《广西大学学报·哲学社会科学版》2002年第2期，第53页。

的提法就是银证关系，从而又形成了狭义和广义上的金融分业与混业。①

从狭义的角度理解，金融分业经营即银行机构局限在银行业务范围内经营，证券机构限定在证券业务范围内经营，两者不得交叉进入对方业务领域。金融混业经营是指银行机构和证券机构可以进入对方领域进行业务交叉经营。②

从广义的角度理解，金融分业经营即银行、证券、保险、信托机构都限定在各自的传统业务领域内经营，不得超越既定的业务范围。金融混业经营即银行、证券、保险、信托机构都可以相互进入对方业务领域甚至非金融领域，进行多元化经营。

目前绝大多数国家正从广义的分业经营转向广义的混业经营。本文对金融分业混业经营也是在广义的基础上进行讨论的。

从20世纪三四十年代开始，以美国为代表的发达国家纷纷实行金融分业经营制度，此后，金融分业经营制度进一步发展完善，到六七十年代达到顶峰，此时金融混业经营制度已开始孕育，各种金融混业产品、组织模式和运行机制不断出现，金融混业经营制度已代表了当今金融的发展趋势。对这种制度变迁的方向如何进行评价，我们将从金融功能主义和公共政策两个方面进行评析。

（二）基于金融功能主义的混业分析

从一般金融理论来看，金融功能包括：动员储蓄、便利资源配置、风险管理、促成商品、劳务交换及契约达成。其作用机制

① 有人亦从监管机构的不同来区分金融分业与混业。参见阳小华、黄波：“是分业还是混业的争议——中国金融业经营模式研究综述”，载于《学术论坛》2003年第4期，第67页。

② 李江：“从金融功能角度审视金融混业”，载于《新疆金融》2004年第4期，第10页。

如下：市场摩擦的存在（交易成本的存在）→金融市场和中介机构的出现（金融深化的起步）→金融功能的发挥→资本积累、技术创新→经济增长。[①]

美国哈佛大学金融学教授罗伯特·默顿也准确地概括了金融功能观点的基本思想，认为金融体系的基本功能变化很微小，但不同金融机构的构成及形式都是不断变化的。从长期趋势看，金融产品正不断从金融中介机构向金融市场转移。在现实中，则表现为金融交易从不具透明性的机构向透明性机构转移，即所谓“非中介化”或“金融脱媒”。[②]

从功能观点看，不同的金融中介机构、各种金融市场都是实现金融基本功能的载体，在提供金融功能上，不同载体之间存在着竞争，决定竞争优势的关键是比较成本的变化，最优的配置状态是由成本最低的载体提供金融功能，这个过程被称为金融功能的竞争性配置，导致金融体系结构的变化和金融的成长。[③]

所以从金融功能主义观点来看，金融分业、混业经营都是为了使金融功能配置达到均衡，而目前从分业走向混业的制度变迁就是体现了这一趋势。

1. 从金融分业走向混业经营，实际上是金融体系结构打破传统行业的分工模式，重新配置金融功能的结果。这种金融功能重新配置符合效率原则，推动金融体系不断向高级化演进。

2. 金融分业经营和混业经营既反映一种经营形态，也表现金融活动中的不同经营策略。从经营状态看，金融混业经营与先

---

① Ross Levine, Financial Development and Economic Growth, 1997, p. 691.

② See Robert C. Merton, A Function Perspective of Intermediation, Financial Management, Vol. 24, No. 2, Summer 1995, pp. 23 – 41.

③ 金融成长是金融增长和金融发展两个概念的综合，但又在此基础上注入许多非经济成分。参见张杰：《中国金融成长的经济分析》，北京：中国经济出版社；转引自王国言：《论金融分业、混业问题——银行、证券、保险、信托等体制互动的经济学分析》，北京：中国社会科学院研究生院博士学位论文，2001 年，第 40 页。

前的金融分业经营一样，是反映经营状态变化的一种潮流性现象。从经营策略看，金融经营的专业化策略与一体化策略中的一样，属于企业微观决策范畴。

3. 金融分业、混业经营的选择是相对的，而且也不是一成不变的。金融行业理解又分为机构主义（institutional prospective）和功能主义（functional prospective）两种方式。在机构主义理解方式下，金融分业是指银行业、证券业、保险业、信托业等按照传统领域划分进行分行业经营，金融混业经营则打破这种行业分工，允许金融机构进行业务交叉和跨行业经营。按照功能主义的理解，金融活动始终存在专业化分工，但分工的方式不断发生变化。金融活动存在着“金融分业→金融混业→再分业→再混业”的螺旋式演进机制。

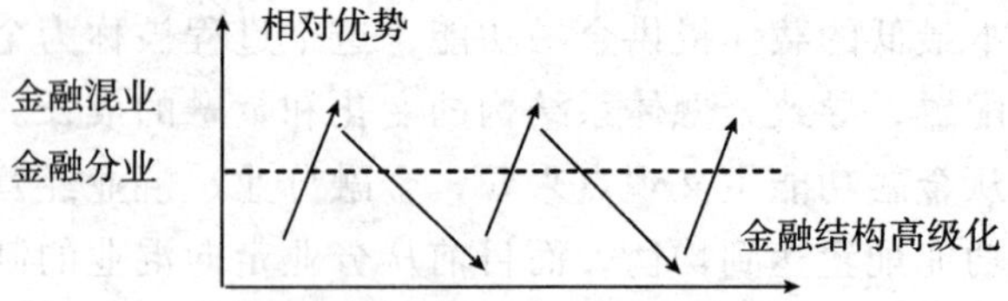

金融分业混业动态演进

（三）金融混业变迁的动因：金融效率

1. 金融效率是混业的原始动因

金融制度的选择和建构与一切经济制度一样，即寻求安全与效益的动态平衡。金融分业经营以防范风险、追求金融安全为首要宗旨，金融混业则以化解风险、提高金融效率为首要宗旨。后来，经过经济学家的研究分析证明，混业经营可以通过跨行业的金融机构来分散风险、规避风险，而且能产生巨大的范围经济和规模经济，并具有协同效益。混业经营体现了市场经济的内在要求，比分业经营制度更有效率，交易成本更低，也不会导致资本市场在商业银行巨额资金支持下，出现虚假繁荣和“泡沫经济”。[1]

2. 商业银行寻求非银行金融业的利润、非银行金融业寻求商业银行的资金

分业经营制度模式，使得各个金融业局限于自身业务领域，限制竞争力。银行传统的金融中介功能面临危机，利益收入持续下降。商业银行拥有巨额资金，却寻找不到巨额利润。非银行金融业务虽然风险较高，但利润空间也较大，所以非银行金融机构数量激增，规模迅速扩大，而引致的后果是资金不足。因此，商业银行与非银行金融机构彼此之间有着巨大的吸引力，从而诱致他们寻求各种形式进行合作，进入对方的业务领域，达到混业经营。

3. 金融创新为混业经营提供产品基础

经济发展促进了金融创新。世界银行的政策研究报告也强调：“在金融与发展之间存在明确的因果关系。”[2] 20 世纪 80 年代以来，随着经济的发展，金融业的发展进入了一个新的时期，以新型化、多样化、电子化、自由化为特征的金融创新层出不穷。金融创新包括机构、工具、市场及产品创新。在各国繁多的金融创新中，不同金融机构、金融功能的混业经营是其中一个重要领域。金融混业经营的产品可以满足客户对金融服务多样化的需求。

4. 技术进步

信息技术的发展，既节约了金融业的信息成本，又提高了金融业的信息效率。技术进步为混业经营奠定了技术基础，特别是网络技术的发展，使混业经营所带来的资源共享优势和协同优势

---

① 参见巴曙松：“资本市场发展与金融结构调整——兼评银行业与证券业的分离与融合”，载于《当代经济科学》1998 年 1 期，第 1—9 页。

② See《Finance For Growth：Policy Choices In Volatile World》，2001.

得以实现，从而使一些交叉金融工具得以应用，同时大规模运用现代信息技术可以节约成本。

5. 相对完善的内部治理结构

随着金融的不断发展，金融机构的治理结构逐步完善，内部控制也随之健全，其主要表现是：规章制度完备，法人治理规范，风险意识增强，自律意识提高，内部控制完善。这一系列的自我管理制度，保障了金融机构能够应对混业经营条件下可能增大的风险，从而保证在取得混业经营效益的同时，有效控制可能扩大的风险。

6. 外部监管体系健全

经过金融业的长期发展，金融监管理论日趋成熟，监管制度日趋完善，监管水平不断提高。由事后监管、惩戒性监管转变为事前监管、预防性风险监管，确定审慎监管理念；形成了包括注册登记、资本充足率管理、清偿能力管理、资产风险管理等风险控制制度，建立了分业监管、伞形监管、一体化监管等与各国社会政治经济和金融发展相适应的金融监管组织体系。这都为监管金融混业经营的风险提供制度保障。

（四）金融混业经营的模式

根据机构的组织形式分类，金融混业的模式主要包括：全能银行、金融控股公司和结合前两者特点的混合型模式三种。①

	法人数目	法人层次	金融许可证	业务数	经营方式	防火墙	代表国家
全能银行	一个	一级	一个或多个	多种	直接经营	无	德国

① 参见张艳：《金融业混业经营的发展途径研究》，北京：中国金融出版社2003年版。

续表

	法人数日	法人层次	金融许可证	业务数	经营方式	防火墙	代表国家
金融控股公司	多个	二级	多个	多种	控股经营	有	美国
混合型	多个	多级	多个	多种	直接兼控股经营	部分有	

全能银行模式只有一个法人，持有一个或多个金融许可证，直接从事混业经营，各行业之间并不设置防火墙，典型代表国家是德国，主要特点是：“一个法人，一块或多块牌照，多种业务，交叉经营。”

金融控股公司的模式是多个法人通过控股权结合在一起，形成母子公司组织架构的金融集团，母公司为一级法人，被控股公司为二级法人，子公司之间设有防火墙，其典型代表国家为美国，主要特点是：“二级法人，多个执照，多种业务，控股经营。”

混合型的模式是在以母子公司关系为基本架构的集团公司中同时包括一个金融控股公司。拥有一级法人的母公司本身拥有一个或多个金融许可证，作为二级法人的金融控股公司还通过股权控制管理经营其他金融业务子公司。母子公司间无防火墙，子公司之间有防火墙，其特点是：“多级法人，多个执照，多种业务，控股交叉经营。”

二、金融控股公司法律制度变迁

金融控股公司的典型特征是混业经营。金融混业的组织形式大致经历了三个阶段：工业化进程的全能银行阶段；分业经营框架下的银行控股公司阶段；金融一体化进程中的金融控股公司阶段。[①]

（一）工业化进程的全能银行

在19世纪后半期，为了大量发行公债和设立股份公司筹集资本，英国商人银行开始承担投资银行的业务，混业经营开始。直至20世纪30年代大萧条之前，欧美国家的金融业基本上是混业经营。全能银行（universal bank）体制在一定程度上促进了欧美国家的工业化，通过全能式的大银行为资本密集型的工业发展提供了大规模的外部资本，从全能银行的组织结构看，基本上是同一法人下的事业部体制，并未采取控股公司形式。

（二）分业经营框架下的银行控股公司

20世纪30年代大危机之后，美国《格拉斯—斯蒂格尔法》出台，限制了金融混业经营。这一阶段主要以银行控股公司（bank holding company）的形式存在。允许银行以设立和收购子公司的方式跨地域开展业务，但仅限于银行业务，银行控股公司的出现，标志着控股公司形式的金融集团产生，在金融集团的企业组织结构上具有代表意义。

（三）金融一体化进程中的金融控股公司

20世纪90年代以来，在科技进步和经济发展的推动下，金融一体化进程得到空前发展，许多国家修改法律，从制度上推进金融一体化的发展，以混业经营为特征的金融控股公司得到全面发展。其特点是：一是母公司控股职能与子公司的经营职能相互

① 参见谢平等：《控股公司的发展与监管》，北京：中信出版社2004年版，第5—7页。

分离，出现纯粹型金融控股公司。母公司不再从事具体的金融业务，而是在战略规划、风险管理与控制、资金集中与运用、信息收集与共享方面实施一体化管理。二是实现了真正的全能化经营。以往的金融集团的全能化经营实际上均受到不同程度的限制，业务的全能化使得金融控股公司能够在更大范围内利用一体化经营的好处，享受更多的规模经济和范围经济。

第四节　金融控股公司法律制度变迁的个案研究——以美国金融控股公司法律制度为例

美国以其强大的国际政治经济优势在全球金融制度变迁中有着巨大的影响力和典型的代表意义。《格拉斯—斯蒂格尔法》不但确立了美国金融分业经营制度，同时也标志着全球金融分业经营制度主体地位确立；而在 1999 年的《金融服务现代化法案》中，不但标志着美国以金融控股公司为组织模式的金融混业经营制度的确立，同时也标志着世界上金融控股公司制度主体地位的确立。

一、制度变迁前的初始状态

根据路径依赖理论，制度演进的初始状态往往对制度选择和演化路径产生很大影响，而美国金融控股公司法律制度的变迁史要追溯到美国分业经营制度的形成之初。

分业前的金融自然混业状态。1933 年的金融分业管制政策出台以前，的确存在金融机构混业现象，但需要注意的是，在这一时期对银行涉足证券的担忧和实行分业管制的思想一直存在。

1920年美国货币监理署一份报告认为，银行附属的证券机构已成为增加银行风险的一个因素。其观点为："不同的机构要求不同的能力与经验去管理，而两笔业务在同一机构中的融合很可能在运作中失去各自优势。"[①]

1929—1933年的经济大危机，引起金融业的全面衰退，数量众多的中小银行损失惨重，它们认为混业经营是罪魁祸首，[②]成为混业经营的主要反对者；与此同时，在证券市场繁荣掩盖下，金融交叉的一些违规操作和不道德行为，在大危机后曝光，引起公众对金融混业的极大愤怒，民意不可违，选票效应在此时起了很大作用，而金融业者名誉扫地处于劣势，不敢为金融混业辩护，游说效应没有发挥作用；而此时入主白宫的罗斯福，主张应该有一种平衡势力抑制过分强大的金融业对国家经济的操纵，保证市场自由竞争和中小企业包括中小金融机构的利益，而这种政治偏好又有利于分业经营的确立。在此背景下《格拉斯—斯蒂格尔法》出台，金融分业制度确立。

以《格拉斯—斯蒂格尔法》为标志的金融分业管制政策为美国金融业的稳定和繁荣作出了贡献。但是随着国际经济金融环境发生的变化，金融制度开始了新一轮的变迁。

二、美国金融控股公司法律制度变迁

促成美国金融控股公司法律制度变迁的因素主要包括市场意愿变化导致市场力量的对比变化。利率限制对银行经营十分不利，面对"金融脱媒"现象而又束手无策，原来反对混业经营

① See Bank Regulation and Supervision in the 1990s, p. 123. 转引自陆泽峰：《金融创新与法律变革》，北京：法律出版社2000年版，第308页。

② See Macey J. K. and Miller G. P., Band Failure, Risk Monitoring, and the Market for Bank, Columbia Law Review, 88, 1988, pp. 1153 - 1226.

的中小金融机构反而成了分业管制的受害者，从而变成反对分业管制的力量。而促使制度变迁的市场力量是美国国内的金融创新活动，金融创新对原有政策法规等制度产生了极大的冲击力，引起了重新评价和审视金融分业的热潮，政治偏好也随之而动。金融机构适时向理论界、立法议员、监管部门游说，并得到积极回应。尤其是国际金融市场上的竞争压力更使得金融分业制度难以为继。20 世纪 60 年代以来，欧洲货币市场兴起使美国在竞争中落败，而欧洲国家的全能银行制度下金融监管的原则和标准较为宽松；日本、加拿大、澳大利亚纷纷仿效，从而加快了金融分业制度瓦解的过程。美国金融分业制度在这一过程开始转向，慢慢向金融混业制度变迁。[①]

1933 年《格拉斯—斯蒂格尔法》（《Glass - Steagall Act》）[②]标志着美国商业银行与证券业务分离的分业经营制度。但是早在 1914 年的《克莱顿法案》（Clayto Act）中就取消了“银行集团”的称呼，确定了银行控股公司的法律地位，而 1927 年的《麦克弗登法案》（McFadden Act）禁止限制注册银行跨州经营或设立分行。1956 年为弥补《格拉斯—斯蒂格尔法》的不足，又制定了《银行控股公司法》，[③] 1966 年、1970 年又对该法进行了两次修正。美国银行控股公司法律制度为金融控股公司法律制度的生成奠定了基础，也为美国金融制度变迁指明了方向，此后，美国

---

① 王国言：《论金融分业、混业问题——银行、证券、保险、信托等体制互动的经济学分析》，北京：中国社会科学院研究生院博士学位论文，2001 年，第 57 页。

② 该法条是 1933 年美国国会通过的《银行法》中的四节内容，包括 16、20、21 和 32 节。其内容限制商业银行从事证券业务，因参议员卡特·格拉斯（Carter Glass）的提案和众议院银行及货币委员会主席亨利·斯蒂格尔（Henry Steagall）的修正案而得名。See Naguyen and Matt Wagtkins, Financial Service Reform, 37 Harv. J. on Legis. 579, available at LEXIS - NEXIS Academic Universe - Document, visited on September 10. 2000. 转引自杜启尧：《中国金融控股公司立法研究》，北京：中国政法大学博士学位论文，2004 年，第 6 页。

③ See Fischel, Rosenfield & Stillman, The Regulation of Barks and Back Holding Companies, Virginia Law Review 73, 1987, pp. 301—308.

加快了走向混业经营的立法步伐。

1961年解释《国民银行法》“附加权力”条款时，已允许银行扩展业务范围，分业体制开始有所突破，1989年联邦行政法令对《格拉斯—斯蒂格尔法》第20条进行弹性解释，使银行控股公司的证券子公司合法化，从事证券业务收入的比重由总收入的5%提高到10%，1995年《金融服务竞争法》，准许了商业银行与证券机构相互之间进行购并，1996—1997年Y条例准许银行控股公司之“第二十条子公司”从事证券业务之收入的比重由总收入10%放宽至25%，而1999年颁布的《金融服务现代化法》，则彻底取消了限制商业银行、证券公司和保险公司的跨业经营的规定，金融业的行业经营界限被重新划分，集银行、保险和证券等全部金融业务于一身的金融控股公司在美国取得了正式合法地位，由此完成了由分业经营向混业经营、由银行控股公司向金融控股公司的法律制度变迁。为了更清晰地理解美国金融法律制度变迁历程及金融控股公司法律制度的形成，特整理各种资料列表展示。①

① 该表根据多种资料综合整理而成，主要参考文献包括：谢平等：《金融控股公司的发展与监管》，北京：中信出版社2004年版，第19—20页；安志达：《金融控股公司——法律、制度与实务》，北京：机械工业出版社2002年版，第84—93页；夏斌：《金融控股公司研究》，北京：中国金融出版社2001年版，第168—187页；熊波等：《金融控股公司理论与实践》，北京：经济管理出版社2002年版，第58—67页；张春子：《金融控股集团组建与运营》，北京：机械工业出版社2005年版，第11—23页；王国言：《论金融分业、混业问题——银行、证券、保险、信托等体制互动的经济学分析》，北京：中国社会科学院研究生院博士学位论文，2001年，第54—57页；孔令学：《中国金融控股公司制度研究》，北京：中共中央党校博士学位论文，2004年，第39—45页；杜启尧：《中国金融控股公司立法研究》，北京：中国政法大学博士学位论文2004年，第17—18页；许纹瑛：《金融控股公司之法律建构》，中原大学财经法律硕士学位论文，第32—33页。

美国金融法律制度变迁历程及金融控股公司法律制度的形成

法律法规	相关规定	变迁轨迹
1. 1914 年《克来顿法》（Clayton Act）	取消“银行集团”一词，确立“银行控股公司”的法律地位	
2. 1927 年《麦克弗登法案》（McFadden Act）	确立单一银行制，限制注册银行跨州经营或设立分行	美国银行多以银行控股公司的形式进行跨州金融服务
3. 1933 年《格拉斯—斯蒂格尔法》（Glass – Steagall Act）	确立分业制，银行业务与证券业务在法律上被分离	稳定了金融秩序，牺牲了金融业的竞争，损害了金融效率
4. 1956 年《银行控股公司法》（Bank Holding Company Act of 1956）	只监管多银行控股公司。限制其扩张，禁止其利用收购子公司的形式跨州经营银行业务；限制银行拥有和经营保险业子公司及非金融子公司；允许商业银行通过银行控股公司形式，设立附属证券机构从事证券业务	单一银行控股公司迅速发展
5. 1960 年《银行合并法》及 1966 年修正案	明文规定银行主管机关管理银行合并的权限，合并所增加大众利益明显超过限制竞争之不利益，且不会大幅减少竞争，始得准许	对银行控股公司的限制有所松动
6. 1961 年解释《国民银行法》“附加权力”条款	允许银行拓展业务范围，包括代理保险、销售相互基金、债券承销等业务	分业体制开始有所突破

续表

法律法规	相关规定	变迁轨迹
7. 1966 年银行控股公司法修正案	删除投资公司及子公司、宗教、慈善团体及教育机构不适用本法的规定，该法将同年的银行合并法规定纳入，使二者之银行间合并与收购标准相同	为银行合并收购提供依据
8. 1970 年银行控股公司法修正案	增加对单一银行控股公司的监管；限制银行控股公司经营保险和不动产等业务；银行控股公司可发行商业票据；未限制跨地区设立分支机构	为银行控股公司扩大地域范围和经营范围提供法律依据
9. 1978 年《国际银行法》（International Banking Act of 1978）	外国银行在美国营运的主要法律规范。其目的在于使美国银行主管机关能对外国银行的营运进行适当有效的管理，包括提供国内外银行之最大可能的平等待遇，且含有美国银行在国际银行业务方面与外国银行竞争的条款	进一步扩大银行的地域范围，促使银行参与国际竞争
10. 1982 年《存款机构法案》（Gran – St. Germain Act）	允许银行控股公司收购经营困难的储贷银行为子公司，且可以超越跨州之限制；原则上禁止银行控股公司购并或新设保险公司	为银行控股公司进一步扩大地域范围和经营范围提供法律依据
11. 1984 年颁布法规	允许商业银行承销商业票据、市政收益债券、抵押担保债券等	

续表

法律法规	相关规定	变迁轨迹
12. 1986 年 Y 条例	允许银行控股公司的证券子公司从事证券经纪与投资顾问业务	
13. 1987—1989 年《联邦行政法令》	允许商业银行通过从事投资银行业务，证券业务的收入比重由总收入的 5% 扩大到 10%	
14. 1989 年对《格拉斯—斯蒂格尔法》第二十条进行弹性解释	使银行控股公司的证券子公司合法化	
15. 1990 年特许令	特批 J. P. 摩根银行承销公司股票发行	
16. 1991 年《外国银行加强监督法案》	赋予联邦储备银行管辖外国银行在美国活动的权力	
17. 1994 年《州际银行业务分行设置效率法》	银行可以跨州购并而无须经州政府许可	
18. 1995 年《金融服务业竞争法》 (FinancialServices Competitiveness Act of 1995)	以现有的银行控股公司为基础建立金融服务控股公司。金融服务控股公司可以拥有商业银行和受证券管理委员会管理的证券部，商业银行可以通过证券部介入证券业务，从事证券承销；证券部也可以购买一家商业银行，从事银行信贷业务	建立金融服务控股公司，推动了金融机构在商业银行与投资银行业务领域之间的全面竞争

续表

法律法规	相关规定	变迁轨迹
19. 1996—1997 年 Y 条例与联邦行政法令	放松对银行从事证券及保险业务的限制；提高银行控股公司从事证券业务的收益比率上限，即从 10% 放宽到 25%	
20. 1997 年《美国金融改革法案》	国民银行可以通过其分支机构经营证券、保险业务；允许部分非金融公司购买商业银行	
21. 1998 年《金融服务业法案》	取消从事证券业务的收益比率 25% 的限制；消除银行、证券、保险业之间的障碍；创造“金融控股公司”这一新的法律范畴；具备条件的银行控股公司可以申请成立金融控股公司；其母公司可以是商业银行、证券公司、保险公司，可以从事全方位的金融业务；仍保留银行业与商品贸易相分离的金融制度	发展金融控股公司等多元化金融集团，全面参与全球金融业竞争
22. 1999 年《金融服务现代化法》(Financial Services Modernization Act)	以“效率与竞争”为新的金融立法价值理念，整合美国金融法律制度；放弃金融分业制度，建立以银行、证券、保险和其他金融服务提供者之间联合经营的金融混业制度	建立以金融控股公司为核心的全能金融制度，加强美国金融服务业的综合竞争力，提高金融效率

本章小结

制度经济学关于制度的起源、作用和发展为研究金融控股公司法律制度的变迁提供了一个新的方法和视角。新制度经济学派以交易成本为最基本的分析工具，论证制度的性质、制度存在的必要性以及制度合理性的标志。将交易成本用以解释各类经济现象及其相关因素，从而使交易成本这个概念完全可以与价格、成本、效率等基本经济范畴等量齐观。新制度经济学派考察的重点不是经济运行过程本身，而是经济运行背后的产权关系，即经济运行的制度基础。并指出制度产生的原因就是为了降低经济运行中的交易成本，提高经济运行效率，改善资源配置。

制度的效率与运行制度的交易费用是相关的。从效益较低的制度到效益较高的制度的转变就是制度变迁。制度变迁的成本主要包括制度设计成本和制度实施成本。影响制度变迁的成本要素主要包括：宪法秩序、现行制度安排、技术变化、市场规模、知识积累和社会科学知识进步、规范性的行为准则、公众态度、决策者的预期利益、制度设计实施成本、产品和要素的相对价格等方面。

从历史的角度审视现代金融经营制度变迁史，金融分业经营制度取代了自然的金融混业制度后，又有被金融混业制度所取代的趋势，但这并不是简单的回归，而是在现代市场经济和国际金融一体化条件下，出现的更高形式的金融混业经营制度，组织模式也由单一功能的金融机构发展为金融控股公司和全能银行。在金融混业经营的组织形式中，金融控股公司更能适应当前和今后一定时期内金融混业经营制度存在和发展的条件和环境。金融效率是金融控股公司法律制度的原始动因，金融制度的选择与建构与一切经济制度一样，都是寻求安全与效益的动态平衡。金融控股公司法律制度就是为了降低金融交易费用、提高金融效率的一种制度安排，美国金融法律制度变迁历程及金融控股公司法律制度的形成，就充分说明了这一点。

第四章　金融控股公司主要法律制度安排（一）：准入、设立和业务运作

金融控股公司法律制度的安排主要包括：金融控股公司准入条件、设立审批制度、业务运作制度、公司治理制度和风险防范制度。这些制度的设计与安排都充分体现了效率优先、兼顾安全的金融立法理念的基本价值取向。本书第四章和第五章将详细阐释金融控股公司各种具体制度的设计和安排。

第一节　金融控股公司的准入条件

金融控股公司法作为金融特别法并不能立即打破金融分业的藩篱，实际上金融控股公司就是为了寻求分业制度上的混业经营而出现的组织架构，是一种从分业走向混业的过渡形式，所以金融控股公司的设立不可能是自由主义形式的。另外，就世界范围内的金融实践经验看，各国对金融机构的设立无不采取或紧或松的准入条件，而不是放手不管的绝对金融自由主义，所以金融控股公司的立法应规定金融控股公司的准入条件，其内容主要包括金融控股公司设立的标准和金融控股公司的审批机关两个方面。只有这样才能既发挥金融控股公司的效率优势，又能维护金融稳定与金融安全。

一、金融控股公司的设立标准

审批金融控股公司设立时所考虑的因素是多方面的，需要结合各个国家和地区以及各个发展时期所面临的政治、经济和社会环境进行确定。美国在其《金融服务现代化法》中规定，金融控股公司的设立许可所考量的因素是要求金融控股公司及其附属的子公司必须资本结构健全和管理健全。① 我国台湾地区主管机关许可金融控股公司设立时主要考虑的因素有：申请人及即将成为其子公司的财务状况及健全经营管理的能力；资本的充足性；对金融市场竞争因素的影响；经营效益及国际竞争力的提高；公共利益之增进，包括促进金融市场发展、发挥金融机构综合效用、维护金融体系稳定及提升金融服务品牌等。② 同时还规定了股东适格性审查规则。③

在金融控股公司立法中，对准入制度的安排应充分考虑各国已有的立法例，并结合各国的实际情形对公司的资本结构、财务状况、管理能力、经营效益等各方面作出细化或量化的标准，以利于实践中进行操作，节约审批成本，提高金融控股公司设立的效益，彰显制度安排的优越性。尤其要注意的是发起人及负责人和股东适格性审查，可以防止股东对金融控股公司的恶意控制以

---

① 美国《金融服务现代化法》第103（a）条和日本银行法第52条之三规定，就主管机关为许可时应考虑的因素包括资本健全、管理能力良好，并审酌金融控股公司应能发挥金融机构的综合效益，以维护金融服务品质。

② 台湾“金融控股公司法”第9条规定，主管机关许可设立金融控股公司时，应审酌下列条件：财务业务之健全性及经营管理之能力；资本适足性；对金融市场竞争程度及增进公共利益之影响。

③ 台湾“金融控股公司法”第16、17条规定了发起人及负责人资格条件和股东适格性审查，尤其是对发起人及负责人的专业素养及品德操守要求非常严格。

至金融控股公司进行不正当交易。[①] 在立法技术上可以考虑授权性条款，即授权相关部门制定详细的设立标准，而在金融控股公司法中只是设计一个准入制度框架，这样在实践中能考虑到各个方面的因素。而且发现有不适当、不恰当乃至错误的设立标准时，改正和修订起来也相对迅捷简便，从而对制度的完善起到很好的促进作用。

二、金融控股公司的审批机关

根据美国有关法律规定，银行控股公司之间的合并或收购，银行须事先经过联邦储备委员会的核准，如果委员会认为申请将会造成独占、助长二人以上的互谋独占或其他独占的，则委员会不予批准；如果该购并会降低竞争，有造成独占或限制交易的倾向的，委员会亦不予核准。否则，美国司法部在联邦储备委员会核准后的30天内可以对该等并购提起反托拉斯诉讼。

台湾金融控股公司审批机关是财政部，由财政部考量申请者的条件是否符合“金融控股公司法”中规定的设立标准来决定是否批准。如果金融控股公司的成立可能会构成企业的结合行为，而涉及公平交易问题，就会涉及相关主管机关的审批。所以台湾“金融控股公司法”规定金融控股公司的设立或改制构成公平交易法规定的事业结合行为,[②] 应另经行政院公平交易委员会的许可。

我国的中信控股有限责任公司的设立，是得到国务院同意，

---

① 闻德峰：“金融控股公司及其在我国的立法制度构想”，载于《金融论坛》2004年第8期，第37页。

② 台湾“金融控股公司法”第9条第二项规定，主管机关对金融控股公司之设立构成“公平交易法”第六条之事业结合行为，应经公平交易委员会许可，其审查办法，由公平交易委员会会同主管机关制定。

经中国人民银行批准，并根据《公司法》设立的。① 而就我国目前的实际情形而言，由央行这一层次的金融主管部门对金融控股公司的设立进行审批是比较稳妥的。银监会成立后，取代央行对商业银行、资产管理公司、信托投资公司及其他存款类金融机构进行监管，所以银监会也就成为今后金融控股公司的审批者。在我国的《金融控股公司法》中应该说明或概括说明金融控股公司的审批机构，因为我国目前还处于转轨之中，各种行政机关为了自身利益，争夺审批权，而造成多头审批，给金融控股公司的成立带来额外的设立成本。

就公平交易而言，我国目前还没有管理公平交易的专门机构，而是由工商行政管理部门的下属机关负责，对企业之间的购并行为也不需要从市场竞争方面予以调查和衡量。但是中国加入WTO之后，随着市场经济地位的确立和反不正当竞争反垄断法的不断完善，公平交易问题势必要提上日程。这样在立法处理中就有了选择余地，既可以不涉及此问题，也可以明示由其他法律法规加以规定。

综上所述，金融控股公司准入制度的确立，可以说是防范金融风险的第一道屏障。世界上几乎所有的市场经济国家的金融监管当局都对金融机构的设立制定准入条件进行审批。如果让先天不足的金融控股公司机构进入市场，则意味着在金融系统中埋下了严重的风险隐患。虽然审批不能确保每一个金融控股公司机构产生后都能健康成长，但是它可以作为减少不符合条件的机构进入金融市场的有效手段，将那些有可能对金融体系健康运转造成危害的金融控股公司机构拒之门外。我国在对金融控股公司市场准入条件的设立上，应充分考虑各方面的因素，应该符合国家金

① 中信控股有限责任公司成立于2002年8月8日，是国内第一家被正式批准成立的金融控股公司。

融发展规划和市场的需求，并且与监管当局的监管能力相适应。①

第二节 金融控股公司的设立方式

金融控股公司制度的发展是一种渐进式的变迁模式，而在金融控股公司的设立方式上一般有并购和分立两种路径，在预设路径的前提下，金融机构演变为金融控股公司的轨迹大致包括股权交换、股权转移、三角合并和营业让与几种具体的操作方法。中国金融控股公司法中是否限定金融控股公司的方式和方法？如果设立，其法律规范的性质是任意性的还是强制性的？这些问题都需要在借鉴各国立法经验，综合各种因素，比较不同制度设计之后予以回答。

一、金融控股公司的设立方式

（一）并购

并购即兼并与收购（M&A，Merger and Acquisition)，指企业之间以取得控制权和收益权为目的的产权交易活动，包括吸收式并购和新设式并购。吸收式并购是指一家金融机构以现金、证券或承接债务、安置员工等其他形式有偿取得另一家或数家金融公司的股权或资产，并控制管理被并购公司经营决策权的一种产权交易活动。新设式并购是指两个或两个以上的金融机构合并成立一个新公司，原来的金融公司或者丧失独立法人资格，成为新

① 杨素兰："发展我国金融控股公司的现实意义与制度安排"，载于《金融论坛》2001年第9期，第22页。

设立的金融机构的分支机构，或者保留其原来的独立法人资格，通过股权置换成为新设立的金融控股公司的子公司。

就发达国家金融控股公司设立的经验来看，主要是以并购的方式进行设立。由于发达国家一般实行股份制公司制度，金融机构股权比较分散，通过新设的方式来组建金融控股公司十分困难，[①] 而并购则相对容易得多。重要的是并购对并购方和被并购方，对社会和国家都是有益的，是一个多赢的选择。并购方可以迅速扩大规模，拓展业务范围，使组织成本降低，经济效益增加；被并购方则能挽救其经营危机，免于陷入破产的境地，甚至还能获取一个较好的并购价格，对新设式并购双方来说，可以取长补短，实现协同效应，对社会和国家来说，则有助于本国金融稳定和经济发展。[②]

对于以并购方式形成金融控股公司的法律制度设计，因各国具体情形有异而在立法上呈现出不同形态，有的是在《公司法》中进行规定，有的则是在《金融控股公司法》中规定。例如有关简易合并的法律规定，美国准用模范公司法的规定，公司合并其持有股份达90%以上子公司，得以简易合并之方式，免除股东会决议等程序进行合并。[③] 而台湾“金融控股公司法”中则直接规定了简易合并制度，为金融控股公司组织之调整提供弹性方

---

① 这里的新设并不是新设合并，而是在没有任何基础的情形下设立一个金融控股公司。金融控股公司在组织结构上极为复杂，要求较高的管理能力和丰富的管理经验，基于这方面因素的影响，通过新设立的方式来组建金融控股公司十分困难。

② 孔令学：《中国金融控股公司制度研究》，北京：中共中央党校博士学位论文，2004 年，第 101 页。

③ 美国模范公司法第 11.04 条之规定，一家母公司拥有一家子公司的至少是90% 的各类已售出的股票就可以把该子公司并进来而不必由母公司或子公司的股东批准。参见卞耀武主编：《当代外国公司法》，北京：法律出版社 1995 年版，第 80 页。

法，省去一般合并手续之麻烦。[①] 而公司法中则对此未有规定，2001 年修正时已增订第 316 条之二以资因应。[②] 这些规定可以节约时间成本和经济费用，极大地便捷了金融控股公司的成立。由此可见，各个国家和地区在并购法律中都是以效率优先的价值理念进行制度设计和安排的。

（二）分立

以分立方式设立金融控股公司的程序是某一金融机构或兼营金融业务的实业集团通过将其不同种类的金融业务或不同地域的金融业务分离为独立的法人金融机构，通过股权转换等途径使原来的金融机构或实业集团演变为控股母公司，分离出来的各个法人金融机构则成为其子公司或孙公司。[③]

通过分立的方式设立金融控股公司是比较简易的途径，由于各子公司、孙公司原来均是母公司的一个分支，其内部协调十分容易，而且具有较强的文化认同感和归属感，可以避免并购的方式引起的企业文化冲突与矛盾。金融控股公司的架构可以迅速完成组织架构转换，子公司专业化而母公司混业化，公司组成单纯；尤其是子公司相对独立的法人地位有利于激励子公司的经营，从而减轻原金融机构结构复杂、组织庞大而带来的管理成本。

对此分立方式组建金融控股公司的立法例，各国或地区立法形式各异。法国、日本、韩国之公司法，对公司分割（分立）

---

① 台湾“金融控股公司法”第 32 条规定，金融控股公司之子公司吸收合并其持有 90% 以上已发行股份之他公司，得作成合并契约，经各公司董事会以三分之二以上董事出席及出席董事过半数之决议行之。

② 王文宇：《控股公司与金融控股公司法》，北京：中国政法大学出版社 2003 年版，第 249 页。

③ 孔令学：《中国金融控股公司制度研究》，北京：中共中央党校博士学位论文，2004 年，第 119 页。

均作了规定，金融机构分割设立金融控股公司时可以援用。而我国台湾地区“金融控股公司法”则明确规定了以分割方式设立金融控股公司。[①] 2000年台湾“公司法”修正时，已于第316条以下增订有关公司分割之规定。[②] 关于通过分立的方式成立金融控股公司的法律规定可以使公司迅速融合，从而降低了管理成本，提高了金融效率。

二、金融控股公司设立的具体方法

在并构与分立的既定路径下，为了减少可能产生的设立成本，迅速便捷地成立金融控股公司，在具体的方法上采取了许多不同于一般公司的具体设立方法，其中最为典型的就是股权交换、营业让与和三角合并。

（一）股权交换

股权交换对于金融控股公司来说是企业资金和经营资源重新配置的主要方法。假设有A、B两个公司，现在要成立金融控股公司A，使B公司成为A公司的完全子公司，就可以采取股权交换的方式进行。具体做法是：（1）经过A、B两公司股东大会的特别决议认可；（2）在股权交换契约中，B公司发行的股票全部自动转移给A公司，使B公司成为A公司的完全子公司；（3）B公司的股东则按照股权交换协议中的约定交换比率受让A公司的新股送股。这样B公司的股东就转变为A公司的股东。交换过程如图所示。

---

① 台湾“金融控股公司法”第33、34、38条分别规定了公司分割的程序、分割契约与决议以及分割后的子公司持有股份的限制。

② 王文宇：《控股公司与金融控股公司法》，北京：中国政法大学出版社2003年版，第250页。

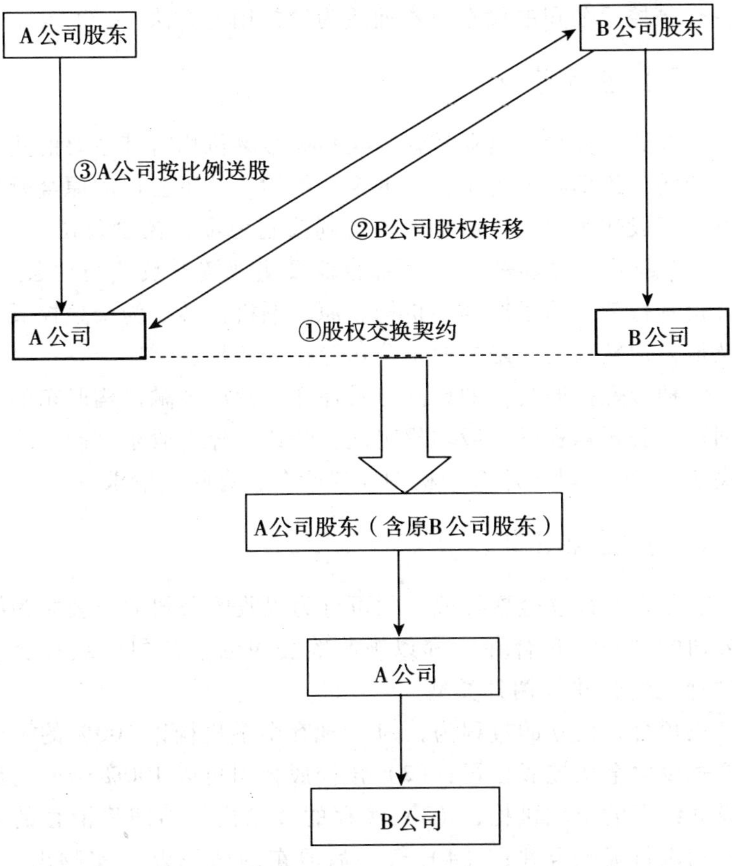

股权交换过程示意图

在这种股权交换的情况下A公司通过交换股权的方式，取得了把B公司全部并购的效果，但并购的代价并不是现金，而是A公司自己发行的股票。由于不减少A公司的现金流量，能减少金融控股公司的设立成本而成为较常用的方法。[①]

（二）营业让与

营业让与亦称为营业转让，是指原金融机构将其主要的业务及资产转让给即将成为子公司的金融机构，该子公司向原金融机构发行新股作为对价，原金融机构则改制为金融控股公司。[②] 营业让与包含原金融机构让与全部营业及主要资产负债与他公司、他公司发行新股给予原金融机构、原金融机构转换为金融控股公司及他公司转换为金融控股子公司等行为效果。[③]

这种金融控股公司的设立方式往往涉及原金融机构股东的切身利益，公司章程中一般均规定此种转让须经过股东会同意或特别决议。[④] 并且赋予原金融机构异议股东者有收买请求权。

（三）三角合并

三角合并设立金融控股公司可分为以收购公司的子公司为续存公司的“正三角合并”和以被收购公司的子公司为续存公司的“逆三角合并”两种类型。

三角合并设立的过程为：（1）现存金融机构以100%的子公司形式设立金融控股公司；（2）该控股公司再以100%子公司形式设立续存的金融机构；（3）续存的金融机构与即将消亡的金融机构进行吸收合并；（4）合并后股东的股票以“实物出资”

---

① 参见安志达：《金融控股公司研究——法律、制度和实务》，北京：机械工业出版社2002年版，第120—122页。

② 参见蔡希贤：“论金融控股公司法的成立与改善台湾的金融问题”，载于《台港澳及海外财政、金融》（中国人民大学复印资料）2002年第7期，第30页。

③ 王文宇：《控股公司与金融控股公司法》，北京：中国政法大学出版社2003年版，第350页。

④ 何永哲：《金融控股公司法律制度研究》，上海：华东政法学院硕士学位论文，2003年，第59页。

的形式交付给金融控股公司;(5)在合并中消亡的金融机构的股东接受金融控股公司的新股比例配送,成为金融控股公司的股东。

三角合并设立的关键是允许以股票作为“实物出资”设立金融控股公司。其实务意义在于股东和营业都没有实质性变化和损失的情况下完成了金融机构的合并与业务整合。[①]

三、金融控股公司设立方式的法律制度安排

(一)设立方式是否需要正式制度安排

金融控股公司的设立方式需不需要法律这种正式制度安排,是一个有争议的问题。我国台湾地区“金融控股公司法”对金融控股公司成立的方式,“载明规定于条文之中,其中关于由现有金融机构改制之方式详述于该法之中是否妥适,尚有质疑。”[②]仅就公司性质而言,在公司的设立上,法律制度的设计应基于降低成本提高效率之考量,不应该强行规定公司的设立方式。但金融控股公司有其自身的特殊性,使法律制度设计者不敢放任不管,任其自由设立。因为金融控股公司,既有控股公司的法律属性,又有“金融机构”的经济属性,而任何一个国家都会基于公共政策的角度对金融业进行各种管制,而设立方式的限定就是管制的一种方法。所以台湾在制定“金融控股公司法”时就是否规定设立方式虽然争议颇大,但最后仍是规定在了法律之中。

---

① 参见安志达:《金融控股公司研究——法律、制度和实务》,北京:机械工业出版社2002年版,第150—151页。

② 王文宇:《控股公司与金融控股公司法》,北京:中国政法大学出版社2003年版,第250页。

（二）法律制度如何安排金融控股公司的设立

美国的金融控股公司法中虽然没有明确规定金融控股公司的设立方式，但是一般公司的立法十分完善，尤其是关于公司的合并与并购的规定，翔实细致，既有多样性又富有弹性，而且将三角合并、营业让与、股份转让、简易合并等具体的并购分立的方式放之于公司法的体例下，各种类型的公司均可以适用。加之金融监管体系完善，监管经验丰富，所以没有另行规定金融控股公司的设立方式。而我国台湾地区学者王文宇认为，台湾在“金融控股公司法”中规定金融控股公司的设立方式是因为公司法自身局限性所导致的结果。由于公司法中对于公司并购分立的态样设计上，仅限于单纯合并与营业让与，其适格条件与程序要件均有所限制。对于金融机构转换为金融控股公司形成相当大的钳制。为了毕其功于一役，应回归于公司法内加以检讨，将公司法自始存在的问题一次性于公司法修正中解决。若在金融控股公司法中规定金融控股公司的并购与分立，其弊端有二：一是立法不公平，如立法例上日本制定《银行控股公司创设特例法》，即有另眼高看金融控股公司之嫌疑；二是将各型并购方式详载于金融控股公司法中，于立法技术上将因条文的繁复与冗长而显得不当。① 此两点理由如果在台湾成立，在大陆如果也因此否定在金融控股公司法中规定金融控股公司并购与分立的方式与程序，则大有可商榷之处。

一是中国大陆公司法刚刚修改完毕，其中关于一般公司并购与分立的条款简陋、语焉不详。一般公司于实务操作尚有困难，对于法律关系与金融经济属性更为复杂的金融控股公司则几乎不

① 参见王文宇：《控股公司与金融控股公司法》，北京：中国政法大学出版社 2003 年版，第 251—252 页。

能适用。若等到公司法再次修正时，而对中国现行状态下金融控股公司的负面影响将难以评估。

二是金融控股公司自身的法律经济特性已如前所述。对于这样特殊的经济组织进行专门立法，或者说对其设立方式也进行正式法律制度安排并无厚此薄彼之嫌疑，恰是具体问题具体分析、具体问题具体解决的体现，况且，也是特别法相对于一般法存在的原因。而且这一特别法也并未赋予金融控股公司超越一般公司并购与分立的特别权利，绝无立法失缺公平之虞。

三是法律制度存在之目的之一在于实用性和适用性。在此基础上才能追求法律结构的简洁与形式上的美观。况且中国法律基本上沿袭大陆法学之传统，法官在适用法律时并无太多的创造性。所以制定成文法时就繁不就简、宜细不宜粗应是立法遵循的一个原则。不能单纯为了追求形式之美观而因噎废食，否定法律详尽之规定。

总之，中国金融控股公司立法基于上述种种原因，在金融控股公司法中规定公司并购与分立的方式与程序，虽有干涉公司成立自由之嫌，但基于金融控股公司的自身特性和中国立法之实情考量，并无不妥之处。

(三) 实质性金融控股公司法律之规制

中国目前实际情形是许多金融机构通过种种通道和方式成立了与金融控股公司所规定的条件相吻合的金融组织。虽然它们存在的形态各异，组织结构也不尽相同，经营理念也大异其趣，但实质上已是地地道道的金融控股公司。[①] 虽然这些金融机构有金融控股公司之实，却无金融控股公司之名。但是立法绝不能对这种客观事实视之不见，而应考虑如何在金融控股公司立法时将其

① 如典型的金融控股公司有中信控股、光大集团等。

纳入其中，一体规制，而不应条文设计简疏，制度安排失当，出现不应有的立法缺陷。就此点而言，我国台湾地区“金融控股公司法”的立法技术可资借鉴。

我国台湾地区“金融控股公司法”制定之时，即有实质性金融控股公司存在，为了防止脱法现象，规定对于其现状或在将来变更情形，在实质上符合金融控股公司设立条件的，要受金融控股公司法的规范，在法律规定的时间内必须进行改制或者申请许可，避免造成无法规制既有金融控股公司的后果。台湾学者王文宇认为，对实质性金融控股公司由法律规定进行强制性改制，无疑干预了金融机构组织的自由性，强迫改制部分的规定仅适用于具有强烈“存款性金融机构”的公司方有适用，即金融控股公司若为银行者，应纳入强迫改制的范围。① 就中国大陆而言，若只将子公司为银行业的金融控股机构强迫改制，对其他类型的金融控股机构存而不问，似乎不甚妥当。因为中国的金融体制仍然是一种分业经营、分业监管，金融控股公司的组织创新则是在混业体制下的规避方式，如果单独的金融控股公司法对已存在的金融控股公司不加以规制的话，势必给金融监管带来不便，为金融业的稳健发展埋下隐患，也为现有金融控股机构规避法律留下了通道。所以中国大陆金融控股公司法应对现有实质性金融控股公司进行甄别厘定之后进行规定，凡是符合金融控股公司的法定条件的，应一律改制为金融控股公司，做到名实相符，名正言顺。

① 王文宇：《控股公司与金融控股公司法》，北京：中国政法大学出版社 2003 年版，第 253 页。

第三节 金融控股公司的业务范围

金融控股公司尤其是纯粹型金融控股公司主要以资本纽带对相关金融产业进行投资后，对控股的金融子公司进行战略管理和经营并获取收益，但是对金融控股公司所投资的子公司业务范围是否以法律的形式进行正式制度安排，各国立法例并无一致规定。

一、有关业务范围的立法例

（一）美国

美国有关金融控股公司的立法经过了长达60年左右的制度变迁，在金融业由分业走向混业的制度变迁过程中，金融控股公司的业务范围逐渐扩张，直到今天美国金融控股公司的金融业务几乎无所不包，凡所应有，无所不有，可以为顾客提供“一站式”金融超市服务，法律对金融业务范围虽然管制较少，但并非放任自流。①

1933年《格拉斯—斯蒂格尔法》确立了银行与证券的分离，1961年通过解释《国民银行法》“附加权力”条款，允许银行扩展业务范围，包括代理保险、销售相互基金、债券承销等业务。1989年在对《格拉斯—斯蒂格尔法》第20条作出弹性解释后，银行控股公司的证券子公司合法化。1995年《金融服务竞争法》规定金融服务控股公司（financial service holding compa-

① 参见熊波等：《金融控股公司理论与实践》，北京：经济管理出版社2002年版，第61—67页。

ny）可以拥有商业银行和证券部，银行可以通过证券部介入到证券业务领域，证券部可以拥有商业银行从而介入到银行业务领域。1997年《金融改革方案》规定国民银行可以通过其分支机构经营证券、保险业务，允许部分非金融公司购买商业银行。到1998年《金融服务业法》创造出“金融控股公司”这一新的法律概念后，银行、证券、保险业之间相互分离的隔阂被消除。金融控股公司不仅仅是商业银行，还可以是证券公司和保险公司，其业务范围几乎没有限制，可以从事全方位的金融业务。但是银行业与商品贸易业仍然是分离的，不允许银行从事商品贸易业务。

尽管美国金融控股公司的业务范围扩展到几乎没有限制的所有金融业务领域，但是由于经济发展对金融业不断提出新的需求，也刺激着金融机构持续不断地进行金融工具的创新。至于这些在金融产业发展中由于金融创新产生的金融衍生工具而出现的新兴业务，金融控股公司能否涉及，美国法律从金融审慎经营的理念出发，规定由金融控股公司的主管机关审批。体现了美国金融控股公司立法中，既注重效率理念以提升美国金融服务业综合竞争力，又注重安全理念以维护金融业的健康发展和稳健经营的价值取向。

（二）日本[①]

第二次世界大战后，日本经济体制深受美国影响，金融体制亦不例外。1948年《证券交易法》确立了商业银行与证券公司分业经营的法律框架。1996年进行金融法规大改革实行金融自由化，金融控股公司全面解禁，随着《金融控股公司解禁整备

① 参见孔令学：《中国金融控股公司制度研究》，北京：中共中央党校博士学位论文，2004年，第45—448页。

法》、《银行控股公司创设特例法》于 1997 年颁布实行，放宽了对银行、证券、保险等行业的限制，允许各金融机构跨行业经营各种金融业务，废除银行不能直接经营证券、保险业务的禁令，扩大银行的经营范围。而 1999 年《金融体系改革一揽子法案》对此项业务范围再次进行确认。

在上述法律规定中有关银行控股公司的业务范围制定得较为详细，规定银行控股公司不得将银行及下述公司（限定子公司）外的公司作为子公司。

1. 长期信用银行；

2. 证券专业公司；

3. 保险公司；

4. 经营银行业的外国公司；

5. 经营证券的外国公司；

6. 经营保险业的外国公司；

7. 专门经营以下业务的公司：

①内阁令规定的银行或前几项所列公司的附属业务；

②第 16 条之二第二项第二款所列金融相关业务；

8. 内阁令规定的开发新业务领域的公司；

9. 内阁令规定的仅有银行或上述各项所列子公司的控股公司。

银行控股公司经营其业务时应努力确保银行业务的稳健。为了达到稳健经营的目的而限定了控股公司及其子公司的范围。关于银行控股公司业务限定在对子公司的经营管理及其附属业务的范围内；关于银行控股公司的子公司的业务范围，考虑到金融的效率化和提高金融服务的方便性，可以经营信托银行、证券公司、投资信托公司、投资顾问公司及经营与金融关联业务的公司。但是不允许经营不动产、制造业和一般事业的公司。①

（三）我国台湾地区②

我国台湾地区金融控股公司为“纯粹型金融控股公司”，并不包括“事业型控股公司”，业务范围以投资及被投资事业管理为限，包括：

1. 银行业；
2. 票据金融业；
3. 信用卡业；
4. 信托业；
5. 保险业；
6. 证券业；
7. 期货业；
8. 创业投资事业；
9. 经主管机关核准投资之外国金融机构；
10. 其他经主管机关认定与金融业务相关之事业。

而且上述银行业包括商业银行、专业银行及信托投资公司，保险业包括财产保险业、人身保险业、再保险公司、保险代理人及经纪人，证券业包括证券商、证券投资信托业、证券投资顾问事业及证券金融事业，期货业包括期货商、期货信托事业、期货经理事业及期货顾问事业。我国台湾地区“金融控股公司法”对金融控股公司业务范围的制度安排显然参照了美国金融服务现代化法和日本银行法的相关规定，认为金融控股公司的业务范围应以经营金融业务及与金融业务有关的附属或辅助业务为主，而

---

① 安志达：《日本金融改革与金融控股公司的发展趋势》，中信国际研究所研究报告，2002年4月18日。

② 参见台湾“金融控股公司法”第36条之规定。王文宇：《控股公司与金融控股公司法》，北京：中国政法大学出版社2003年版，第365页。

且对从事这些金融业务及相关业务的子公司可以百分之百地高额控股。[①] 为贯彻金融自由化原则，台湾"金融控股公司法"立法之际，基本上就朝着全面性跨业经营方向对其业务范围进行制度安排，但是，为了确保金融子公司业务的稳健经营，又参照日本《银行法》第52条之五第二项的规定，金融控股公司有义务确保子公司健全经营。有关上述第九款投资外国金融机构及第十款金融业务相关之事业，主管机关可以依照金融业务的特性，健全经营及对公平竞争的影响等因素进行审核。由此可见，台湾金融控股公司有关业务范围的制度安排，兼顾了安全与效率，为金融控股公司的发展开拓了广阔前景。

金融控股公司业务范围的法律制度的安排一方面规范着金融领域的发展，另一方面也为金融控股公司提供了一个活动空间，但在制度安排上应尽量给予金融控股公司选择的机会，以体现金融自由原则；由于金融控股公司自身的金融特性决定国家作为制度的提供者，不会让金融控股公司的业务范围宽泛得漫无边际，而是要进行一定的规制，以实现金融安全和稳健经营。从这两个方面来界定金融控股公司的业务范围，几乎是各国立法的通例，中国金融控股公司业务范围的法律规范应注意吸收和借鉴。

---

① 附属事业是指与金融业的控制、管理密切相关的事业，如证券商、保险商品之承销、投资顾问等；而与金融业务相关之辅助性是指业务本质属于金融范围，而不影响金融控股公司健全经营的事业。需要注意的是，这些业务的开展需要根据金融控股公司的发展情形逐步加以认定。参见台湾"金融控股公司法"第36条立法理由之二。

第四节　金融控股公司资本运作法律制度

一、资本充足率之认定

（一）金融控股公司集团资本的计算方法

金融控股公司子公司的资本充足率根据子公司所从事的金融业务的性质由各自的金融法律来进行规定。但是金融控股公司集团本身的资本充足率如何确定，按照什么方法计算则是一大难题。传统方式主要有合并法（consolidation procedure）、扣除法（deduction procedure）和加总法（aggregation procedure）。巴塞尔委员会1996年发布的金融集团监理的“资本充足性原则报告”中建议采取区块审慎评估法（building block prudenti alapproach）、风险基础加总法（risk - based deduction method）、风险基础扣减法与全部扣除法（total deduction method）等。①

（二）资本充足率的法律制度

资本充足率本质上是金融监管措施的核心内容之一。资本充足率本来是银行监管机构或银行自己确定的银行用于抵御其所面

① 区块审慎评估法是将整个金融集团的全部合并之资本与集团内个别子公司之法定资本加以比较，而个别子公司之法定资本则取决于个别行业之主管机关，本法适用合并财务报表之集团。风险基础加总法是指计算集团资本时须将控股公司投资各子公司或子公司投资控股公司间相互投资之数额扣除，本法适用于未合并财务报表之集团。风险基础扣减法是将控股公司投资各子公司之账面价值由被投资公司之资本剩余或资本短缺代替，且对被投资公司之利益价值均假设为零，而从计算中予以扣除。全部扣除法是指将控股公司对子公司所有投资之账面价值减去，本法可衡量双重杠杆资本对控股公司资本充足性的影响之程度。

临的风险所需要的最低资本要求。[①] 这是鉴于银行体系对于国家金融体制的重要影响力，为健全其财务基础与业务发展的稳健性，对于银行自有资本与风险性资本为基础而确定的最低要求的资本充足率。[②] 但是对于以金融控股公司为模式组建的金融集团，如何规定资本充足率则立法设计有四种选择模式：一是仅规范控股公司；二是仅规范从事银行业务的子公司；三是仅规范全体子公司；四是既规范母公司又规范全体子公司。

就实际立法例而言，联合论坛[③]《对金融控股集团的监管原则》[④] 和欧盟《对金融企业集团监管指令建议案》[⑤] 中均对金融控股公司资本充足率作了规定，与单一金融机构相比较，包括三个方面的内容：一是控股公司本身（母公司）的资本充足率；二是控股子公司或其他持股公司的资本充足率；三是将金融控股公司视做一个整体（金融集团）的资本充足率。

美国《金融服务现代化法》采取的是规范金融控股公司自身的资本充足率，但是只有在金融控股公司中包括从事银行业务的子公司时才能要求资本充足率，并非对于所有的金融控股公司

---

① 周仲飞、郑晖：《银行法原理》，北京：中信出版社 2004 年版，第 192 页。

② See Miller G. P., Legal restrictions on bank consolidation: an economic analysis, lowa Law Review. 77. 1992, p. 1083 – 1131. 转引自王文宇：《控股公司与金融控股公司法》，北京：中国政法大学出版社 2003 年版，第 261 页。

③ 联合论坛全称为“金融集团联合论坛”，1996 年初由巴塞尔银行监督管理委员会、国际证券联合会和国际保险监管协会联合成立，有 13 个发达国家参加，目的是为了促进三方合作，共同加强对金融集团内受监管实体的有效监管。

④ 《对金融控股集团的监管原则》是由“联合论坛”起草，由巴塞尔银行监督管理委员会、国际证券联合会和国际保险监管协会于 1995 年联合发布的，从而建立了对金融控股公司监管的一整套规范的制度、原则、工具和技术，共包括 6 个文件和 1 个调查问卷，其中有资本充足率的规定是资本充足原则文件、资本充足原则文件的补充。参见夏斌等：《金融控股公司研究》（附录一），北京：中国金融出版社 2001 年版，第 291—413 页。

⑤ 欧盟《对金融企业集团监管指令之建议案》全称为《对金融企业集团中的信用机构、保险业及证券公司之补充性监管指令及修订其他相关指令之建议案》，2001 年欧洲议会及理事会通过，是欧盟有关金融集团资本充足率的最重要的法律文件。

均要求资本充足率。而我国台湾地区“金融控股公司法”则规定金融控股公司应以合并基础计算自有资本与风险性资产之比率来确定资本充足率。[①] 对这种制度安排学者们提出了不同看法。因为资本充足率对证券公司和保险公司而言并无存在的意义，如果仅仅因为金融控股公司的成立，而将该证券、保险公司与银行发生牵连关系，进而要求均需适用资本充足率的最低要求，在理论上并未完备，于实务上也无适用的实益。如果仅仅从监管方面考虑，对全体子公司或母子公司一体适用最低资本充足率要求，势必造成管制成本过高。[②]

此外，我国台湾地区“金融控股公司法”还对金融控股公司之各项财务比率、授权主管机关于必要时得定其比率之上下限。这一做法虽用意良好，但未必能收到上述效果。因为金融控股公司立法目的在于提高金融机构的竞争力和金融效率，金融机构作为市场主体从追求自身效益最大化出发，自会根据各种条件的变化，不断调整投资方向，变换财务结构。主管机关存在资本充足率的最低要求时，仍介入公司具体的资本运作，似有越俎代庖之嫌。即使没有资本充足率要求，主管机关也不必干涉金融控股公司的财务结构，为了保护投资人或客户的利益，可以让其公开财务配置。如果金融控股公司财务结构不合理，造成竞争中处劣势时，自有其他公司进行收购，财务结构恶化到一定程度，主管机关可责令其关闭，退出金融市场。如果在制度安排中就准许主管机关介入金融控股公司的财务结构，限制其财务比率，很可能造成金融控股公司的不确定性增加，引起交易成本的提高，从而降低了金融控股公司法的执行效率。

金融控股公司法中有关资本运作的制度安排中，对资本充足

---

① 台湾地区“金融控股公司法”中称资本适足率。

② 王文宇：《控股公司与金融控股公司法》，北京：中国政法大学出版社 2003 年版，第 261 页。

率的最低要求的规定，可以采取对金融控股公司或者是对银行子公司进行规范，而不必扩至所有金融子公司，更不必对母子公司一体适用，但在监管中可以全盘考虑。至于我国台湾地区“金融控股公司法”中干涉金融机构资本投入方向和财务结构的做法，则不必采纳，而应遵循金融自由原则，让金融控股公司自己去抉择和安排，实行自己行为自己负责。如果出现财务状况恶化而不能经营时，主管机关所应做的是根据具体情形责令其关闭，但在制度安排上应有退出通道。

二、控股与控制

能否取得对金融子公司的控制权是衡量一家金融投资公司是否是金融控股公司的关键，[①] 它决定了金融控股公司法适用的范围，所以金融控股公司法作为正式制度安排应明确“控股权”的界定。

(一) 基本理论

1. 控制

控制是指所行使的控制力作用于什么事情或什么事务。就控制的内容来看，是指一个公司的经营管理或方针政策对另一个公司的董事会选任、财务结构和经营管理活动具有决定性的影响力，甚至该公司成为某种特定目的的工具。[②]

L. Loss 教授认为，控制是指“对一公司的业务经营及决策

---

① 杨明辉等编著：《金融控股公司实务与操作》，北京：中信出版社 2004 年版，第 406 页。

② 殷召良：《公司控制权法律问题研究》，北京：法律出版社 2001 年版，第 2 页。

有主导之权力”。[①] 而 P. I. Blumberg 教授认为控制是指有能力主导一个公司董事会的选任并因此获得管理公司业务的权力。[②] 美国投资公司法秉承这一理念，详细定义了控制的概念，认为控制是对一个公司的经营管理或方针政策具有决定性的力量或权力。[③] 联邦证券法典规定，控制是指直接或间接对一个公司的经营管理或方针政策或者对一个自然人的活动行使控制性影响的权力。[④] Latty 教授则从公司之间的关系考察控制的内涵，认为母公司是指持有他公司相当数量的股份而对他公司有控制权者；子公司是被母公司所控制的该他公司。[⑤]

2. 控股

控股是最典型、最经典的对公司进行控制的形式。[⑥] 从理论上进行分析，持有一个公司 51% 的股份或出资额就构成了对该公司的绝对控制。严格说来绝对控制可以决定公司的一切决策，但这时的持股比例往往受到公司法规定或公司章程约定的更高比例的约束，不过实现控制的持股比例在立法上并没有绝对的统一标准，往往因为行业差异，立法目的不同而不同。即使处于控股地位，也不能说就拥有了控制权，只有通过股东会选举出代表该控股股东的董事会、监事会，才算控制了公司。

---

① See L. Loss, Fundamentals of Securities Regulation, 2ded, 1988, p. 393.

② “the power to electamajority of the board of directors of the component and thus the power to direct the management of its business and affairs.” See P. I. Blumberg, Corporate Groups: Procedure Lass § 22. 01. 1 (1983).

③ “Control means the power to exercise a controlling influence over the management or policies of acompany” See Investment Company Act § 2 (a) 9.

④ See Federal Securities Code § 202 (29).

⑤ E. R. Latty, Subsidiaries and Affiliated Corporations: AStudy in Stockholders Liability, 1936, p. 94.

⑥ 殷召良：《公司控制权法律问题研究》，北京：法律出版社 2001 年版，第 9 页。

(二) 金融控股公司控股权的运用

金融控股公司在控股公司架构下，通过对多个法人的层层控股关系可以实现对控股子公司所需的资本比例要求逐渐降低。

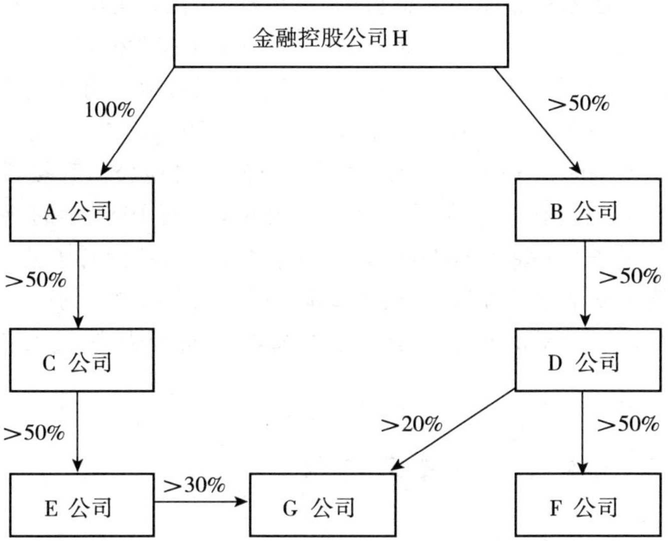

金融控股公司控股结构示意图

在上述股权结构下，随着金融控股公司业务的扩张，资本通过层层运作，控股权的作用逐渐扩大。设定51%为绝对控股所需股权比例，每一级子公司均以此比例进行无限序列的层层控股，则形成一个无穷等比数列。该数列加总结果是2.04 [1 ÷ (1 - 0.51)]，即在一个以51%作无限控股的公司结构下，每1元资本可放大至2.04元。[①]

① 谢平等：《金融控股公司的发展与监管》，北京：中信出版社2004年版，第79页

(三) 金融控股公司控股与控制的法律规定

各国对金融控股公司达到控制程度的控股标准和适用的法律差异很大。同一国家不同时期对金融控股公司达到控制程度的控股标准和适用的法律差异也很大。以美国为例，美国法律最早对这一问题进行了界定。1936 年的《公用事业控股公司法》(Public Utility Holding Company Act) 规定一公司对他公司直接或间接持有 10% 的股权者，推定为控制他公司。1940 年的《投资公司法》(Investment Company Act) 规定一公司对他公司直接或间接持有 25% 的股权者，推定为控制他公司。[①] 而 1956 年的《银行控股公司法》(Bank Holding Company Act) 规定持有子公司 5% 股权就可以推定为控股，达到 25% 就是无可怀疑的控股。[②] 如果取得对代表董事的选举具有实质性影响的支配力则亦是控制他公司。

三、转投资与交叉持股

(一) 转投资

转投资是指公司向其他有限责任公司或股份有限公司投资，成为该公司股东的行为。公司作为一个权利主体，有权决策如何运用自己的资金，这也是一公司有可能成为其他公司的股东的法律基础。

公司进行转投资的方法主要有两种：作为发起人设立一个股份有限公司或新建一个有限责任公司和认购某募集设立的公司发

---

① See Investment Company Act § 2 (a) (9).

② Phillip I. Blumberg, The Law of Corporate Groups, Procedural Problemsin the Law of Parent & Subsidiary Corporations, little Brownand Company, 1983, p. 426.

行的股票或者认购公司发行的新股。

转投资的形式有两种，即单向转投资和双向转投资。单向转投资是一个公司向另一个公司进行投资，而双向转投资是指两公司相互向对方投资，一公司向他公司进行投资，他公司也向对其投资的公司进行投资，而相互转投资的双向投资的结果是在股权结构上形成了相互持股，也称为交叉持股。①

（二）交叉持股

所谓交叉持股是指两个以上的公司基于特定目的互相持有对方发行的股票，或互相拥有对方的资本，而形成的企业法人之间相互持股的现象。如前所述，交叉持股是相互转投资而形成的一种股权结构，在公司法理论中，公司持有他公司的股份，是公司运用自己的资金向他公司投资的法律行为，从法人意志的独立性来判断，两公司相互持有对方的股份是公司基于自己的独立意志而作出的投资行为，控股公司与其旗下的子公司的相互持股亦是如此。

控股公司与其下属子公司之间的交叉持股，使公司之间形成“一损俱损，一荣俱荣”的利益攸关的关系，使控股公司与其下属子公司形成的企业集团的经营具有较强的粘合性，并对于稳定经营权，促使企业进行长期投资，促进人力资本的增加，增进企业之间的营运效率等具有正面的积极意义。②

（三）转投资与交叉持股的法律规定

金融控股公司以公司控股的模式进行跨业经营，就必须对旗

① 殷召良：《公司控制权法律问题研究》，北京：法律出版社 2001 年版，第 10—11 页。

② 贾宇翔：“公司交叉持股法律问题研究”，北大法律信息网，转引自何永哲：《金融控股公司法律制度研究》，上海：华东政法学院硕士学位论文，2003 年，第 78 页。

下的金融子公司持有相当比例的股权，而银行、证券、保险等金融机构由于法律的限定和金融市场自身的特性决定其本身的注册资本相当巨大，而且金融控股公司往往控制着几家金融子公司才能实现跨业经营，达到这一目的需要巨额资金。而法律对转投资额的限制则成为金融控股公司发展的桎梏。例如我国1993年的《公司法》就规定公司的转投资额不得超过本公司净资产的50%。这种比例限制就要求金融控股公司的净资产极为庞大，符合其要求的公司就屈指可数。此外，我国的金融控股公司模式如果定位于纯粹型金融控股公司，母公司只从事投资业务而无本身经营的事业，资本积压在公司内部也无法创造利润，是一种极大浪费。所以，2005年修订《公司法》则取消了这一规定。[①] 实际上美国花旗与银行者合并时，金融监管当局就给予了转投资限制的豁免政策。而其后的《金融服务现代化法》则赋予了金融控股公司更大的转投资权利。

转投资中的双向投资形成的交叉控股现象既有有利的一面，也有不利的影响。通过交叉持股，控股公司可以实质上取得自己的股份，造成企业虚增资本的严重现象，公司董事、监事可利用交叉持股来控制本公司的股东会，使股东会的功能丧失殆尽。[②] 所以许多国家和地区的立法中都对交叉持股进行规制。日本《商法》规定，原则上禁止被母公司持有半数股份的子公司再取得母公司的股份。因为此时母子公司之间已实际上具有财产上的一体关系或经济上同为一实体。而美国加利福尼亚州法律规定，股份超过四分之一被母公司持有的子公司，其所取得的母公司的

---

① 2005年修订的《中华人民共和国公司法》第15条规定："公司可以向其他企业投资；但是，除法律另有规定外，不得成为对所投资企业的债务承担连带责任的出资人。"原来有关转投资额的限制已取消。

② 施天涛：《关联企业法律问题研究》，北京：法律出版社1998年版，第111页。

股份无表决权，从而达到全面规范交叉持股的弊端。而我国台湾地区“金融控股公司法”参照日本商法的相关规定，直接要求金融控股公司的子公司或子公司持有已发行有表决权股份总数20%以上或控制性持股之投资事业，不得持有金融控股公司之股份。以免造成交叉持股，使股权结构复杂化而难以进行规制。我国金融控股公司立法时可以借鉴这种做法。

第五节　金融控股公司的共同行销

一、共同行销

共同行销（cross - marketing）亦称之为交叉营销，是金融控股公司成立后，在进行资源整合的基础上，各金融子公司在机构、业务渠道、信息、资金、人员等方面共同合作，统一信息技术平台，共享客户资源，进行银行、证券、保险、信托、期货等金融产品的联合销售。

（一）产生原因

金融控股公司成立后，为发挥综合经营效益，所以在制度安排准许金融控股公司与其子公司及各子公司之间进行相互业务或交易行为时，得以共同行销、资讯交互运用或共同营业设备或营业场所等方式为之。[①] 也就是说，无论以何种方式设立的金融控股公司，均面临设立后，进行资源整合，实行集约化经营，获得综合效益等问题。资源整合的成败，直接关系到金融控股公司的优势能否发挥，即能否获得规模经济和范围经济，提高金融效率。资源整合所涉及的主要内容见下表。

① 参见台湾“金融控股公司法”第四十三条之规定及立法理由。

金融控股公司资源整合的主要内容表①

金融功能	增加金融产品数量，获得规模经济；增加金融产品种类，获得范围经济
基础服务	提供“一站式”服务和网络金融服务
降低风险	通过风险对冲，消化各种风险，设立“防火墙”隔离风险传递
金融创新	开发金融交叉产品与复合产品，合法规避金融管制与合法避税
资产组合	组建专业化子公司，实现优势互补资源共享，适应市场的全面化与个性化需求
资本市场	利用整体信誉和资源，促进公司融资，不断扩大公司规模，增加市场份额
资本运作	实现资本优化配置，降低经营成本，提高经济效益，提升公司核心竞争力
统一平台	统一服务及信息管理平台，实现金融产品的开发销售
网点整合	调整布局，精简人员，降低成本，提高效益
人才优化	(1) 复合型金融人才；(2) 金融控股公司的管理型人才；(3) 各种专业化金融人才
共同营销	(1) 整合客户金融需求；(2) 整合多样化产品；(3) 整合促销及广告；(4) 整合专业技能及培训资源；(5) 整合投资理财；(6) 整合产品组合销售；(7) 整合子公司营业网点的销售与交易，便利客户在同一时间完成交易
信息共享	(1) 建立数据库共享机制，促进共同营销；(2) 建立金融控股公司整体数据库；(3) 利用数据库选择不同客户开发有针对性产品
客户资料	基本资料；财务资料；信用资料，投资资料；保险资料

① 本表根据《金融控股公司的发展与监管》中“金融控股公司集约化经营”的内容稍作修改而成，参见谢平等：《金融控股公司的发展与监管》，北京：中信出版社 2004 年版，第 83 页。

在金融控股公司架构下，金融机构之间，各种产品和业务之间的界限已经变得越来越模糊，对其进行界定和区分也越来越困难。而客户所关心的也只是金融产品能否满足自己的需求，并不追问产品是由谁提供的。为客户提供一站式的一揽子解决方案，形成共同行销来满足客户的整体需要，也就成了金融市场的一种发展趋势。金融控股公司作为通过资本纽带聚合多类型金融机构的组织模式，就成为最适合进行交叉销售（共同行销）的金融机构类型。①

金融机构产品与业务之间的界限对比表

柜台债券交易、产权交易	交易所市场
衍生工具（互偿、运期、期货和期权）	基础工具（股指、汇率、利率、股票等）
公募证券投资基金、私募基金	券商受托资产管理，投资于证券的资金信托计划
外汇理财产品	外汇信托计划
资产证券化	债券、票据
信贷	票据贴现、保理
银行提供的汽车贷款	汽车金融公司提供的汽车金融
杠杆融资	垃圾债券
信贷分析及信贷审查	投资分析及投资决策
本金	人寿保险

（二）共同行销的方式

在金融控股公司架构下共同行销大多是制定重大业务联合经

① 杨明辉等编著：《金融控股公司实务与操作》，北京：中信出版社2004年版，第5页。

营的规章制度和操作规程来实行。在控股公司的战略协调下，进行统一规划，使用各金融子公司的营销资源，进行共同行销。例如联合的广告设计，金融交叉产品的开发，市场营销的策划以及销售网点的综合利用，以提升控股公司的整体形象，发挥协同效应。在法律许可的范围共享客户资源，为客户提供“一站式”金融服务，对客户风险进行交叉控制。具体来说，金融控股公司的各子公司之间签订内部协议，开展业务委托和代理以及销售渠道的合作，实行信息共享和金融交叉产品业务的共同开发，进行银证、银保、证保直至银证保等金融产品业务的一体化合作，达到共同行销的目的。而中国目前金融状况是银行业占有绝对优势，而且网点星罗棋布，所以共同行销应充分发挥银行业的主渠道作用，实现银证合作、银保合作，最后实现“一站式”金融超市服务。

1. 银证合作

银证合作是金融体系发展的必然趋势，尤其是中国的银行一业独大的情形下，银证合作可以在短期内增加证券网点数量，调整证券公司的地区结构。① 全国的证券营业网点不仅数量少而且分布不均，大都集中于东部沿海地区。② 银证合作进行共同行销，可以进行网点服务代理，即通过银行服务网点进行证券代理，业务包括委托开户、委托交割业务、委托收付款业务和银证转账业务；可以进行交易发起代理即银证通业务，在这些业务中，银行为客户开设储蓄和证券交易保证金适用账户，客户不必到证券公司，只需通过银行的委托电话或网上交易直接操作，银行将客户指令传递给证券公司，通过证券公司在证券交易所的交

---

① 据中信实业银行2003年12月统计，中国银行的营业网点达到13417个，ATM机59736台，POS机330232台。

② 杨明辉等编著：《金融控股公司实务与操作》，北京：中信出版社2004年版，第160页。

易席位完成证券交易，并通过通用账户完成资金清算；可以进行营业场所一体化，银行证券网点通过相互入驻提高已有面积的入驻率，在此基础上实现柜台统一、客户资源共享以及客户经理或经纪人协同经营，最终完成业务流程再造。

2. 银保合作

在国内，银保合作的热潮于1999年开始兴起，几乎所有的大型保险公司都与商业银行建立了业务合作关系，其中主要是寿险业务，2003年银行代理的保险业务收入占全部人身保险保费收入的26%。这无疑为金融控股公司架构下的银保合作实行共同行销积累了运作经验。

在金融领域，银行与保险具有天然的共生性，这奠定了银保合作、共同行销的基础。在同一种金融交易中，银行和保险经常被同时涉及，银行对客户发放贷款或进行其他种类的授信之前，往往出于控制风险的目的，要求借款人对各种潜在风险投保，这被看做是贷款风险控制体系内的内在组成部分。保险公司收取保费，进行保险理赔，要使用支票、电汇、银行卡等各种银行结算工具来完成支付行为。银行在提供客户理财服务时，从风险控制与资产配置相结合的角度考虑，将保险资产作为客户资产组合中的必要组成部分。

银保合作进行共同行销以银行为主渠道，保险公司分支机构或服务人员为辅助，建立银行保险共享服务网络，实现双方客户信息和服务资源的共享，提供银行保险交叉金融产品，推动银行保险业间的交叉销售，通过合理分工提供人员使用效率，降低整体运营成本。同时在金融控股公司架构下，控股公司应从战略上协调银行与证券子公司在经营理念、经营方式和营销文化上的差异，整合双方销售渠道资源，创建有利于共同行销的组织架构。

在银证、银保合作共同行销的基础上，进一步改善金融服务。随着证券和保险市场的发展，越来越多的银行利用自身的优势参与其中而走向真正的业务融合，而金融控股公司这种组织模式的出现对这种融合来说更是如虎添翼，进一步促进了金融控股公司架构下各种金融业务的合作，达成共同行销的营运模式。

（三）共同行销的法律规制

在金融控股公司架构下各子公司进行行销时，为了追求自身利益最大化，容易产生各种利益冲突。其内部利益冲突由其公司治理结构和内部控制制度予以解决。而外部利益冲突，即为客户之间的冲突须以法律予以规制，以达公平正义之法律价值理念之追求。所谓外部利益冲突是指共同行销中金融控股公司中的金融子公司与外部金融业务参与者主要是金融客户的利益冲突。为平衡各种利益之间的矛盾，针对种种冲突形态，事先采取防范措施，以免出现金融动荡局面，影响国家经济发展。

在共同行销中，金融控股公司的银行子公司向其客户强行推销同属该金融集团之其他金融产品，如证券保险，而不管是否符合客户的实际需求。[①] 或者是银行子公司要求法人客户，必须选择同属金融控股公司的证券商发行或承销其股票，以使客户取得所需的资金，借以清偿银行贷款。[②] 金融控股公司各子公司为提升竞争力、扩大客户资源，而共同分享各自客户资讯，导致客户隐私权权益受损。[③] 为了防止共同行销出现的各种弊端，法律采取了各种措施予以规制，如不公平交易之禁止、反垄断、客户隐私权保护、信息披露制度、关联交易之规制、防火墙制度之设计等均是此等规制措施。

---

① 蒋淑芬：《金融集团管理之法制研究》，台湾辅仁大学法律研究所硕士学位论文，1998 年，第 38 页。

② James Maycook, Financial Conglomerates: The New Phenomenon. Gower Publishing, Co. Ltd, 1986, p. 78.

③ 王文宇：《控股公司与金融控股公司法》，北京：中国政法大学出版社 2003 年版，第 235 页。

二、不公平交易的法律规制

金融控股公司由于规模庞大，子公司众多，经营业务多元，涉及地域宽泛，极易形成金融垄断，造成不公平交易和不正当竞争。在金融控股公司设立之初，主管部门为了防止金融垄断出现，事先进行了审查。但在共同行销时，金融控股公司特殊的组织架构容易形成事实上的不公平交易和不正当竞争，所以法律必须对这种情况进行必要的规制。

各国或地区立法例中对不公平交易之法律规制各不相同，以我国台湾地区为例，台湾有专门的“金融控股公司结合案件审查办法”。这部法规虽然主要是针对金融控股公司设立是否有害公平交易进行审查，但控股公司成立后，如果共同行销形成事实上的结合行为，理所当然地应予以适用。而共同行销是否影响公平交易应结合考量对金融市场竞争程度和对整体经济利益及公共利益的两方面的影响，再进行定夺。①

在具体的市场共同行销中，如果金融控股公司的子公司强行进行搭售，如银行要求其客户购买金融控股公司保险子公司的保险产品，要求法人客户选择证券子公司发行或承销公司股票，都是违反公平的交易，而应受到法律的禁止和惩罚。

金融控股子公司在共同行销时，为了整合资源，再造业务流程，在控股公司的协调下往往订有内部协议。这种协议的内容常常涉及不公平竞争，所以法律要求金融控股公司与其子公司及各子公司间业务或交易行为、共同业务推广行为、资讯交互运用或共同营业设备或营业场所的方式，各相关同业行会应共同制定自律规范，其内容不得有限制竞争或不公平竞争的规定，然后根据

① 参见台湾“金融控股公司结合案件审查办法”第 10 条之规定。

主管机关审查后实施。

三、信息披露制度

金融控股公司各子公司在共同行销时，常常采取共同的广告设计、共同的营业场所、共同的业务人员以交叉的金融产品方式进行，同时又由于经济发展造成许多金融产品和金融机构在表象上趋同而边界模糊，造成金融客户很难区分各种金融产品与业务以及金融机构之间的差别，所以很多金融客户尤其是中小金融客户也就不再深究其间的不同。但是就金融机构而言，不同的金融产品有着不同的收益与风险，不同的金融机构有着不同的作用与功能。尤其是银行作为存款机构其稳健性与安全性备受公众关注。当采取银证合作、银保合作进行共同行销时，为避免客户对银行从事共同行销产生误解，法律规定必须在共同行销时进行必要的说明和提示，将能够进行业务区分的信息予以披露，让公众知晓后选择不同的金融产品。

美国联备储备委员会、货币监理署、联邦存款保险公司及储贷机构监督管理局根据1999年《金融服务现代化法》的授权，于2000年共同发布了有关收受存款机构销售保险产品的规定。为了保护消费者利益，法律规定银行从事保险产品销售时，其营业场所应该与存款性业务的营业场所区分开来，并进行清晰的标示。银行内从事保险销售的人员应具有州政府合格营业证照，同时应明白告知客户该等非银行存款业务的金融产品，并不在存款保险的保障范围之内，一些具有投资性的保险产品将由客户自负盈亏。因此金融控股公司下的银行、保险和证券子公司进行联合经营时，为了区分存款保险金融产品和非存款保险金融产品，营业场所和人员应进行的一定的区分，并标示清楚。但是，如果银行子公司的人员进行共同行销时，同时具有从业资格或执照时，则可以对人员不加区分。我国台湾地区“金融控股公司法”则直接接受了美国法律的有关规定，并于第 41 条中详细设定了共同行销场所、人员标志的法律制度，其内容与上述美国法律规定无任何差异。

四、关联交易之规制

(一) 关联交易与关联人

1. 关联交易的概念

关联交易（connected transaction 或 affiliated transaction）亦称为“关连交易”、“关联人之交易”、“关联方交易”，是指关联人之间进行的交易。国外公司法，虽未曾使用关联交易一词，但存在“关联企业”、“董事抵触利益交易”、“董事与公司间反向利益交易”等类似的词语。[①] 尽管如此，在法律上尚未有一个准确的概念，1997 年我国《企业会计准则 1 号》规定：“关联交易是指在关联方之间发生转移资源或义务的事项，而不论是否收取价款。”[②] 而《上海证券交易所股票上市规则（2000 年修订本）》、《深圳证券交易所股票上市规则（2000 年修订本）》均规定“上市公司关联交易是指上市公司及其附属公司与其关联人交换资源、资产，相互提供产品或劳务的交易行为”。这些规定说明关联交易发生在一公司与该公司的关联人之间。因此，衡量关联交易的基础在于对关联人的界定，即交易是否属于关联交易，首先在于交易的另一方是否属于关联人的范畴。准确界定关联人，是判断交易是否属于关联交易的前提。[③]

---

① 参见《德国股份公司法》第三篇关联企业，《美国示范公司法》第 8 章、第 6 分章，《日本商法》第 265 条等相关内容。

② 参见《企业会计准则——关联方关系及其交易的披露》第 8 条之规定。

③ 柳经纬等：《上市公司关联交易的法律问题研究》，厦门：厦门大学出版社 2001 年版，第 3 页。

2. 关联人

关联人，亦称为“关联者”、“关联方”、“关联机构”、“关联企业”、“关联公司”。在美国证券法中关联人被定义为“除发行人外的直接或间接控制发行人或者由发行人控制的任何人，或者与发行人一起直接或间接地受着共同控制的任何人”。① 而我国1997年《企业会计准则1号》规定判别关联方的标准是：“在企业财务或经营决策中，如果一方有能力直接或间接控制、共同控制另一方或对另一方施加重大影响，本准则将其视为关联方；如果两方或多方同受一方控制，本准则也将其视为关联方。”而香港联交所上市规则对关联人进行了列举性规定包括：公司或其附属公司的董事、行政总裁或主要股东；该等董事、行政总裁或主要股东的联系人。而沪深两市《股票上市规则(2000年修订本)》则将关联人分为关联法人、关联自然人及潜在关联人三类。②

由上述各种法律规定可以看出，关联人本质是指对一方经营决策具有控制权或重大影响的人，而且这种影响是双向的，或者对公司有控制或重大影响，或者受公司的控制或重大影响。而关联人的范围主要包括公司内部人及与内部人有利益关系的第三人两部分，关联人在关联交易中施加控制或重大影响是通过内部人实现的。内部人主要是指公司的经营管理员，包括公司的控股股东、董事、经理等人员。而与内部人有利益关系的第三人，可能因协议或私人关系成为公司的关联人。③ 此外，克拉克通过分析自我交易（self－dealing）的形成条件指出，内部人可能是亦可

---

① 参见1933年《美国证券法》第2.（a）.11条，1934年《美国证券交易法》第3.(a).21条。

② 柳经纬等：《上市公司关联交易的法律问题研究》，厦门：厦门大学出版社2001年版，第5页。

③ 何美欢：《公众公司及其股权证券》，北京：北京大学出版社1998年版，第635页。

能不是交易对方，但交易总是在内部人的推动下达成的。[①]

3. 关联交易的法律特征

在关联交易中，交易双方在法律上均有独立的人格，处于平等的关系，独自承担法律责任。但实质上，交易一方或双方受到了控制或重大影响形成事实上的不平等。其原因在于关联人的控制权或重大影响决定了关联人在关联交易中拥有信息经济学中所说的非对称信息（asymmetric information）的优势。[②] 使“交易表面上发生在两个或两个以上当事人之间，实际上都由一方决定”。[③] 因为相关公司不能独立进行意思表示而受到内部人的控制或重大影响，实际决策人也就变成了公司内部人。

在关联交易中，内部人一方面是公司的成员，另一方面是直接或间接是公司的交易对象。而根据法律的规定，公司的董事、高级职员及控股股东都负有忠诚义务，只追求公司利益最大化。[④] 在具体的关联交易中，是维护自身利益还是维护公司利益，是保护一类股东的利益还是保护另一类股东利益，内部人面临着利益选择，从而有可能形成多种冲突。[⑤]

关联交易虽然客观上存在着不平等和利益冲突，并有可能造成滥用的巨大风险，但是关联交易并不必然导致不公平。关联交易本身并不是一种违法行为，并不必然侵害公司的利益；它只是

---

① ［美］罗伯特 · C. 克拉克：《公司法则》，胡平等译，北京：工商出版社 1999 年版，第 120 页。

② 非对称信息是指某些参与人拥有但另一些参与人不拥有的信息。参见张维迎：《博弈论与信息经济学》，上海：上海三联书店、上海人民出版社 1999 年版，第 397 页。

③ ［美］罗伯特 · C. 克拉克：《公司法则》，胡平等译，北京：工商出版社 1999 年版，第 117 页。

④ Stephen C. Curley, Presentation on the United States Securities Laws Governing Affiliated Transaction, in the （SRCled） Collection of Essays and Articles from the International Symposium on Securities Law, Publish House of Law, 1997, p. 200.

⑤ 柳经纬等：《上市公司关联交易的法律问题研究》，厦门：厦门大学出版社 2001 年版，第 12 页。

一种事务的状态（a state of affairs），或者说是一种潜在的风险（a contingent risk）。①实际关联交易有时却能给公司带来一些额外利益或者说减少不必要的交易成本，更能有效地促进双方合同的履行。但问题是内部人的优势地位影响整个交易过程及利益冲突是客观存在的，从而使人们有理由怀疑关联交易的公平性。而具体关联交易中出现的不公平现象，从事实上又加强了这一论证。所以，为了维护交易的公平与安全，法律采取各种规制而非禁止关联交易的措施。

（二）金融控股公司中的关联交易

1. 金融控股公司结构下的关联人

金融控股公司与子公司以及各子公司之间关系错综复杂，其中能被当做关联人的金融机构应当是控制该金融机构的机构，或与该金融机构因受其他机构控制的机构。②

实际上，在金融控股公司内可以形成的关联机构包括：金融控股公司；金融控股公司通过股权关系直接或间接选举半数以上董事或可以施加控制性影响的公司；金融控股公司子公司；提供投资咨询的公司和担任投资顾问的投资公司等。

2. 金融控股公司的关联交易

为了实现范围经济，金融控股公司根据主要金融业务，统筹安排，进行内部的相关交易，以降低风险，提高整体金融效率，协调整个控股公司内资本利用和资金融通。所以，在金融控股公

① 张开平：《英美公司董事法律制度研究》，北京：法律出版社1998年版，第237页。

② 美国《联邦储备法》第23A条将银行的关联机构定义为控制银行或银行共同受控制的公司。See U. S. C. §371cb（1）（C）。关联机构的定义中包括银行子公司，以及银行、其子公司或关联机构发起和提供咨询的任何公司。美联储有权将与银行存在某种联系的公司纳入关联机构的定义之中。参见杨勇：《金融集团法律问题研究》，北京：北京大学出版社2004年版，第110—111页。

司内部关联交易非常普遍。但是并非所有的关联交易都需要规制，根据金融监管三方联合论坛的分析，只有在下列情形下的关联交易才需要进行监管：关联交易导致资本、收益从被监管的金融机构中不当转移；关联交易的条件不符合市场条件或在市场条件下交易不可能发生，且此等交易不利于被监管的机构；关联交易可能对其他子公司的偿付能力和盈利能力、流动性产生不利作用；关联交易的目的为了监管套利，规避资本要求或其他监管限制措施。① 根据这些判断标准，在金融控股公司框架下需要进行规制的关联交易有：向关联机关进行股权投资；董事和管理人员的交叉任职；向关联机构进行授信或融资；与关联机构之间进行资产买卖和转让；关联机构间签订的服务协议以及监管机构认为需要规范的其他关联交易。②

3. 对关联交易的规制

20 世纪 70 年代以前对关联交易进行法律规制大致经历了三个阶段：绝对禁止关联交易；准许进行公平且经无利害关系人的大多数董事批准的关联交易；准许进行法院认为公平的关联交易。③ 1975 年加利福尼亚《普通公司法》的一个新条款规定交易必须是“公平和合理的”，即是独立的，或得到董事会批准的，但在股东批准的情况下则免除了这项要求，即排除有利害关系的交易接受公平性司法审查的必要。④ 这就进入到美国法学家克拉克认为的关联交易法律规制的第四个阶段即更为宽容的阶段，准许进行公平的或经适当告知的大多数股东批准的关联交

① See Joint Forum on Financial Conglomerates, Intra - Group Transactions and Exposures Principles, Basel, December 1999, p. 5.

② 杨勇：《金融集团法律问题研究》，北京：北京大学出版社 2004 年版，第 112—114 页。

③ See Harold Marsh, Are Director trustees? Conflict of Interest and Corporate Morality, Business Law, Vol. 22, 1964, p. 35.

④ 参见加利福尼亚《普通公司法》310 条之规定。

易，并免除对其合同条款的公平性进行司法审查。[①]

对关联交易进行严格禁止或更加宽容的法律规制的制度设计都各有其理由。严格禁止关联交易是注重了公司经营管理员（内部人）的忠实义务。忠实义务（dutyofloyalty），在英美法中亦称为信任义务（fiduciary duty）。其理论基础在于作为受信人（fiduciary）的公司经营管理员与作为受益人（benificiary）的公司之间的信任关系，控股股东对公司的管理人员有相当的影响，也与其具有同样的义务。忠实义务包括主观性义务即诚实信用义务（subjective duties of honesty and good faith）和客观性义务即不使自己的义务与个人私利发生冲突（objective duties not to place themselves in a position where their duties might conflict with their private interest），也可以称为公正义务。[②] 内部人在主观上始终以最大限度地保护公司利益作为衡量自己执行经营管理者职务的标准，尽到充分善意的注意义务，在客观上实施的与公司有关的行为必须具有公平性，个人之利与公司发生冲突时以公司利益为先，不得为自己或与自己有利害关系的第三人谋求在常规交易中不能或很难获得的利益。"此乃普遍适用之规则（a rule of universal application）。这一原则必须遵守，无须讨论，也不得讨论契约是否公平的问题。"[③]

更加宽容关联交易是对公司追求效率的尊重。制度经济学家认为企业组织代替市场的根本动机在于节约交易成本，而具有降低交易成本的功能的关联交易的出现和发展，导致公司集团化不

---

① ［美］罗伯特·C. 克拉克：《公司法则》，胡平等译，北京：工商出版社 1999 年版，第 130—132 页。

② See L. C. B. Gower's Principles of Modern Company Law, Hth Stevens, 1997, p. 576. Harry G. Henn&JvhnR. Alexander, Law of Corporation, Horn Books Series, West Publishing Co., 1983, p. 627.

③ See L. S. Sealy, Cases and Materials in Company Law, Butter Worth's, 1985, p. 250.

断替代单个企业组织形式。关联交易的优点在于其交易的信息成本、监督成本低于市场交易，而管理成本少于企业内部交易，从而为现代公司广泛运用。[①] 而且，人们也逐渐认识到，利益冲突的存在仅仅是一种客观的事实状态，其本身并不必然给公司和股东带来损失；在特定的情况下，这类交易不可避免；更为重要的是，确实有一部分关联交易与公司其他人（非关联人）的交易相比，对公司更为有利，更具有实际的价值。[②] 因此，全面禁止关联交易并不一定是解决问题的正确方法。受托人忠实义务并不预示着他必须完全排除利益冲突交易的存在，而是要求这种利益冲突交易对公司而言必须是公正的。[③]

由于对如何规制关联交易的看法存在分歧，所以在规制金融控股公司关联交易时也没有统一的做法。但是通行的做法是对金融控股公司内的关联交易从控股集团资本金要求、关联融资、资产买卖、投资咨询等方面进行规制。

在控股集团资本金要求上，监管机关要求在计算集团的资本时应扣除对子公司的投资；控股集团应向监管机关提交资本安排计划，表明和有关关联机构在向关联机构投资后还将保持充足的资本；控股集团的各个关联机构都要维持足够的资本，至少能应付一般的支付和损失。

在资产买卖限制上要求这种买卖必须基于市场条件；禁止银行及其子公司从关联机构购买低质资产；对于无法获得公开市场价格的资产不得在关联机构之间买卖。

在关联机构的独立性上禁止关联机构之间董事、主要管理人

---

① 金德怀主编：《证券市场基本理论问题研究》，上海：上海财经大学出版社1998年版，第312页。

② Robert C. Clark, Corporate law, Little Brown&Company, 1980, p. 163.

③ 柳经纬等：《上市公司关联交易的法律问题研究》，厦门：厦门大学出版社2001年版，第21页。

员的交叉任职；营业场所应实行物理隔离。①

对关联机构之间的贷款和其他方式的融资进行限制是监管关联交易的重要内容。如果控股集团内部存在银行子公司，这种规制就显得尤为重要。为了防止关联机构的贷款或其他融资危及银行子公司的稳健与安全，对融资限额、担保方式都作出了明确的规定，同时对于一些融资行为采取否定态度，严厉禁止这些关联交易。②

本章小结

金融控股公司的立法应规定金融控股公司的准入条件，只有这样才能既发挥金融控股公司的效率优势，又能维护金融稳定与金融安全。这是防范金融风险的第一道屏障。世界上几乎所有的市场经济国家的金融监管当局都对金融机构的设立制定准入条件进行审批。如果让先天不足的金融控股公司机构进入市场，则意味着在金融系统中埋下了严重的风险隐患。

在金融控股公司设立方式上一般有并购和分立两种路径，为了减少可能产生的设立成本，迅速便捷地成立金融控股公司，提高经济效率，在预设路径的前提下，金融机构演变为金融控股公司的轨迹大致包括股权交换、三角合并、营业让与和股权转移几种具体的操作方法。对金融控股公司的设立方式是否采用专门的法律制度安排，虽然在实务和理论上存在着分歧，但大多数国家出于金融安全的考虑还是在法律设计上进行详略不同的制度

① 参见杨勇：《金融集团法律问题研究》，北京：北京大学出版社 2004 年版，第 120—125 页

② 参见台湾“金融控股公司法”第 44、45 条之规定。王文宇：《控股公司与金融控股公司法》，北京：中国政法大学出版社 2003 年版，第 372 页。

安排。

由于金融控股公司自身的金融特性决定国家作为制度的提供者，不会让金融控股公司的业务范围宽泛得漫无边际，而是要进行一定的规制，以实现金融安全和稳健经营。金融控股公司业务范围的法律制度的安排一方面规范着金融领域的发展，另一方面也为金融控股公司提供了一个活动空间，但在制度安排上应尽量给予金融控股公司选择的机会，以体现金融自由原则。

金融控股公司法中有关资本运作的制度安排中，对资本充足率的最低要求的规定，可以采取对金融控股公司或者是对银行子公司进行规范，而不必扩至所有金融子公司，更不必对母子公司一体适用，但在监管中可以对比全盘考虑，具体的制度安排应遵循金融自由原则，让金融控股公司自己去抉择和安排。如果出现财务状况恶化而不能经营时，主管机关所应做的是根据具体情形责令其关闭，但在制度安排上应有退出通道。

在金融控股公司架构下共同行销大多是通过制定重大业务联合经营的规章制度和操作规程来实行。在控股公司的战略协调下，进行统一规划，以实现规模经济和范围经济，产生协同效应，使用各金融子公司的营销资源，进行共同行销，从而有效利用金融资源，降低营业成本，提高金融效率。

但是，在金融控股公司架构下各子公司进行行销时，为了追求自身利益最大化，容易产生各种利益冲突。为平衡各种利益之间的冲突，针对种种冲突形态，事先采取防范措施，以免出现金融动荡局面，影响国家经济发展。为了防止共同行销出现的各种弊端，法律采取了各种措施予以规制，如不公平交易之禁止、反垄断、客户隐私权保护、信息披露制度、关联交易之规制、防火墙制度之设计等均是此等规制措施。

第五章　金融控股公司主要法律制度安排（二）：公司治理、内部控制和外部监管

第一节　金融控股公司治理法律制度

公司治理一词最先在美国出现，[①] 20世纪30年代以来，“一直是美国经济生活的主题”。[②] 直到20世纪70年代中后期开始流行，但是直至80年代末其范围一般局限于法学院的教材和学术论文之中，而以公司治理为题材的专著直至90年代才出现。[③] 现在公司治理已成为一个世界性的热点问题和难题，各国纷纷成立公司治理委员会来研究制订公司治理准则，[④] 甚至一些国际组织也纷纷推出公司治理文件。

公司治理一词英语文献的表达方式为 corporate governance，

---

① See John H. Farrar, The New Financial Architecture and Effective Corporate Governance, 33 International lawyer, 1999, p. 927.

② A. A. Sommer, Jr, Corporate Governance in the Nineties : Managers vs. Institutions, 59 University of Cincinnati Law Review, 1990, p. 357.

③ 20世纪80年代末，公司治理这一词语“还很少在法学院课本和学术论文的神秘世界之外使用”。See Margaret M. Blair, Ownership and Control: Rethinking Corporate Governance for the Twenty - first Century, Washington D. C. , The Brookings institu-ation, 1995, p. 51. 而1993年美国才出第一部以“Corporate Governance”为题的专著，Douglas Branson. See Douglas M. Branson, The very Uncertain Prospect of “Global” Convergence in Corporate Governance, 34 Cornell International Law Journal, 2001, pp. 321—327.

④ 王文钦：《公司治理结构之研究》，北京：中国人民大学出版社2005年版，第3页。

但转译为汉语文献时如何进行表述则存在着一些分歧。[①] 有的学者认为“在西方 corporate governance 一经提出就主要是针对各种相关利益主体之间的联系及契约安排的，并涵盖市场和企业内部治理结构两个部分”，如果将 corporate governance 仅理解为治理结构则缩小了其本义。[②] 笔者同意这一观点，但由于本书是在经济学解释的基础上偏重法律制度的建构，而有关公司治理的制度主要是在利益制衡的前提下进行组织制度安排，所以在本书论述金融控股公司治理时侧重于但不局限于公司治理结构的研究。只是在一般意义上使用公司治理一词，即公司治理实质上是所有者与经营者之间的利益均衡机制，从而如何监督经营者进而使公司利润最大化。[③] 现代公司制度的重要特点是所有权与经营权的分离，这种分离的后果是公司治理的构架成为必要。所有者既要对经营者进行制约，又必须给经营者必要的利益驱动，使之创造更多的收益。因此 Cadbury 报告将公司治理定义为经营和控制公司的制度。[④] 而在组织结构上，公司治理应是一种规范公司内部的权力配置机制，主要针对包括股东、董事会和经理层在内的公司内部参与者之间的权力制衡和义务设置的一整套制度安排。[⑤] 本书对金融控股公司的治理制度的探讨就是基于这一理解而展开的。

---

① 国内大多数学者将 corporate governance 表达为公司治理结构或法人权力结构，有的直译为公司管制。参见梅慎实：《现代公司机关权力构造论》（修订本），北京：中国政法大学出版社 2000 年版，第 1 页；刘冠理：“英国上市公司管治制度近况”，载于《中外法学》1988 年第 5 期，第 102 页。

② 参见吴淑琨、席酉民：《公司治理与中国企业改革》，北京：机械工业出版社 2000 年版，第 45—46 页。

③ 赵万一：《公司治理法律问题研究》，北京：法律出版社 2004 年版，第 3 页。

④ 报告内容参见中国公司治理网站，网址 www. cg. org. cn。

⑤ 倪建材：《公司治理结构：法律与实践》，北京：法律出版社 2001 年版，第 3 页。

一、公司治理的理论基础：契约经济学的分析

对公司的分析最杰出的当属契约经济学理论，这一理论“统治着公司法的法经济学文献”，已成为经济学企业理论、法学公司理论的主流学说。[①] 因此，“完全可以合理地说（即使是存在争议），公司与公司法的主流学说是法经济学者发展的契约理论，没有其他任何理论能够解释这么多的制度与法律。”[②] 对公司治理的理论分析亦可以在契约经济学的框架下进行阐释。

现代企业运用契约经济学进行分析可以形成三个理论：一是交易费用经济学理论；二是代理—成本理论；三是产权理论。[③] 交易费用理论主要限于研究企业与市场的关系，说明企业是为节约交易成本而产生的；而代理—成本理论则是分析企业内部组织结构及企业成员之间的关系，用来说明公司治理制度的安排；产权理论则是研究权利分配对效率的影响，从契约的角度说明资产的控制权到底归谁所有是最有效率的，其中以产权理论和代理—成本理论对公司治理制度影响最大。

（一）公司的产权结构与公司治理结构

所有权与经营权分离是伯利和米恩斯在对美国众多公司的产

---

① Melvin A. Eisenberg, The Conception that the Corporation is Nexus of Contracts and the Dual Nature of the Firm, 24 Journal of Corporation Law, 1999, p. 819.

② Michael J. Whincop, Painting the Corporate Cathedral: The Protection of Entitlements in Corporate Law, 19 Oxford Law Journal, 1999, p. 27.

③［美］科斯等：《契约经济学》，译者前言，北京：经济科学出版社 2003 年版，第 24 页。

权结构状况进行大量的实证调查分析后得出的结论。[①] 而对所有权与经营权分离的通常理解是公司股东选举董事会经营管理公司，股东与公司的经营管理相脱离，只能通过行使投票权间接影响公司的营运。[②] 两权分离与公司产权结构联系在一起。所谓公司的产权结构，是指构架股东、公司作为财产权之主体地位的制度安排，股东出资设立公司，公司管理者以公司名义经营管理股东投入公司的财产，并将公司的利润以适当方式分配给股东，形成股东—公司—公司财产的关系。

公司的产权结构在不同的法律制度背景下会形成不同的概念体系，[③] 在大陆法系，公司的产权结构建立在所有权概念基础之上。公司为社团法人对公司财产拥有所有权，股东的权利被称为股权，[④] 而在英美法系中并没有大陆法系中严谨的所有权概念，形成普通法上的所有权（名义上的所有权人）和衡平法上的所有权（实际上的所有权人），尤其是在信托制度下，所有权更是被灵活运用。名义上的财产所有权可以与收益和控制权分开。[⑤]

---

① 伯利和米恩斯于20世纪30年代美国经济大萧条时期对200家大公司的所有权和经营权状况进行实证调查分析后，得出至今被学者们认为最能经得起考验的结论：现代公司是所有权与经营权的分离，并说明了这一分离所导致的后果。See Adolf A. Barle, Gardiner C. Means, The Modern Corporation and Private Property, Transaction Publishers, 2001. 中文版：[美] 阿道夫・A. 伯利、加德纳・C. 米恩斯：《现代公司与私有财产》，甘华鸣、罗锐韧、蔡如海译，北京：商务印书馆2005年版。

② 梅慎实：《现代公司机关权力构造论》（修订本），北京：中国政法大学出版社2000年版，第57页。

③ 另外，不同的公司理论，对公司财产权的主体地位有不同的认识，公司否认论认为股东为公司财产权的主体，公司财产为股东所有而公司无主体位置；公司实在论认为公司是社会的现实存在，公司财产权的主体首先是公司，股东处于间接地位；公司契约论将公司解构，认为公司只是一系列契约的联结，公司主体与公司所有权不再有意义。参见王文钦：《公司治理结构之研究》，北京：中国人民大学出版社2005年版，第64页。

④ 详见柴振国等：《企业法人财产权的反思与重构》，北京：法律出版社2001年版，第78—83页。

⑤ 沈达明编著：《衡平法初论》，北京：对外经济贸易大学出版社1997年版，第15页。

两大法系对公司财产权的表述并无实质区别，其普通法所有权相当于大陆法系中的公司法人所有权，其衡平法所有权相当于大陆法系的股权。① 在这种公司产权结构安排下，股东通过出资而享有股权，企业对股东出资形成的法人财产享有法人所有权，这是现代公司制度的根本所在，也是构建公司治理结构的理论前提。②

在公司产权结构下，股东对公司的所有权实现的方式主要表现为股东行使股权；公司对公司财产的所有权的实现方式则主要表现为公司管理者以公司的名义经营管理公司财产。根据学者的研究，这种分离主要有三项含义：一是股东股权与公司法人所有权的分离；二是股东与控制权的分离；三是公司法人所有权与公司法人经营权的分离。这种分离乃是技术进步、经济发展的必然要求和公司制度固有的特征。③ 股东股权、公司法人所有权、公司经营权（控制权）各自分离，使得三者的利益代表者股东会、董事会和经理层之间的利益制衡。以股东会、董事会和经理层之间的利益制衡为主要目的的公司治理结构，以公司的产权结构为基础，同时也为公司的产权得以有效行使提供制度保障。这就是公司治理结构与公司产权结构具有必然联系的原因。④

由于产权结构中所有权与经营权分离程度的不同，形成了不同的公司治理模式。由于资本市场发育程度不同，形成以美国为代表的市场导向的模式，在这种模式下，公司股权较为分散，形成以外部监控为主要特色的治理模式。在制度设计上，为加强对

---

① 参见梅慎实：《现代公司机关权力构造论》，北京：中国政法大学出版社1996年版，第59—61页。

② 倪建林：《公司治理结构：法律与实践》，北京：法律出版社2001年版，第24页。

③ The Modern Corporations and Private Property，1932，pp. 24 – 26.

④ 倪建林：《公司治理结构：法律与实践》，北京：法律出版社2001年版，第26页。

董事和经理层的监督，一般由董事会下设的、由独立董事组成的审计委员会等机构来实施监督权。在以德国为代表的银行导向模式下，银行是重要的资金提供者甚至直接是公司股东，形成了以内部监控为特色的公司治理模式。在制度设计上，为加强对董事和经理层的监督，设立监事会专门实施监督权。所以公司治理结构的设计必须考虑产权结构，更要考虑产权结构中的具体情形，这样设计出的治理结构才能为公司治理的有效性在组织构架上提供保障，从另一方面来说也有助于更好地认识公司治理的实质。

（二）代理—成本理论与公司治理结构

1. 代理问题和代理成本

所有权与经营权分离的必然结果是代理问题，两权分离带来的直接问题是失去控制权的所有者如何促使拥有控制权的经营者为其实现利益最大化。代理问题产生的代理—成本理论是企业契约理论的核心，[①] 也是法经济学公司理论的核心，代理成本分析是公司法经济分析的基础，也是公司治理理论的基础。

代理问题是指在委托代理关系中，委托人和代理人都是假定的效用最大化者，两者的目标并非总是一致。从契约经济学的角度分析，现代公司的委托代理关系主要涉及委托人和代理人。股东是委托人，而董事会和经理层是代理人，由于利益不同而有可能出现代理人侵害委托人的利益。根据阿尔钦和德姆塞茨的团队生产理论中描述的团队生产中的“偷懒”问题，即公司管理者与公司股东利益上不一致，而可能不会努力追求股东利益的最大化。[②] 另一方面公司管理者通过各种方式直接或间接地攫取股东

---

① See Andrei Shleifer & Robert W. Vishny, A Survey of Corporate Governance, 52 The Journal of Finance 1997, p. 737.

② See Alchian & Demsetz, Production, Information Costs, and Economic Organization, 62 American Economic Review, 1972, p. 779.

利益，侵害股东的投资或公司的资产。[①] 有的中国学者将委托代理存在的问题归纳为四个方面，即：利益不相同、责任不对等、信息不对称和契约不完全。这四大难题存在，使得代理既有动机，又有机会损害委托人的利益，很难保证代理人忠实地为委托人的利益最大化服务。[②] 代理问题产生的费用就是代理成本，即激励代理人为委托利益最大化的行为所支付的成本。詹森和梅克林认为代理成本由三部分组成：委托人的监督成本，代理人的担保成本和剩余损失。监督成本和担保成本是一种实际成本，而剩余损失则是一种机会成本。[③]

代理成本的大小和所有权与经营权分离程度相关，而所有权与经营权分离的程度又与股权的分散程度相关。股权越是分散，所有权与经营权的分离程度就越大，委托人的监督费用和可能的剩余损失就越大。这也就是为什么股权相对集中能降低代理成本的原因。[④] 契约经济学中的代理成本分析方法阐释了所有权与控制权分离的情况下的代理问题，从而为如何合理安排所有权，如何设计对经理层的激励和约束机制提供理论依据。

2. 代理—成本理论与公司治理结构

当代契约经济学指出，企业的产权结构形成所有权与经营权的分离，而所有权与经营权的分离又产生了代理及代理成本问题，代理成本问题指出了公司治理结构的关键点，为公司治理制度设计明确了目标和方向，即建立适当的公司治理机制，规范和

---

① See Shleifer & Vishny A Survey of Corporate Governance, 52 The Journal of Finance 1997, pp. 742 – 743.

② 简新华："代理成本与公司治理结构"，载于中国（海南）改革发展研究院编：《中国公司治理结构》，北京：外文出版社 1999 年版，第 224 页。

③ 费方域：《企业的产权分析》，上海：上海三联出版社 1998 年版，第 158 页。

④ 赵晓雷：《现代公司产权理论与实务》，上海：上海财经大学出版社 1988 年版，第 107 页。

约束公司管理者的行为，从而降低代理成本，解决代理问题。[①]这也是公司治理结构产生的经济学背景。也就是说，公司治理结构就是这样一种解决股份公司内部各种代理问题的机制，它规定着企业内部不同要素所有者之间的关系，特别是通过显性或隐性合同对剩余索取权和控制权进行分配，从而影响企业家和资本家的关系。[②] 美联储经济学家 Michael S. Gibson 指出公司治理结构主要内容是解决好两个基本问题：股东能否选择出最有企业家才能的经营者并有办法激励约束他们努力工作；最有企业家才能的人能否从众多经理人中脱颖而出，获得企业控制权并有足够的积极性搞好经营管理。[③] 经济学家钱颖一则将公司治理结构的制度安排概括为三点：如何配置和行使控制权；如何监督和评价董事会、经理人员和职工；如何设计和实施激励机制。良好的公司治理结构能够利用这些制度安排的互补性质，选择一种结构来降低代理成本。[④]

有关代理—成本理论与公司治理的基本内容，就是要解决代理成本问题，从契约经济学的理论出发，一是要建立激励机制；二是要建立监督机制。建立激励机制就是与公司的管理者事前签订长期的激励契约，使管理者利益与股东利益挂钩，可以在一定程度上有效地保证公司管理者行为符合股东利益。但激励契约存在的缺陷是，公司管理者可能滥用权力，甚至弄虚作假等欺诈手

---

① See Kenji Kojima, Japanese Corporate Governance: An International Perspective, Research Institute for Economics and Business Administration, Kobe University, 1997, p. 12.

② 张维迎：《企业理论和中国企业改革》，北京：北京大学出版社 1999 年版，第 106 页。

③ 张广柱：《中国上市公司制度实证分析》，上海：立信会计出版社 2000 年版，第 26 页。

④ 钱颖一："中国公司治理结构改革和融资改革"，载于《转轨经济中的公司治理结构——内部人控制和银行的作用》，北京：中国经济出版社 1998 年版，第 133 页。

段通过激励契约获得不正当利益。[①] 所以必须设立一定的监督机制予以弥补。

建立监督机制是比激励机制更为重要的解决代理成本问题的方法。阿尔钦和德姆塞茨认为，建立适当的监督机制，对涉及团队生产的内部交易行为进行监督，才能保证确定各团队成员的个人贡献。监督内容包括对公司内部行为的监督，即董事对经理的监督；作为剩余索取者的股东对公司董事、经理实施的最后监督。但监督机制存在的问题是谁来监督监督者，阿尔钦和德姆塞茨的解决方案是给监督者适当的激励，包括赋予监督者剩余索取权。

无论是公司董事对公司经理的监督，还是公司股东对公司董事、经理的监督，还是对监督者的监督，都存在监督成本问题。而且由于道德风险（moral hazard）与逆向选择（adverse selection）的存在，二者最主要的问题是信息不对称，使得监督问题变得复杂，难以做到有效监督。由于集体行为和“搭便车”问题的存在，公司股东可能根本没有动力去实施监督行为。

激励机制和监督机制存在的问题并不否认二者的积极作用，因为任何制度的设计都不是完美无缺的，而只能是趋于完美的境地。而公司治理制度从契约经济理论分析则是以激励机制和监督机制来激励约束代理人，降低代理成本。具体来说，包括股东对董事会的控制、董事会内部之间的制衡以及对经理层的监控。至于其自身的缺陷则只有依赖外部力量进行解决，其中包括国家通过监管而实施的外部控制机制。[②]

---

① See Shleifer & Vishny, A Survey of Corporate Governance, 52 The Journal of Finance 1997, pp. 744 – 745.

② 详细内容见本章第三节有关金融控股公司监管法律制度。

(三) 公司治理机制的制度安排

股东在公司中的地位主要体现在两个方面：一是参与公司决策的权力；二是享受公司利益的权利。二者相辅相成，相互联系，[①] 其中股东参与公司决策的权力影响着公司治理制度。关于股东的地位问题则有不同的认识并形成各种各样的理论，[②] 随着各种理论学说的发展和公司治理的实践，股东参与公司决策的权力经历了由大到小的过程，并完成了从“股东会中心主义”到“董事会中心主义”的演变。有的学者基于此种变化认为，理论上股东选董事、董事监督经理、经理经营公司；而事实上经理选董事，股东只不过是橡皮图章同意经理的选择而已。[③] 这种认识虽然有一定的道理，但不免有些失之偏颇，股东作为公司的所有人拥有参与公司决策的权力是理所当然、无可怀疑的。所以有的学者与上述认识截然不同，认为“所有人参与公司治理是必要的，也是适当的”。[④] 但是从经济学的角度分析，股东参与公司决策是存在成本的，主要包括决策成本和集体行为的外部化成本。就决策成本而言，决定集体行为的人越少决策成本越低，人越多决策成本越高；而外部化成本则与之相反，决定集体行为的人越少，决策者越有能力自己获得决策利益而牺牲未参与决策者的利益，外部化成本也就越高；参与决策的人越多，决策者影响

---

① See Jennifer Hill, Visions and Revisions of the Shareholder 48 American Journal of Comparative Law, 2000, p. 39.

② 王文钦：《公司治理结构之研究》，北京：中国人民大学出版社 2005 年版，第 137 页。

③ See Bernard S. Black, Shareholder Passivity Reexamined, 89 Michigan Law Review, 1990, p. 520.

④ Richard M. Buxbanm, The Internal Division of Powers in Corporate Governance, 73 California Law Review, 1988, p. 1671.

未参加决策者利益的可能性越小，外部化成本也就越低。① 决策成本属于效率范畴，外部化成本则属于公平范畴。公司作为以营利为目的的企业组织，属于效率范畴的决策成本的控制是第一位的，在直接参与公司经营决策的问题上必须维持低决策成本的制度安排，公司决策不应由股东集体作出，而应由股东中的一部分人作出，从而不可避免地引起外部化成本的提高，要降低这一成本必须采取另外的一些制度安排。

在现代经济日益发达的背景下出现了一个职业经理人团体，他们有专门的公司管理知识，决策质量要比股东高，从而形成公司的经营管理专门化。个人可以根据个人的偏好投资于不同的公司，而不必从事专门的公司决策经营。投资的分散化和经营的专门化使投资者因两权分离在理论上有可能实现自身利益的最大化。但由于代理问题的存在，股东在自己不直接参与公司经营决策的情况下必须在一种制度安排下，激励约束公司的经营管理者为了股东利益最大化而努力。

然而，有些对股东利益影响巨大的决策，必须由股东亲自参与，如公司章程的制定、修改，公司董事的选举和公司的合并与分立等重大事项，股东应有发言权和决策权，即股东应有表决权或称之为投票权，从而形成对公司管理者（董事会和经理层）的监督，但问题在于，如果股东持有公司股份不太多，股东的这种监督成本往往高于监督收益。假定股东是一个理性人，则一般不会实施这种监督行为，加之以前述集体行为问题，常常出现股东在公司治理问题上表现消极，形成所谓股东消极现象。公司治理的制度安排应解决或至少缓解集体行为的消极作用。

在上述公司治理机制理论的分析下，我们可以简略地勾画出

---

① See Michael J. Whincop, The Role of the Shareholder in Corporate Governance: A Theoretical Approach, 25 Melbourne University Law Review 2001, pp. 419 – 425.

公司治理机制的一般制度安排。在公司所有权与控制权分离的模式下，公司股东选举董事会，董事会选任公司经理经营管理公司业务，形成股东—董事—经理之间的基本关系，无论具体构造如何变化，都只不过是三者之间权力分配的多少而已。[①] 而公司治理制度安排就是要形成三者利益制衡下的激励约束机制。

在股东会与董事会之间的利益制衡和权力分配上，必须重视股东权利的保护，实现股东对董事会的控制。股东权尤其是股东投票权是法律赋予股东最为核心的权利。[②] 为了确保这一权利的实施必须进行一系列制度安排：包括股东大会制度，董事选举制度，不出席股东大会者直接投票制度，表决权征集制度，以及股权利益受到侵害时的股东诉讼救济制度，其中许多制度设计的目的都是为降低代理成本而安排的。

董事会由股东选举出的董事组成，[③] 代表股东大会行使经营管理权力，是权力执行机关。在公司治理结构中处于中枢地位，“正是董事会的能力将（公司）领导的控制权，（公司治理的）有效性与责任性结合起来，从根本上确保公司符合社会的期望。”[④] 作为股东的代理人，董事会被赋予最广泛的权力，对公司进行日常事务管理，二者之间仍然存在代理问题。为了制衡董事会的权力，除了从股东的角度设计一些制度安排外，还从董事会的内部设计了一些制衡机制，如独立董事制度，专业委员会制度，董事注意义务和忠实义务。作为职业经理人团体的经理层由

---

① 王文钦：《公司治理结构之研究》，北京：中国人民大学出版社 2005 年版，第 210 页

② Arthur R. Pin to and Gustawo Visentini：The Legal Basis of Corporate Governancein Publicly Hold Corporations - AComparative Approach，Kluwer Law International，1998，p. 259.

③ 有时包括不是股东选举的独立董事。

④ A. Cadbury，Thoughts on Corporate Governance，Corporate Governance：An international Review，1993，p. 5.

董事会选任的经理人员组成，必然受到董事会的指导与控制。从严格意义上说，并不是一个独立的公司权力机构，在制度上主要是考虑激励约束机制的安排，如以股票期权为基础的激励制度。

随着董事会及其控制下的经理层的权力日益膨胀，股东会作为非常设机构对其监控非常有限。为了达到利益制衡和权力约束的公司治理模式，有必要从制度上设计一种监控机制，而公司治理实际有大陆法系的监事会和英美法系中的审计委员会两种监督模式。

二、金融控股公司治理的特殊性

金融控股公司是集公司架构上的控股形式和经济性质的金融属性于一身而组成的一种金融集团，是企业集团形式的一种。企业集团成为现代社会中重要的经济现象。传统公司法以责任限制原则以及单一公司的自身利益原则作为基础……然而企业集团的出现，则对上述原则带来了新的研究课题。[①] 其中以控股公司形式组建的企业集团的治理机制则是一个极为重要的核心内容。金融作为国家经济的核心，其健康稳定发展直接关系到经济发展、社会稳定和国家安全，尤其是金融业作为一个高风险高负债的行业，其风险具有高度的外部性和危害性，所以对以公司形式组建的金融企业在公司治理结构上也有其特殊要求。

（一）金融控股公司治理的经济分析

金融控股公司是一种股权控制架构下的公司形态，只要对控股公司的治理机制阐述清楚，金融控股公司的治理机制从公司法

① 王保树：“企业集团法理研究·序”，载于吴越：《企业集团法理研究》，北京：法律出版社2003年版，第1页。

的角度观察也就随之迎刃而解了。

金融控股公司的经济分析的基础框架是以经济学的企业理论为前提的。金融控股子公司本身是一个独立的公司法人，金融控股母公司本身也是一个独立的公司法人，而金融控股母子公司又形成一个金融集团，具有一定的组织性与统一性。对在这种控股公司架构下形成的金融集团如何进行治理制度的设计，从理论上应予以回答。

金融控股母子公司各自作为独立的公司法人，都有符合自身要求的公司治理结构，然而这些公司在以资本为纽带的股权连接下共同归聚于一个控股公司架构下，形成了特有的母子公司法人治理结构，本章所讨论的问题主要是这种公司治理结构。

从制度经济学的理论进行分析，市场和企业都是组织生产的经济协调方式，究竟采取什么方式进行生产，取决于交易成本高低。① 交易成本越高，通过企业组织、协调生产将更加有效。但以企业组织的方式进行生产却会产生另外一种费用——代理成本。而以控股公司的形式组成控股集团进行生产，与通过单个公司企业进行组织生产的基本原理是一样的。其管理模式有两种，即市场契约模式（the market contracting model）和等级规划模式（the hierarchical planning model）。②

“市场契约模式”，就是将控股公司架构下的企业集团当做一个市场来看待，控股母公司与子公司之间、各个子公司之间都是独立自主的公司法人，地位平等，意思自治，行为自由，责任自负。它们之间的合作不是一种命令传导式的执行，而是通过相互磋商达成的合意即契约来进行的。达成契约的相互磋商过程也是一个交易过程，由于信息不对称，这种管理模式存在交易成本

① See R. H. Coase, The Nature of Firm, 4 Economical ln. s, 1937, p. 386.

② See P. Williams, The Management Dilemma, in M. Gillooly (ed.), The Law Relating to Corporate Groups, 1993, p. 30.

问题。

“等级规划模式”就是将控股公司架构下的企业集团作为一个整体来看待，通过资本上的控股达到一个公司支配另一个公司的目的，而控股母公司处于集团支配体系的最高层，在层层委托—代理关系的形式下，以等级管理协调控股公司中母子公司之间、各子公司之间的生产经营活动。等级规划管理模式是在委托—代理的形式下实现的，因委托人、代理人各自均为预设的“理性人”，其利益目标并不总是一致，加之以信息不对称问题，所以存在着代理成本问题。

由此可见，金融控股公司在治理模式安排上，交易成本与代理成本之间存在着矛盾和冲突。采取等级规划管理模式可以减少金融控股公司内部各个法人主体之间的交易成本，但与此同时不可避免地产生了代理成本，其中最主要的代理成本就是确保整个集团以及组成集团的各子公司的管理者尽力追求集团最大利益的费用。而解决这一代理成本最彻底的方式就是解除母子公司之间、各子公司之间的层层委托—代理关系，让每一个子公司和母公司都成为一个完全独立的法人主体，不存在股权控制下的支配关系，各公司之间通过平等协商在达成契约的基础上进行合作，但这时又出现了最大化的交易成本。同时，金融控股公司存在的根本目的乃是各金融业务子公司在母公司的协调下相互合作产生协同效应，形成规模经济和范围经济。为了节约代理成本而解除协作，就难以实现控股集团公司欲达到的合力。

交易成本与代理成本此消彼长，说明市场契约模式和等级规划模式都有其自身的合理性。以控股公司为基础而形成的企业集团作为一个统一的整体进行管理，因为有代理成本的存在，可能不是最有效率、最能获利的组织管理形式。但控股集团公司存在的目的和价值就是追求合作下的最大效益，要做到这一点，集团管理者应当采取实现整个集团利益最大化的组织管理模式，即等级规划模式的公司治理机制。但问题的关键在于，如何处理寻求实现控股公司的合力所需求的集中管理和支配，与确保控股公司集团利益而非仅仅是子公司利益最大化时代理人所必需的激励之间的有效平衡。①

(二) 金融控股公司治理的特殊法律问题

在控股公司模式下组成的金融集团并不是一个法律意义上独立的法人，尽管从经济理论上可以看做一个企业。母子公司之间通过资本运作形成以股权为基础的支配关系，使母公司获得了对子公司的控制权。而独立人格、独立财产、独立责任是法人制度，也是公司法律制度的三大基石。② 在金融控股公司实行等级规划模式的治理机制时，则可能与上述三大基石法律制度产生冲突，由此产生了控股公司架构下公司治理的特殊法律问题。

委派董事的受托义务法律问题。金融控股公司为了追求集团经济效益而采取等级规划模式的公司治理机制，而非市场契约模式。这就要求控股母公司要支配控制金融控股集团中的各子公司，以推行集团整体战略，实现集团整体效益最大化。战略措施制定合理化的前提是准确、及时、全面地获取组成金融控股集团的各个子公司的信息，尽量减少信息不对称产生的决策成本问题。达到上述要求最有效的手段就是委派董事，由控股母公司向被控股的子公司委派董事，直接行使子公司的经营管理权。不过依照公司法的相关规定，母公司向子公司委派董事，在程序上讲，控股公司只是进行董事提名，然后再由子公司股东大会批准；从身份上讲，委派的董事是子公司的董事，必须承担子公司

---

① See Karen Yeung, Corporate Groups: Legal Aspects of the Management Dilemma, Lloyd's Maritime and Commercial Law Quarterly, 1996, p. 208.

② 参见王利明等：《民法新论》（上册），北京：中国政法大学出版社 1987 年版，第 205—215 页。

董事的法律义务，包括注意义务和诚信义务。由此产生的法律问题是，委派董事作为控股公司的委派者对控股公司的义务以及作为子公司董事对公司的受托义务之间必然发生冲突。① 问题的根源在于子公司的控股股东也是一个公司法人，有其自身的利益追求，同时在控股集团中又有集团整体利益要予以考虑，当这些利益之间发生冲突时，委派董事处于两难选择的法律困境之中。

小股东保护的法律问题。只要存在着大小股东，就有小股东的保护问题。金融控股公司对其子公司可能是全部控股也可能是部分控股。在部分控股的情况下，控股公司以整个集团利益最大化为目标进行经营决策和管理，就有可能损害小股东的利益，而不管是控股母公司的小股东还是控股子公司的小股东。控股母公司的小股东不分享子公司的利益，控股子公司的小股东也不分享控股集团的整体利益。更为严重的是，控股母公司可以凭借自己的优势地位，攫取小股东的利益。

控股公司的责任问题。按照独立责任原则，控股公司与子公司各自对外独立承担责任。控股公司并不对子公司的责任负责，只是以投资为限享有权利，承担损失，即有限责任。但是因为控股公司以资本为纽带形成控股地位，从而得以参与或支配子公司的经营管理，在一定程度上破坏了独立责任制度设计的基础。所以法律要求在一定条件下可以否认子公司的独立人格，子公司的对外责任由控股公司承担。此外，针对金融控股公司的金融特性，亦有加重责任制度的设计，以对金融控股公司母公司的行为有所制约。

① 王文钦：《公司治理结构之研究》，北京：中国人民大学出版社 2005 年版，第 201 页。

(三) 金融控股公司的金融属性对公司治理之影响

金融控股公司的金融经济属性在很大程度上影响着金融控股公司的治理机制。金融控股公司的子公司都经营着各种各样的金融业务。金融机构的一个重要功能就是作为投融资的中介，将各种资金设计成各种功能不同而作用互补的金融产品，在不同时间、地区和行业之间提供经济资源的移转变换的方式和途径，所以说金融是经济的核心。金融控股公司涉及的金融业务更为全面广泛，形成与一般公司不同的属性，而这种金融特殊性导致了金融控股公司与一般公司在治理结构上的差异。金融控股公司的金融特殊性主要表现在以下几个方面:①

1. 金融业有特殊的经营目标。金融机构从事金融业务有其特殊的目标，既要在融通资金的同时实现效益的最大化，又要追求金融风险的最小化。因为金融业是一国经济风险的聚合之处，稍有不慎便会引发金融危机，造成经济动荡，所以金融业在追求效益最大化的同时，必须十分注意防范金融风险，进行审慎经营，维护金融安全。

2. 委托—代理关系复杂。金融控股公司复杂的股权架构形成的集团治理机构与一般公司的治理结构相比已是比较复杂，而金融控股公司的金融经济属性更是加剧了这种复杂性，其中表现最为突出的就是金融业的信息不对称使得委托—代理关系变得更为复杂。一般公司的信息不对称主要表现在股东与公司之间，委托—代理关系表现在股东与董事会、董事会与经理层之间。公司治理的主要目的是要消除股东与公司之间的信息不对称，强化董事会的功能，对经理层进行监督、激励、约束，以实现决策的科

① 参见李维安等:《现代公司治理研究——资本结构、公司治理和国有企业股份制改造》，北京：中国人民大学出版社 2002 年版。

学化。而从事金融业务的企业在信息不对称方面要复杂得多，不同金融业务的企业复杂性表现也不一样。以商业银行为例，由于监管机构、存款人和贷款人的存在，使得商业银行信息不对称变得复杂化，存款人与银行之间、股东与银行之间、贷款人与管理者之间、监管者与银行之间都存在着程度不同的信息不对称问题，导致商业银行的治理结构比一般公司治理结构复杂得多。除一般公司治理所需解决的问题之外，商业银行公司治理还要解决贷款人、存款人、监管者与银行的信息不对称问题，以便防范和化解金融风险，实现商业银行的稳健经营。①

3. 债权人约束弱。金融控股公司从事的金融业务多是负债式业务，一般来讲，这应该形成公司治理结构中债权人的强约束。但由于一些制度安排反而出现债权人的弱约束现象，造成这一现象的主要原因是资本结构的特殊性以及存款保险制度的负激励。从事金融业务的机构与一般公司不同，其营运资金大都是以负债形式融入，如储户存款、保险人缴纳的保费等，其自身拥有的资金并不多。债权人大多是中小散户，没有时间、精力和专门的技能来监督资金的运用，而且监督成本也远远高于监督收益。尤其是商业银行的储户，在存款保险制度存在的情形下，更是没有动力进行监督。从公司治理角度分析，存款保险制度会产生两个负面效果：一是使股东和银行的管理层有动力去从事高风险业务，因为赚了是自己的，亏了并不由自己承担，从而有可能损害债权人的利益；二是弱化了存款人对银行的监督动力。

4. 政府管制的影响。金融机构有很强的外部性，一旦出现问题其影响面不仅仅是经济领域，而且对社会造成广泛的影响，政府出于公共利益的考量往往采取金融管制措施，通过颁布治理

---

① 蔡鄂生等：《银行公司治理与控制》，北京：经济科学出版社 2003 年版，第 27 页。

规则指引，规定公司高级管理人员任职资格等方法，对金融控股公司的治理机制施加影响。

三、金融控股公司治理制度概述

金融控股公司治理制度的设计与安排，应该以实现整个金融控股公司集团的战略目标和计划为核心，以权力分配与制衡为着力点，围绕着金融控股公司股东、董事、监事、经理层以及母子公司之间的激励与制衡机制，谋求整个金融控股公司集团的效益最大化。① 也就是说金融控股公司治理制度的价值取向应当以效率为优先，但由金融的特殊性决定金融机构必须稳健经营，所以在效率优先的情况下应兼顾金融安全。

在效率优先、兼顾安全的价值理念指引下，金融控股公司治理制度安排主要包括三个层次，即金融控股母公司的治理制度、金融控股子公司的治理制度和金融控股母子公司之间的治理制度。

(一) 金融控股母公司治理制度概述

金融控股母公司在整个金融控股公司集团中居于核心地位，所以金融控股母公司也正是围绕这一地位安排其治理制度的。

金融控股母公司在股权分布上一般都比较集中，股东人数相对较少，而且股权主要集中在少数大股东手中，绝大多数情况下都是第一大股东直接掌握着控股股权。对金融控股母公司的股东大会决定的重大事项有直接的决定权和影响力，从而能通过母公司控制或影响子公司的经营行为。

---

① 孔令学：《中国金融控股公司制度研究》，北京：中共中央党校博士学位论文，2004 年，第 152 页。

金融控股母公司董事会与一般公司的董事会相比有三个不同之处。一是董事会的组成以专家型董事为主。金融控股母公司作为金融控股集团的战略决策中心、财务控制中心和企业风险控制中心，必须有大批精通金融、财务、管理、法律等方面的专业人士来进行经营管理。由这样一批代理人才能真正将母公司的投资决策建立在科学合理的基础上。二是由于股权集中，形成代表大股东的利益的董事占绝对多数，对董事会的决策有支配和决定性的影响力，从而提高了决定效率，节约了决策成本。三是金融控股母公司董事会通常没有外部独立董事，即使选聘外部独立董事的其他人在董事会中也不足以影响大股东对金融控股母公司的控制和影响能力。

金融控股公司尤其是纯粹型金融控股公司的经理层权力范围不大，其主要职责是负责母公司的日常运转，为公司董事会和股东大会收集和提供信息。所以，金融控股母公司的经理层地位和作用比一般公司要低得多、小得多。有时一些主要高级经理人员由董事或董事长兼任。

由于存在特殊的控股公司组织架构，金融控股母公司监事会要比一般公司的监事会的职责大得多，具有特别重要的地位。所以监事会人员多、素质高、监督范围广。

（二）金融控股子公司治理制度概述

金融控股子公司是实现整个金融控股集团战略协同，获得整体利益的前提和基础，其公司治理制度的设计主要围绕着提高金融效率进行设计。

在金融控股公司的组织架构下，虽然母公司对子公司拥有绝对或相对的控股权，但剩余的股权一般较为分散。这种股权结构形式，母公司可以直接控制或影响子公司股东大会的决策，使整个金融控股集团实现战略协同，发挥整体效益。同时相关法律、法规以及公司章程都规范着控股母公司的行为，以保障广大中小股东的合法权益。

金融控股子公司的董事会最典型的特点就是具有大量外部独立董事，外部独立董事在董事会中占有重要地位。金融控股子公司通过章程明确规定独立董事的人数和职权，对那些容易受内部董事影响作出不适当决策但又对金融控股子公司非常重要的董事会内部委员会如审计委员会、薪酬委员会，直接规定主要或全部由外部独立董事组成，以从权力分配上制衡控股股东的内部董事在经营管理中损害公司和中小股东的利益。

金融控股子公司具体从事金融业务的经营管理，其经理层拥有金融资源的支配权力要比母公司经理层大得多。子公司经理层的经营管理行为直接影响到金融控股集团整体战略目标的实现和综合效益的提高，同时还影响到客户的投资消费和当地的经济活动。由于其地位的重要性和关键性，因此要形成对其全面的监督。经理层作为公司治理结构中第二层委托代理关系中的代理人，要受子公司股东大会作为间接委托人，董事会作为直接委托人的委托监督，子公司监事会的专门监督，母公司监事会的专门监督，金融控股母公司的股东大会和董事会也可以通过法定程序对子公司的经理层进行间接监督，此外还有金融监管当局的监督。

金融控股子公司的监事会一般附属于母公司的监事会，是整个金融控股集团专门监督体系中的一个重要组成部分。自己在执行子公司监督事务的同时，还要执行母公司委派的监督职权，所以，金融控股子公司的监事会拥有双重身份。

四、金融控股公司中母子公司之间治理制度的安排

在金融控股集团中，由于控股股权架构的存在，导致母子公

司治理制度发生了交叉、融合和促进，还存在着冲突、矛盾和牵制。而有关金融控股母子公司之间治理制度的安排必须以实现整个金融控股公司集团的战略目标和计划为核心，应以达到集团利益最大化为最终目标，围绕着权力的分配与制衡、经营管理的委托与代理、激励与监督来进行制度安排。

（一）股东会之间的制度安排

单纯从法律的角度观察，金融控股公司的母、子公司都是独立的法人，股东大会也都是各自独立公司法人的股东大会，二者之间联系并不密切。但是由于控股权的存在，形成了母公司股东大会控制和影响子公司股东大会的机制。

金融控股母公司的股东直接持有母公司的全部股权，间接持有对各子公司的绝对或相对控股权。这样的股权结构使母公司的股东既可以通过母公司的股东大会决定金融控股公司的发展战略，还可以通过对各子公司的控股地位，控制和影响子公司的股东大会的决策，使其符合整个金融控股公司的发展战略，从而保证整个金融控股集团实现战略协同和效益最大化。

从委托—代理关系的角度分析，金融控股公司母公司的董事会和监事会根据母公司股东大会的委托行使经营管理权和监督权，金融控股公司子公司的董事会和监事会根据子公司股东大会的委托行使经营管理权和监督权。由于金融控股母公司对子公司的股权控制，子公司的股东大会实质上是贯彻执行母公司股东大会的集体意志，子公司的董事会和监事会间接执行母公司股东大会的决议。

但是从信息经济学的角度分析，金融控股子公司对母公司也产生重大影响。作为金融控股集团的经营决策的执行中心，金融控股子公司占有直接的经营信息，这是整个金融控股集团经营信息的基本来源，是母公司股东大会进行战略决策的基础信息，这种信息反馈机制就赋予了金融控股子公司股东大会影响母公司股东大会的力量。

(二) 董事会之间的制度安排

金融控股母公司的董事会对独立法人子公司的董事会无法进行直接控制和影响，但可以利用对子公司的全资、绝对控股和相对控股地位，提出母公司向子公司委派董事长、董事人选，并根据子公司董事会的经营决策情况决定是否建议母公司股东依法变更董事长、董事。由此可见，金融控股母公司董事会只是间接地影响控制子公司董事会。但当母公司董事会过度或不适当干预子公司董事会的经营决策权导致公司无法正常运转时，可以直接向本公司的控股股东，即母公司的大股东反映，要求或建议母公司董事会停止其干预活动。

金融控股子公司董事会与母公司董事会的一个最大的构成区别就是有大量的外部独立董事。他们一般独立于金融控股公司的所有者和经营者，没有可能影响其为公司最佳利益行事的其他外部影响，所以独立董事在公司的提名委员会、审计委员会和薪酬委员会等重要的董事会内部委员会中占有重要地位。[①] 外部独立董事制度能较好地保证外部独立董事依法行使董事权利，一方面确保和促进金融控股子公司董事会的经营决策行为符合整个金融控股集团的发展战略和整体利益，另一方面又能维护金融控股子公司的相对利益以及广大中小股东的利益。

(三) 经理层之间的制度安排

金融控股母公司和子公司的经理层都是各自的董事会任命

① 例如汇丰银行共有 12 名董事，其中独立董事 5 名，银行薪酬委员会共有 4 名成员，全部是独立董事。

的，都是第二层次的代理人。两个经理层各自负责各自公司的日常经营管理，双方之间没有直接的控制、影响和被控制、被影响的作用。但二者之间还是有一定的联系，例如母公司的高级经理人员可以通过维护和促进金融控股公司的整体利益的日常经营管理行为使金融控股子公司的经营管理行为与整个金融控股公司的利益一致，从而限制和约束子公司高级经理人员损害整体利益的行为，而子公司的经理层，主要是依靠信息反馈影响母公司的经理层，一般来讲，二者之间的相互影响是非常有限的。

（四）监事会之间的制度安排

监事会在金融控股母子公司之间治理制度的安排上具有特殊的地位。虽然母子公司的监事会都是各自的股东大会委托的专职监督机构，但由于金融控股集团整体利益的不可分割性和股权的层层控制性，母公司在扩大监事会机构和权力的同时，相应弱化子公司监事会的独立地位和权力，使子公司监事会成为母公司监事会在子公司的延伸和扩张，从而保证母公司监事会对全部金融控股集团的母子公司成员进行全面监督，进而为股东大会的决议能在整个金融控股集团中实施，提供一定制度保障。[①]

综上所述，金融控股母子公司之间治理制度的安排，就是通过架构公司治理框架实现对金融控股集团的公司管理包括战略管理、资产管理、人事管理、财务管理、审计管理和信息管理，并使这些管理相互配合、相互补充，形成一个完善的金融控股公司治理机制，达到降低各种成本，提高金融效率的目的。

---

① 孔令学：《中国金融控股公司制度研究》，北京：中共中央党校博士学位论文，2004年，第158页。

(五) 母子公司之间董事会制度设计存在的问题：委派董事和影子董事

由于董事会在现代公司治理机制中处于中枢核心地位，所以金融控股公司母子公司董事会的制度成为关键点，而董事会的构成以董事为基础，董事会成员中有代表自己的董事，在公司经营管理中也就有了自己的利益代言人。母公司为了让子公司的经营管理符合自身利益，采取的主要措施就是向子公司董事会委派董事。

1. 委派董事的受托义务

金融控股母公司向子公司委派董事后，委派董事对所任职的公司负有委托义务，包括注意义务与忠诚义务。委派董事又是母公司确保金融控股集团的战略决策贯彻于整个集团的重要手段，必然代表控股公司的利益。① 至于如何解决这种冲突有两种方式可资参考。

一是严格的英国做法。董事受托义务并不因为他是委派董事而受影响，委派董事首先应当忠于公司而不是忠于其委派者，存在现实利益冲突时，委派董事行使权力必须维护公司利益，而不是委派者的利益。

二是较为实用的澳大利亚做法。公司利益与委派者利益事实上可能并不矛盾，促进委派者利益亦促进公司利益，委派董事可以为委派者利益行事，如果他们“真诚地相信这是公司的整体利益”。②

英国做法倾向于维护独立法人人格，澳大利做法更符合商业

---

① 王文钦：《公司治理结构之研究》，北京：中国人民大学出版社 2005 年版，第 203 页。

② Karen Yeung, Corporate Groups: Legal Aspects of the Management Dilemma, Lloyd's Maritime and Commercial Law Quarterly, 1996, pp. 216 – 217.

现实，实际上二者差别并不大，都不反对进行委派董事，也不认为是委派董事就违反了受托义务，都认为在公司利益与委派者利益事实上冲突的情况下，委派董事服从于任职公司的利益而不是委派者的利益。①

2. 影子董事

影子董事制度亦称为实质董事制度，二者本质上是一致的，只是观察的角度不同。这种董事在公司董事会中没有正式席位，但实际上控制着公司、支配着公司的人事、财务或业务经营和监督，与公司董事几乎毫无差异。如果没有专门的制度设计，就无法直接要求因其行为导致公司利益受损时进行赔偿。所以影子董事制度直接规定承担公司董事所应承担的义务，以免对公司决策实施有效控制之人，自己不正式拥有董事席位，却委派他人为傀儡董事，从而逃避董事义务与责任。

美国法律有一种控股股东受托义务制度，即控股股东对公司及其他股东负有受托义务，在控股公司架构下，控股公司如果违反忠实义务而导致子公司或中小股东受到损害时，应负赔偿责任。② 可见，二者都是在控股公司架构下为保护子公司、债权人和中小股东而设计的制度。

第二节　金融控股公司风险及内部控制法律制度

金融控股公司在经营过程中一方面进行组织协调，平衡银

① Karen Yeung, Corporate Groups: Legal Aspects of the Management Dilemma, Lloyd's Maritime and Commercial Law Quarterly, 1996, pp. 217 - 18.

② Robert W. Hamilton, The Law of Corporation, at 379, 423 - 426, 转引自殷召良：《公司控制权法律问题研究》，北京：法律出版社 2001 年版，第 201—208 页。

行、证券、保险业务中的常规风险与收益，保证控股公司整体利益的最大化；另一方面，由于股权关系复杂，金融产品交叉，营运中的共同行销以及内部交易容易导致风险聚集、传递和扩散，引起风险的分布组合发生变化，造成系统性风险加大。传统的金融风险防范制度难以对金融控股公司架构下的风险进行及时反应和控制，所以必须针对这一风险的特质进行制度安排，从组织内部控制，到外部金融当局的监管以及法律上的特殊责任制度的规定，全方位地构建风险防范制度体系。

一、金融控股公司的风险

（一）金融控股公司的常规风险

金融控股公司控制着众多的专业化金融子公司，由于从事的金融业务不同，所面临的风险也不尽相同，而金融控股公司作为母公司要管理协调母、子公司所面临的各类风险，与一般金融机构相比，金融控股公司的风险构成变得极为复杂。

从金融子公司的角度观察风险构成，可以看出不同业务的金融专业机构有着不同的风险，商业银行的风险可以分为信用风险、市场风险、利率风险、流动性风险、操作风险、法律风险、声誉风险、战略风险共八类；[①] 证券公司的风险包括市场风险、操作风险、信用风险、流动性风险、法律风险和系统风险共六类；[②] 保险公司的风险包括资产风险、定价风险、利率风险和杂项风险共四类；[③] 而信托公司的风险则包括市场风险、信用风

---

① 这是香港金融监管当局对商业银行风险的分类；而巴塞尔委员会将利率风险和国家转移风险在商业银行风险分类时进行单列。

② 这是国际证券业协会（IOSCO）对证券公司风险的标准分类法。

③ 这是北美精算师协会对保险公司风险的标准分类。

险、流动性风险、操作风险、政策与法律风险和声誉风险共六类。如果一个金融控股公司拥有银行、证券、保险和信托四种金融子公司，那么这些金融业务的风险也一般地呈现在金融控股公司的架构内，即金融控股公司面临所有的常规金融风险。所以，金融控股公司必须在母公司层面上进行管理和控制，通过管理和分配资本，平衡风险与收益，以实现控股公司整体利益的最大化，并承担起保护存款人、保险人、投资人、债权人等相关利益者的责任。金融控股公司在母公司层面上一方面对整个集团所面临的一般风险进行集合管理，另一方面还要不断推动子公司加强风险管理。①

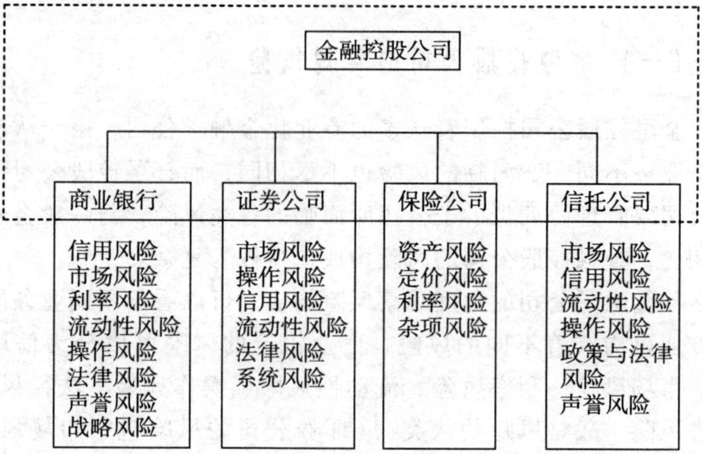

金融控股公司的常规风险

1. 市场风险：市场的波动导致金融机构的头寸或者资产组合遭受损失的可能性。

① 杨明辉：《金融控股公司实务与操作》，北京：中信出版社 2004 年版，第 318—319 页。

2. 信用风险：合同一方不履行（包括不能或不愿）义务的可能性。

3. 流动性风险：金融机构无力为负债的减少或资产的增加提供融资。

4. 操作风险：内部控制及公司治理机制失效。

5. 法律风险：因不能执行的合约或因合约一方超越法定权限的行为而导致的损失风险，一般包括合约潜在的非法性以及对手无权签约的可能性。

6. 声誉风险：由于操作上失误，违反法律法规或其他问题导致负面社会评价的可能性。

7. 利率风险：利率波动时对财务状况不利影响的风险。

8. 系统风险：单个因素导致整个系统崩溃的可能性。

（二）金融控股公司的特殊风险

1. 清偿能力不足风险

在金融控股公司架构下，由于资本的重复计算导致资本充足率实质降低。如果母公司不掌握这一情况，某一个环节偿付能力不足引发流动性问题，可能传导至整个金融控股公司，成为系统风险的导火索，其产生原因主要是金融控股集团为了实现资金利用率最大化，可能会在母子公司之间多次使用同一笔资本。集团中母子公司之间，各子公司之间多以资本为纽带，使得控股公司具有“资本扩大器”和高财务杠杆的作用，导致资本重复计算，使资本充足率出现实际下降，造成风险隐匿。

2. 风险聚集

金融控股集团中一个或多个实体承担的可能遭受损失的所有风险暴露，而且这些风险暴露的数量之大，足以威胁到金融控股集团中一个或多个受管制实体的清偿能力或其金融头寸，这种现象就是风险聚集。金融控股公司所追求的协调效应加大了这种风险聚集的可能性，金融控股公司为集团建立的统一信息平台、统一客户服务中心、统一销售渠道，虽然降低了整体运营成本，但是子公司存在的风险可能借此通道向母公司不断聚集，原本在一个机构的失误和可能发生的危机或破产，危害和影响也仅限于自身的业务范围或者行业范围，却会向母公司集中风险并且蔓延危害。与此同时，金融控股公司在总体经营上倾向于建立统一的发展战略和业务规划，一旦决策失误，就会出现一个错误的战略决策迅速覆盖整个系统，影响到全部子公司。

3. 风险传递

金融控股集团是在母子公司架构下由银行、证券、保险、信托等多种金融机构组成的一个整体。在这种组织体制下，如果一个金融子公司出现财务问题和风险，极有可能传递到其他金融子公司，形成风险传递。

风险传递形成的主要原因是各金融子公司之间出现的关联交易。这使得母子公司之间、各个子公司之间形成了各种各样的联系，为风险的互相传递提供了渠道，尤其是银行子公司与非银行子公司之间的风险传递则更为明显。例如，银行子公司通过非银行子公司从事高风险业务，非银行子公司利用银行公司进行融资，如果存在存款保险制度，金融控股公司往往倾向于将非银行风险向银行转移，即在短期利益驱动下，银行资金经常有向证券、保险、信托子公司转移的倾向。

金融控股公司的各子公司一般采用统一的品牌标识用于综合业务模式，在共同行销期间更是如此，消费者和客户一般将金融控股集团作为一个整体看待。如果一个机构出现偿付危机，将导致整个集团的形象声誉和信用受损，即使子公司之间并不存在实质性联系，也会因使用同一品牌标识而受影响。产生这种现象的原因是由于信息不对称，人们对金融控股集团可能采取损害投资者利益的行为担忧而事先采取行动。风险传递的最终结果可能导致集团公司整体偿付能力下降。

4. 金融控股公司架构对风险影响的争议

由于金融控股公司的组织架构复杂，这种组织架构到底对金融控股公司的风险能不能起到分散降低的作用呢？有两种截然不同的观点。

一种观点认为，金融控股公司经营上的分散化和业务的多元化，能够在一定程度上降低风险。金融控股公司作为一个整体，在经营上各种业务活动对市场环境变化或金融市场价格变动周期的敏感度不同，因而可以合并各种业务来增强整体抗风险能力，有关研究人员通过风险模拟为这一观点提供证据支持。①

另一种观点认为，由于金融控股公司复杂的组织架构，众多的内部交易，一体化的经营模式导致其风险组合、风险形成过程更加复杂，金融控股公司不仅不能分散风险，而且比一般金融机构具有更大的风险，分散化经营并不一定转化为低风险。②

笔者认为，金融业务本身就是一种高收益高风险的行业，金融控股公司聚合了多种金融业务，每种业务的风险都有可能反映传递到控股公司层面上，从表象看来，风险在加多加大，而从另一个角度看这些金融业务的风险又不完全一样，而且有些风险因不同业务之间的结合可以减弱。毋庸讳言，金融控股公司架构下

---

① 风险模拟表明，金融控股公司中银行、保险、证券业务的组合能够产生更加稳定的利润来源，因为各种业务收入现金流之间的非相关性越高，组成的收入流就越稳定。See Sanders, Anthony and lngo Walter , Universal Banking in the W. S. Oxford University Press, 1994. 有的研究人员从产品、子公司和控股公司三个层次对各类风险的相关性进行考察，认为金融控股集团的风险分散化效应存在并且在效果上是递减的，其中产品层次上风险相关性最低因而分散化效应最大，控股公司层次上风险相关度最高而风险分散化效应最小。See Kuritzkes, Andrew, Til Schuermann and Scott Weiner, Study on the Risk Profile and Capital Adequacy of Conglomerates, 2001.

② 有的研究人员认为金融控股公司的风险分散效应并不存在，并以美国银行控股公司为例说明经营分散化程度虽然比小银行高，但分散很难转化为低风险。See Demsetz, Rebecca S. and Philip E. Strahan, Diversification, Size and Risk at Bank Holding Companies, Journal of Money, Credit and Banking, 1997.

确实存在着风险聚集和传递现象，但问题的关键不是这些风险现象的存在，而是如何进行制度安排来控制、减少这些风险的发生，以维护金融安全，实现金融稳定。

（三）金融控股公司风险控制的经济分析

金融控股架构下的金融集团，金融产品创新不断，业务种类增多，资产规模庞大，造成金融控股公司风险种类加剧，风险组合日益复杂化，如果没有全面的风险防范措施，重大的风险可能被低估甚至被忽视，从而引起金融危机，所以金融控股公司风险的全面防范为其保持竞争力和稳健性起着重要作用。①

金融控股公司风险的全面防范既是一个谨慎的风险管理体系，又是一个全面准确评估风险的管理体系，从而准确度量金融控股集团总的风险，并采取必要的措施防范这些风险，大大增强了金融控股公司的风险防范能力。

从经济学的角度分析，金融控股公司风险的全面防范，可以提高资源的有效分配和利用，降低成本，提高效率。② 具体表现为：可以降低风险防范体系建设成本；可以降低子公司之间的协调成本；更有效率地分配和利用资源；外部监管节约了大量的监督成本。

（四）内部控制与外部监管

金融控股公司既不同于专业的银行、证券保险等金融机构，也有别于将所有金融业务置于同一法人结构下的全能银行，而是一种新型的金融组织形态。在这种组织架构下对风险实施全面防

① 1994 年委内瑞拉大批金融控股公司倒闭引起了一场金融危机，而安然事件也使花旗集团和摩根大通集团声誉受损。

② 杨明辉：《金融控股公司实务与操作》，北京：中信出版社 2004 年版，第 330—332 页。

范，不仅涉及单个金融机构的日常风险防范，更涉及整个集团多个法人之间风险聚集与传递的防范；不仅涉及金融控股公司对风险的内部控制，更涉及金融当局对风险的外部监管。

内部控制与外部监管共同构成了一个完整的风险防范体系，二者相互促进，共同发展，维护金融控股公司的稳健经营。外部监管机构的监管要求迫使金融控股公司自身注重风险的内部控制，而内部控制措施和制度的发展与完善又不断促进监管当局改变监管理念，调整监管手段和方法，二者之间的相互博弈，经过多次重复，形成的一个个均衡点，就是金融控股公司风险防范制度安排的一个个帕累托最优解。

二、金融控股公司内部控制制度①

金融控股公司的内部控制制度是金融控股公司自身为了保证稳健经营，在法律法规的框架内设计的一系列工作程序与制度，包括公司内各层次授权与责任结构、业务流程中的规章制度与操作规程。在控股股权架构下，既涉及金融子公司的内部控制，又涉及控股公司集团的内部控制。由于金融控股公司特有的风险聚集和传递以及透明度降低等问题的存在，所以从制度设计和安排上防范金融风险是内部控制的中心内容之一。

（一）风险防范的内部控制优先理念

对金融控股公司的风险防范，既要注重内部控制制度的安排，又要注重外部监管措施的实施。但就二者的防范机制与功能

① 金融控股公司的内部控制制度涉及的内容很多，巴塞尔委员会关于金融集团内部控制制度的框架文件中就提出了三个目标：①效率要求，即实现集团的协同效应；②透明度要求，即信息披露的及时与可靠；③合法性要求。而本章主要围绕着金融控股公司风险防范，讨论内部控制制度的安排。

而论，内部控制要优于外部监管，因为从信息经济学的角度分析，与监管者相比，被监管者最能全面掌握自身的各种信息，最清楚自己所面临的及潜在的金融风险。针对这些风险，公司自身可以通过内部控制制度形成的监控机制及时发现和防范。而外部监管虽然也能在风险发生之前进行预防，但更多的是靠风险发生后的处罚进行惩戒，即使事前的风险预防措施一般也是通过公司内部的运作而实现的。所以对金融风险的防范制度设计上，内部控制制度优先的理念逐步得以确立。

而金融风险防范的实践也证明了这一理念的合理性和重要性。20 世纪 90 年代的巴林银行案、日本大和银行案都是内部控制失灵所造成的。英国银行监督理事会对巴林银行事件进行调查后得出的结论是，巴林银行破产的主要原因是银行的管理失灵及其最基本的内部控制机制失灵。巴林银行高层管理人员对巴林期货公司完全失控，银行总部的主管及金融衍生业务的负责人既不熟悉自己所主管的金融衍生业务，又没有稳定地履行自己的职责。①

但是金融资本具有强烈的逐利性，金融机构在制度设计之初也注重防范金融风险，维护金融安全。但在金融业务的运作过程中，当资本的逐利性与金融的安全性发生冲突时，金融机构的天性使之在衡平效率与安全的时候，不自觉地偏向效率一面。甚至有些情形下，为了避免内部控制制度对金融资本逐利的束缚，故意放松风险的内部控制。为此，金融监管当局应注重从外部给以制度压力，促使金融机构建立健全内部控制制度。

---

① 参见罗光：“从经营失败案例看银行的风险意识与内部监控”，载于《国际金融研究》1996 年第 6 期，第 34—36 页。

（二）金融控股公司内部控制的流程与架构

1. 金融控股公司的内部控制流程

金融控股公司风险防范的内部控制是整个金融控股公司内部控制流程中的关键部分。金融控股公司的流程设计应当注意六个方面的问题：（1）管理层的重视与企业内部环境，特别是董事会在内部控制方面的主要职责及分工。（2）对风险的识别与评估，有效的内部控制能及时辨别可能给母、子公司造成重大负面影响的风险。（3）风险的控制与职责分离。（4）信息与沟通。金融控股公司应保持完整的财务、营运及法令信息，同时信息应具备可靠性、完整性及易得性，并建立有效的沟通渠道。（5）风险监测与纠正内部控制缺陷。（6）监管当局对内部控制系统的评估。在不同的国家和地区，内部控制流程也不完全相同。由于金融控股公司所处的法律环境、经营背景、管理理念和企业文化的差异，形成各具特色的内部控制流程。

2. 金融控股公司风险防范的内部控制架构

金融控股公司复杂的股权结构，导致其风险防范架构设计的难度增大。从整个金融控股集团来看，风险防范的制度架构基本上是“三层两级”的模式。

（1）风险防范的三个层次

金融控股公司风险防范可以分为三个层次，即单一金融产品的风险防范、金融子公司层面的风险防范和控股公司层面的风险防范。各个层次对风险防范的对象、目标、侧重点和主要内容各不相同。其主要内容下面的示意图可以给予清晰的显示。①

---

① 参见杨明辉：《金融控股公司实务与操作》，北京：中信出版社 2004 年版，第 333、334 页。

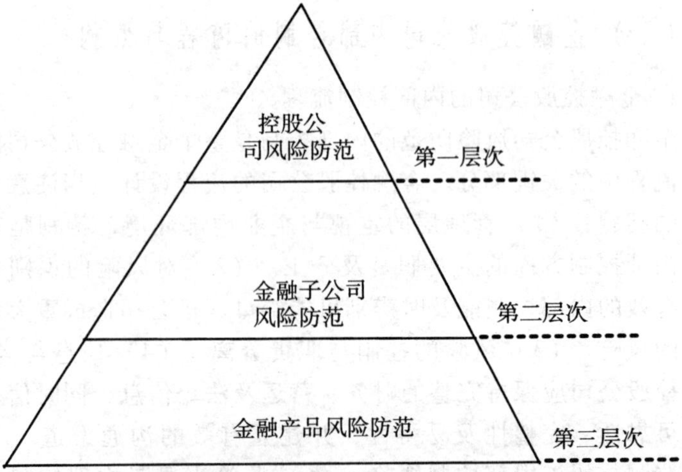

金融控股公司风险防范层次示意图

(2) 风险防范组织架构的发展

金融控股公司的生发历程亦是金融风险防范制度的生发历程。在制度演变过程中，金融风险防范的组织架构不断得以发展和完善，这一历程大致经过了三个阶段。

产生阶段。通过控股、合并等形式逐步向金融控股公司发展阶段，由于对单一风险防范制度安排和运行机制已相当成熟，子公司采取一些成熟有效的风险内部控制模型进行防范风险，而金融控股公司由于缺乏必要的经验，还没有对整个集团风险防范的内部控制机制进行整合。

整合阶段。控制公司从控股集团发展战略出发，调整公司自身的机构对集团内部的风险集聚与传递保持高度警觉，整合各种风险防范措施，形成控股集团内部控制机制和组织架构。其整合的内容包括统一风险分类、风险识别标准，整合和统一金融产品的风险防范措施，并从整体上进行管理和防范。

完善阶段。通过整合后，金融控股公司在风险防范的实践中不断总结经验，吸取教训，调整组织架构，修改规章制度，优化内部控制流程，其中最为主要的举措就是成立“风险管理委员会”，制定统一的风险管理标准，建立定期的风险汇报制度，设定风险限额，分配金融资源。

（3）专门的审计部门出现

审计学界认为“审计是一种经济控制”。[①] 而从管理学角度分析，管理控制的另一种方法是企业内部审计。[②] 金融控股公司为了全面防范自身的风险，特别注重内部审计制度的建构，使内部控制机制更为完善。国外金融控股公司法人治理结构比较完善，董事会中一般设立专门的审计委员会，以保证内部控制体系的充分适当以及财务报告的真实性，并形成适当的权力制衡。其主要职能是对内部控制、风险管理进行监督和评价，其运行机制强调以风险为导向的审计政策和制度，将有限的审计资源主要使用于风险最高、在金融控股集团中最大的业务单元。

（4）风险防范架构

金融控股公司风险防范的内部控制架构经过长期发展完善已形成了一个集中、独立、全面的体系和两级结合的风险防范体制。

内部控制在风险防范的集中性主要体现在金融控股母子公司内部设立风险管理委员会等专门的机构，配备专职人员；母公司的董事会是风险防范的最高决策层，专门的风险管理委员会则负责制定统一的风险防范标准；子公司根据母公司的风险防范决策，制定本公司风险防范的流程，监控日常业务中暴露的风险；定期向母公司汇报风险状况；母子公司统一防范风险、集中控

① 谢荣、钟凌：《商业银行内部控制系统研究》，北京：经济科学出版社 2004 年版，第 128 页。

② ［德］哈罗德·孔茨、亚里尔·奥唐奈：《管理学》，贵阳：贵州人民出版社 1986 年版，第 781 页。

制、分层负责。

内部控制在风险防范上的独立性表现在风险防范机构、人员独立于业务部门，业务经营、风险管理、审计监督相互独立、相互制约。

内部控制在风险防范上的全面性表现在公司所有风险都在母、子公司评估、监控、防范范围之内，风险防范部门嵌入各业务部门，风险管理与业务运营成为一个整体，二者在相互独立的基础上又紧密配合，全面防范风险。

金融控股公司风险防范的内部控制特点，导致了金融控股集团组织架构形成两级防范模式。子公司的风险防范部门的负责人实行母、子公司的双重领导，这样就构建起一个三层两级多方面的风险防范内部控制机制。①

（三）金融控股公司内部控制的经济分析

金融控股公司内部控制从经济学的角度分析就是根据成本—收益的模式进行评价。金融控股公司内部控制的成本是指为建立内部控制及内部控制运行过程中所耗费的资源，而内部控制的收益则是指内部控制的实施使得公司经营目标、风险得到控制、损失减少、效率提高而获得的收益。但在具体的操作中要准确衡量收益和成本确实比较困难，其二者之间的关系可用下图表示。

① 参见金融控股公司两级风险防范架构图。杨明辉：《金融控股公司实务与操作》，北京：中信出版社2004年版，第359页。

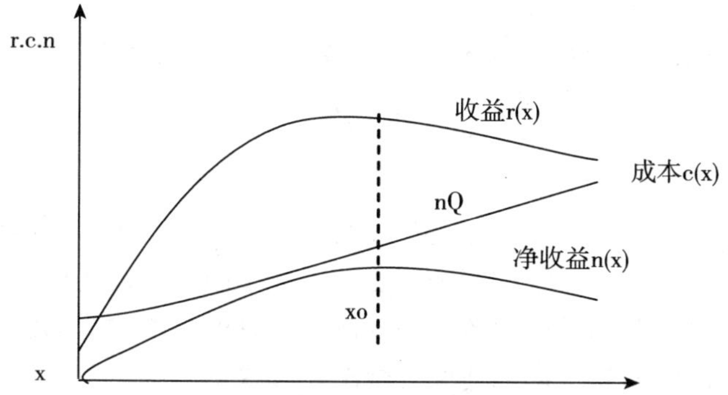

内部控制的成本—收益曲线图

上述曲线图中 x 代表内部控制，c（x）代表内部控制总成本曲线，r（x）代表内部控制总收益曲线，内部控制的净收益 n（x）=r（x）-c（x），n（x）代表净收益曲线。

从理论上讲，内部控制的理想均衡点是内部控制净收益，即收益与成本之差的最大值 xo 点，当内部控制的强度低于理想控制均衡点 xo 时，应进一步加强内部控制，当内部控制的强度高于 xo 时，内部控制的净收益就会随着控制强度的增加而减少。①

从实践上看，金融控股公司内部控制的收益虽然难以确定，但收益的另外一种表现形式——成本降低则比较容易判断。这些降低的成本主要包括有形成本和协调成本。建立一个完善风险防范内部控制机制成本巨大，但在金融控股公司架构下通过内部控制全面防范风险的制度设计，避免了子公司的重复建设，降低了有形成本。②

① 谢荣、钟凌：《商业银行内部控制系统研究》，北京：经济科学出版社 2004 年版，第 39 页。

② 杨明辉：《金融控股公司实务与操作》，北京：中信出版社 2004 年版，第 330—331 页。

第三节　金融控股公司外部监管法律制度

金融控股公司业务多元化和组织形式的集团化，迫使传统的金融监管方式和监管体制进行变革。各个国家和地区也顺应这一变革趋势不断调整金融监管法律制度，以解决构建金融法律体系时的先决性问题，即如何配置金融监管权。

一、金融控股公司对传统监管制度的挑战

金融体系的制度结构可以分为金融监管机构和金融交易结构。[①] 金融体系是市场参与者及彼此之间的交易和管制安排组成的有机整体，监管机构应该与交易结构相协调。金融控股公司的业务多元化改变了金融交易结构，长期以来形成的金融监管机构难以适应新的形势需要。[②] 加之金融控股公司股权结构复杂，形成金融集团后，经营管理均以集团层面进行运作，这种管理运作体制对传统的金融监管法律制度提出严峻的挑战，也是监管的实质性难点所在。[③] 在金融机构从事单一业务的市场环境下建立起

① 所谓交易结构是指金融交易活动中的资金结构及直接支撑金融活动的一系列制度安排；金融监管结构指的是金融监管规则、政策及相应的监管体制安排。参见王国言："金融结构与金融体系稳健性问题初探"，载于《福建论坛》2000 年第 2 期，第 16—19 页。

② 传统的金融监管机构是立足于国别法律基础针对不同业务机构的分割式监管制度结构。参见王国言：《论金融分业、混业问题——银行、证券、保险、信托等体制互动的经济学分析》，北京：中国社会科学院研究生院博士学位论文，2001 年，第 87 页。

③ Michael Thom, The Prudential Supervision of Financial Conglomerates in the European Union, North America Journal, Volume 4, p. 124.

来的审慎监管制度已不能适应金融控股集团风险监管的需要。金融控股集团的风险可能大于金融子机构风险的简单相加，而抵御风险的资本却可能低于各金融子机构资本之和。因此，依不同法律实体分别进行监管的传统监管方式，可能会存在重大监管漏洞，使金融控股集团及其金融子机构面临重大风险。[①] 具体说来，金融控股公司对传统监管制度的挑战主要体现在以下四个方面。

（一）监管法律制度协调

根据制度经济学家的基本观点，任何制度都不是独立存在的，制度有其依存的制度环境，而且制度要发挥作用必须有与之配套的制度相协调。在金融业务分业经营的体制下，金融监管法律制度是以金融行业的标准进行制度设计的。各个监管机构依照法律制度规定的权限、范围以及方式对各自所负责的金融行业进行监管。但是金融控股公司模式下进行的业务经营是多元化的，而在共同行销方式下设计的金融产品更是相互交叉和渗透的金融业务组合，所以依行业类别所设计的监管法律制度必然存在滞后性，同时各个金融行业的监管法律制度之间可能存在着冲突和矛盾，不同行业的金融监管法律制度难以协调，其导致的后果是使监管的有效性大打折扣。例如银行、证券、保险三个行业的监管法律制度之间就存在着差异性，主要体现在监管的目的和侧重点、监管的手段和方法都不尽相同。传统的银行监管法律制度是

---

① Ms. Phillips Discusses the Changing Financial Landscape and Umbrella Supervision in the United States, Remarks by Governor Susan M. Phillips, a member of the Board of Governors of the US Federal Reserve System, at the Exchequer Club in Washington on 18, 1997. 转引自杨勇：《金融集团法律问题研究》，北京：北京大学出版社 2004 年版，第 185 页。

保护存款人存款的安全，促使银行进行稳健经营。[①] 证券监管法律制度侧重于保护广大投资者的利益，维护证券交易市场的公开、公平与公正，促进社会经济的发展。而保险监管法律制度中“应当促成被保险人和保险人之间的公平协作，这就是保险事业监督法规的要点”。[②] 其宗旨是保护保单持有者，维护保险业的整体稳定性，引导保险业在整个经济发展中充分发挥其作用，促进社会福利的提高。[③]

在监管方法和手段上，银行监管法律制度规定的监管方法多是现场和非现场的检查，证券监管法律制度规定的监管方法是信息披露，而保险监管法律制度规定的监管方法原先多是公告方式，[④] 其实质也是一种信息披露。所以对银行来说，尽管监管者趋向于信息的披露制度，但实践中信息保密制度则阻滞了此种监管方法。而银行监管方式对证券公司和保险公司则很难适用。

由此可见，在金融控股公司模式下，传统的金融监管法律制度很难规定出适用于不同金融业务子机构的监管标准，而对金融控股公司来说则更是困难，所以传统的金融监管法律制度在金融控股公司模式下出现了一个如何协调的问题。

（二）监管框架的整合

在分业经营体制下，金融监管法律制度采取的是分业经营、

① 黎四奇：《金融企业集团法律监管研究》，武汉：武汉大学出版社 2005 年版，第 65 页。

② ［日］园乾治：《保险法总论》，李进之译，北京：中国金融出版社 1983 年版，第 121 页。

③ 温世扬：《保险法》，北京：法律出版社 2003 年版，第 431 页。

④ 李玉泉：《保险法》，北京：法律出版社 2003 年版，第 275 页。这种监管方式要求具备良好的市场环境，但在防止保险人不正当经营上难以收到积极效果，随着保险业的发展，这种监督管理方式逐渐式微。

分业管理的监管框架。金融监管权力的配置也是在这一框架下进行安排的，监管范围确定，职责清晰。但是在金融控股公司模式下出现了多元化业务经营，在传统监管权力下与上述监管框架可能发生冲突或出现监管真空。这显然与金融控股公司的发展趋势不相适应。在混业经营模式下，依然采用传统式的监管体系，无疑会导致监管成本的增加及法律成本的扩大。在金融控股公司模式下，金融产品之间的界限逐渐模糊而混合在一起。如果一个金融产品既有银行性质的业务又有证券性质的业务，如果银行业和证券业都想对之施加监管权，则会导致监管的重叠与管辖权的矛盾；如果两者都相互推卸监管责任，则会出现监管真空，导致金融风险的扩散与蔓延。香港在实行混业经营后仍采取传统的机构型监管模式，金融管理局监管银行业，证券及期货事务监察委员会监管证券与期货，保险监理处监管保险业，为了避免混业经营下出现双重监管，引入了豁免制度。① 但随着混业经营的发展，豁免制度也难以应付，有研究报告指出，香港应该及时整合传统监管框架，以应对混业经营的挑战。②

（三）存款保险制度的冲击

很多国家为了维护商业银行体系的稳健性，建立存款保险制

① 黎四奇：《金融企业集团法律监管研究》，武汉：武汉大学出版社 2005 年版，第 68—69 页。

② 1988 年版《戴维森报告》在全面检讨香港证券业时提出为整个金融服务业设立一个大监察机构，整合金融监管框架和监管权力的配置。其结论是："如果这样做，香港便会比其他主要金融中心领先一步，实施一项其他地方相信迟早会实施的措施。" 参见《香港证券业的运作监察——证券业检讨委员会报告书》，1988 年 5 月，香港，第 231 页。

度来增强公众的信心，减少恐慌性挤兑风险。① 所以，在这种制度下银行的存款受到了特别保护。在金融控股公司架构下的银行子公司可能用存款资金去从事证券市场中的高风险活动，从而产生一系列问题冲击着存款保险制度。在金融控股公司业务多元化的环境下，证券子公司很容易获得同一架构下银行子公司“低成本”资金的支持，这种“低成本”资金并非在市场环境中形成的，而是借助存款保险制度和金融控股公司架构实现的，对一般证券公司和投资公司来说是不公平的。为了获得“低成本”资金，往往会产生寻租活动，其结果是存款保险制度过多地承担了本不该承担的责任和风险。尤其是当缴纳的保费与银行资产组合的风险性联系不大时，银行从事高风险的投资活动的动机最为强烈，寻租活动也更为盛行，对存款保险制度冲击也更大。

（四）最后贷款人机制

当商业银行面临流动性问题时，可以向最后贷款人中央银行寻求短期资金支持，但在金融控股公司架构下，各种金融业务交叉经营时，则会对最后贷款人制度产生复杂影响。但究竟会产生什么样的影响，学者们的看法并不一致，其中一个争议的焦点是中央银行的最后贷款人功能是否可以延伸到银行以外的其他金融

---

① 对存款保险制度有支持和反对两派观点，以 Bryant，Diamond 和 Dibvig 为代表的支持论者，认为挤兑是一个难以避免的均衡，防止这种纯恐慌性银行挤兑的最优政策是建立存款保险制度。此后 Engireer，Bhattaharya 等人通过模型对存款保险制度进行经济分析，认为如果出现恐慌性银行挤兑或总体流动性短缺的概率为正，与暂停兑现降低承诺的成本相比，存款保险的收益要大得多。总之，支持论者认为，存款保险是防范风险、维护银行体系稳定所必需的一种制度安排。怀疑论者的主要代表有 Matues，Vives，DowdAllen，Gale 等人，认为存款保险制度加大了信息不对称，易导致恐慌和危机传染，弱化银行的竞争力，而且因为存在复杂的官僚体系及法律程序，常常使这一制度实施较为缓慢。Demirguc - kunt 和 Detragiache 通过实证研究表明存款保险制度的整体效果是增加了银行体系的脆弱性。怀疑论者的理论分析和实证研究已引起了 IMF、世界银行和一些国家政府的高度重视。参见何光辉：《存款保险制度研究》，北京：中国金融出版社 2003 年版，第 4—7 页。

机构。

英国学者 Richard Dale 认为，最后贷款人功能是否延伸于其他金融机构，取决于混业经营形式下防火墙是否建立并能否有效运转。如果金融子公司之间的防火墙得以建立并有效实施，最后贷款人的职能可以保持不变；如果防火墙制度没有建立或建立后而并没有起到作用，则最后贷款人的职能可能会延伸到证券市场，以防止有问题的证券机构将风险传递给银行，引起银行发生风险。①

而 Bingham 则认为，证券市场日益发达，已经意味着证券的发行和交易已成为货币和资产投资组合中越来越重要的补充，从而使证券市场的崩溃与过去主要亏损者是个别持有者和新证券发行者的时候相比，对整个金融与市场体系的运作带来的危害更大。此时监管理念发生了一个微妙变化，即很大程度上不再局限于对个别债权、债务人的保护，而与银行监管原理一样，需要一个最后贷款人，以确保有益于整个经济发展，而不致影响其流动性的持续性提供。②

由此可见，二者之间虽有分歧，但二者并不否认证券市场需要一个最后贷款人。实际上，由于证券市场存在着日益增大的系统性风险及其严重后果需要最后贷款人支持，而这种最后贷款角色无疑是由中央银行承担的。并根据证券市场自身特点，以“最后选审者”的方式提供（market maker of last resort），保证证券市场的流动性。中央银行这种最后贷款人职能的延伸和变化，对传统的中央银行制度构成冲击。

---

① See Joseph J. Norton: Bank Regulation and Supervision in the 1990, Lloyd's of London Press Ltd. 1987, p. 132.

② Henry Cavanna: Financial Innovation, Rutledge Press, 1992, p. 89.

二、风险监管法律制度的变迁

金融风险监管体制是一个国家在金融监管法律创新与修正过程中不能回避的前提性问题。[①] 法律将各个金融机构的业务范围界定后，机构型监管体制也随之确立。金融风险也相对局限于某个金融行业，彼此之间很难渗透和传染。金融资产的强烈逐利性促使其自身寻找更多的获利机会，追求更高的效益，经营自由化理念随之产生，金融机构原来的业务界限逐渐被打破，新的金融企业组织形式金融集团出现，其中最具有代表性的就是金融控股公司。在这种现实下，传统的机构型金融监管框架显然滞后于金融业务的发展，从制度变迁的角度观察，新的制度也将由此开始形成。

（一）美国金融监管法律制度变迁

美国存在着多家法定金融监管机构，形成金融监管权力的分权与制衡机制，而且联邦与州之间也有不同的监管权力配置。银行监管中，国民银行要受货币监理署（OCC）、美联储（FRS）和联邦存款保险公司（FDIC）三者监管；而州银行则要受州银行局监管，加入美联储和联邦存款保险公司后则要受二者监管。证券业要接受美国证券交易委员会（SEC）、各州证券管理机构和全国性证券交易所与全国证券商协会的监督与管理。而保险业主要由保险厅依据各州的法律对保险公司和中介公司实行监管。

1999 年通过的《金融服务现代化法》，允许以金融控股公司的形式从事银行、证券、保险业之间的相互渗透；美国对原先分

① 黎四奇：《金融企业集团法律监管研究》，武汉：武汉大学出版社 2005 年版，第 71 页。

业经营、分业监管的机构型监管法律制度进行了矫正与重构。形成了兼容功能性监管与机构型监管的法律框架。根据《金融服务现代化法》的规定，美联储作为美国中央银行的特殊地位和作用，也由于在金融监管方面历史上享有较大的权力被指定为金融控股公司的基本监管者，在整个金融控股公司监管体系中处于主导地位，负责对金融控股公司实行整体监管，协调金融控股公司子公司的功能监管机构，防范系统性风险。此外，货币监理署等银行监管机构、证券交易委员会和州保险厅对各金融子公司进行分业监管，并且对监管权的配置也进行了明确的界定。[①] 因此，从美国金融监管机构的设置、监管机构的从属关系及各监管机构监管的对象和范围来看，采取的是一种功能性监管与机构性监管相结合的模式。[②] 有人称之为伞形监管（umbrella supervision）结构，[③] 或功能性分立监管模式。[④]

从伞形监管法律制度中可以看出，功能监管是伞形监管的基础，伞形监管者的职责应集中于控股母公司和集团整体风险管理的评估与监督，并确定这些制度是否能保护集团存款机构的安全与稳健。而且，伞形监管者应具备适当的行政执法权，包括在极端情况下强制要求集团转让银行等存款机构的权力。[⑤] 但应尽可能利用其他功能监管机构通过检查获取的信息，只有在认为成员

---

① 黎四奇：《金融企业集团法律监管研究》，武汉：武汉大学出版社 2005 年版，第 89 页。

② 黎四奇：《金融企业集团法律监管研究》，武汉：武汉大学出版社 2005 年版，第 89 页。

③ 杨勇：《金融集团法律问题研究》，北京：北京大学出版社 2004 年版，第 197 页。

④ 王国言：《论金融分业、混业问题——银行、证券、保险、信托等体制互动的经济学分析》，北京：中国社会科学院研究生院博士学位论文，2001 年，第 93 页。

⑤ MS. Phillips Discusses the Changing Financial Landscape and Umbrella Supervision in the Untied States, 1997, 18/6.

机构的业务带来风险的情况下才可自行进行检查。①

（二）英国金融监管法律制度变迁

英国传统上是一个以自律监管为主的国家，在1997年进行金融改革之前，金融监管法律框架是行业性的机构监管模式，而且自律性监管多于法定性监管。英格兰银行监管银行业，证券投资局和反严重欺诈办公室监管证券市场，工贸部监督保险机构的偿付能力，而劳士多德保险社则主要实行自律监管。虽经过1979年、1987年两次《银行法》的调整，但上述结构和自律特性并未改变，如对证券市场收购行为的监管都是通过收购小组的自律机构进行，即由该小组代表收购的利益当事方来实施收购法规。② 所以英国虽然在1986年金融大爆炸中实现金融混业经营，但在1997年时，还没有确立与之适应的跨行业金融监管法律框架。

1997年金融监管服务局成立，负责对银行、住房信贷机构、投资公司、保险公司的审批和审慎监管，并负责对金融市场和各结算体系的监管。2000年通过的《金融服务和市场法》使英国由行业自律进入跨行业监管，确立了新的监管体系与监管机构——金融服务局（Financial Services Authority，FSA.），为金融监管机构提供了一个单一的法律框架，以替代以前的机构型监管法律框架。金融服务局成为英国唯一的、独立的综合监管机构，它既负责制定金融监管法规，颁布实施金融行业准则，给予被监管者以指引和建议，又对各种金融机构行使监管职责，是一个拥

---

① Implementing the Gramm - leach - Bliley Act: Two Years Later, Remarks by Governor Mark W. Olson, Before the American Law Institute and American Bar Association, Washington, D. C. February 8, 2002.

② See Lain Macneil, The Future for Financial Regulation: The Financial Services and Markets Bill, The Modern Law Reviews, Sep, 1999.

有很大权力的二级立法及执行机构。[①] 所配置的监管权包括授权、立法、监督、调查与管理。[②] 金融服务局内部设立“主要金融集团监管处”，专门负责对金融集团的审慎监管和业务监管，其他存款机构由“吸收存款处”进行监管，主要包括银行、建筑协会和信用社。[③] 由于金融服务局在功能性监管法律框架下权力太大，《金融服务与市场法》同时还设计多重的权力制衡制度，规定金融服务局的内部机构与组成人员的条件，赋予财政部和议会以监督权，构建公共监督机制以及其他监督措施。[④]

（三）日本金融监管法律制度变迁

日本的金融法律制度的安排深受美国的影响，传统上的监管体制主要是大藏省与日本中央银行共同履行金融监管职责。其中大藏省的监管权力极大，下设银行局、国际银行局和证券局，对银行、外汇、证券交易进行全面监管。而中央银行主要是货币政策的执行者，其主要监管方式是窗口指导。[⑤] 所以日本原来的监管体系是以大藏省为中心构建的，负责对所有金融机构的监管，日本中央银行实际上也处于大藏省的直接和间接监管之下，从而导致监管者权力的过度集中。

---

① 孔令学:《中国金融控股公司制度研究》，北京：中共中央党校博士学位论文，2004 年，第 133 页。

② 宋海鹰：“金融服务与市场法对英国金融监管的变革”，载于《国际金融研究》2001 年第 5 期，第 30 页。

③ Howard Davies, Integrated Financial Regulation: Lesions from the UK's Financial Services Authority, Speech at Center for Financial Studies Seminar, Auditoriumder Commersbank A G, Frankfurt, December 5 2001. Availableat http://www.fsa.gov.uk. 杨勇:《金融集团法律问题研究》，北京：北京大学出版社 2004 年版，第 203 页。

④ See Financial Services and Markets Bill, Sched1, para. 3 (1)(a), para. 4 (3), para. 11 - 12, para. 2 (3).

⑤ 窗口指导是指通过告诫、建议、恳谈会、审议会、指导性计划、道义劝说等非强制手段引导私人经济活动。参见莫于川：“市场经济国家的行政指导简言”，载于《外国法学研究》1995 年第 4 期，第 11—15 页。

20世纪90年代中后期，这种“一揽子”式的监管体系因导致一系列金融事件的发生，而不得不进行变革。① 1997年6月《金融监督厅设置法案》通过，并于次年6月开始在内阁总理（即首相）的直接领导下工作，证券业的监管也由大臧省划为金融监督厅。1998年又通过《金融再生法》、《金融早期健全法》，并成立金融再生委员会（Financial Reconstruction Commission）专门负责处理金融危机问题，金融监督厅为其下属机构，但职责并未改变。2001年在政府改革时撤销了金融再生委员会，金融厅升格为内阁政府的单独外设局，成为日本金融行政监管的最高权力机构，与大臧省地位平等，全面负责包括金融控股公司在内的所有金融机构的监管。

金融厅的基本职能包括：负责金融市场的统一监管，实现监管一体化；金融制度的建立与金融行政的计划；依法处理金融机构的危机与破产案件，协调对其他省厅系统内的金融机构的监管。而财务省仅保留对存款保险机构的协同监管，地方财务局则接受金融厅的委托对地方金融机构行使金融监管职权。这就形成了以金融厅为主导，独立的中央银行和存款保险机构共同参与，地方财务局受托监管的功能性监管框架。而金融厅并没有地方分支机构，直接监管对象主要是金融控股公司一类的大型金融机构，且以控股母公司为主，对子公司的风险管理则成立专业检查组。

（四）评述

从严格的金融分业经营制度到实行以金融控股公司模式的混业经营制度，对传统的金融监管制度提出了新的问题和挑战，各

① 这些金融事件包括1996年开始的日本版“大爆炸式”的金融自由化改革，1997年山一证券、北海道拓殖银行等大型金融机构倒闭，以及大臧省金融腐败丑闻。

国从现实要求出发，不断调整金融监管制度，加强对金融控股公司模式下风险防范的制度建构。在这一建构过程中，各国根据自身的社会经济发展水平、金融混业经营程度、金融控股公司的发展现状、金融经营体系结构以及传统金融监管制度等一系列因素来设计、选择、安排金融控股公司监管法律制度。具体的制度架构上虽形式各异，但也有一些相同的元素体现在里面。

1. 从结构性监管法律制度转向功能性监管法律制度

结构性监管法律制度是针对金融分业经营体制进行的制度安排，难以适应以金融控股公司模式进行混业经营的金融体制，因此，依照金融机构所提供的产品性质与功能确定监管权归属的功能性监管法律制度应运而生。美国、英国、日本等国家先后采取了功能性监管体制并取得了积极成效，究其原因主要在于对金融控股公司模式下业务多元化的混业经营而言，功能性监管体制具有多方面的制度优势。机构性监管对金融交叉创新产品时可能出现互相争夺监管权或互相推诿责任的现象，影响监管效果，增加了监管成本。而功能性监管则根据金融产品所实现的金融功能确定该产品的监管机构，并通过专门的原则和标准来对新出现的金融产品的功能进行定性，决定监管权的归属，从而将金融创新产品纳入法定轨道，并对其实施有效监管。[①] 此外，功能性监管具有全方位监管的特性，可以有效解决金融控股公司模式下混业经营造成的重复监管和监管漏洞问题，并突出跨行业、跨机构监管，也可以有效防范金融风险的跨行业传染与积聚。

功能性监管法律制度也存在着一个致命的缺陷，即功能性法律监管框架所形成的是一个金融监管权高度集中的框架，所以必须确立一个最具有权威性的金融监管主体，但这个主体并没有足

① 黎四奇：《金融企业集团法律监管研究》，武汉：武汉大学出版社 2005 年版，第 99 页。

够的理性和能力完全防范金融业的风险。因为权威意味着某种专制，而专制则与市场自由理念对立。另一方面，一个国家内的金融机构也并不是全部组建成金融控股公司或其他形式的金融集团，总有一些单业务的金融机构存在，所以针对金融混业经营设计的功能性监管法律制度并不具有普遍性。因此还需要一些辅助性的制度设计为之配套。

2. 注重金融控股公司监管制度安排中的分权与制衡

分权与制衡是西方国家进行制度设计所必须遵循的一项基本原则。因为监管制度安排在防范和减少金融控股公司风险的同时，有可能出现权力集中，形成监管腐败或过度管制，造成不必要的制度成本，影响了金融控股公司的协同效应和规模经济，降低了经济效率。为了防止这种情形出现，许多国家根据分权与制衡原理来安排金融控股公司监管法律制度，最典型的是美国。在伞形监管框架下，美联储被赋予了全面监管金融控股公司的权力，但是有关金融新产品的认定则在其他机关配合下实施，通过创新而出现的新产品，首先由美联储会同财政部根据一定标准认定是否属于金融产品，如果属于金融产品，则再由货币监理署认定是否属于银行产品，由证券委员会认定是否属于证券产品，由州保险认定是否属于保险产品。出现认定结果不一致时，则进入司法程序，由联邦司法机关进行裁判。而英国金融服务局拥有全面、强大、独立的监管权力的同时，在其内部安排了制衡措施，还要接受财政部、议会和其他民间团体的监督，在司法方面有专门的金融服务和特别法庭来依法处理金融服务局中发生的寻租、渎职和腐败行为，实施司法监督。

3. 制度的生成有其依赖路径和外在环境

路径依赖理论被诺思创造出来后，即显示出强大的解释力和广泛的普适性。金融控股公司风险监管法律制度的演进和变革也基本上遵循这一理论。也就是说，在从机构性监管转向功能性监管法律制度时，并不意味着必然排斥机构性监管法律制度的一切安排，有时二者所呈现的却是接力赛中相邻选手交接棒的情形。尽管机构性监管法律制度安排难以适应金融控股公司模式下的多元化业务的要求，但是这种制度安排监管权力配置清晰，监管对象明确、监管范围确定，而且监管措施经过数十年的实践经验积累也十分完善。美国金融控股公司风险监管法律制度变革过程中充分吸收机构性监管法律制度的上述优点，并在此基础上形成、发展和完善功能性监管法律制度。在金融监管主体多元化基础上赋予美联储新的监管职能，从而形成以功能性监管为主，机构性监管为辅，相互兼容的制度模式。

在金融控股公司风险监管法律制度的变迁过程中，已形成从机构性监管法律制度向功能性监管法律制度发展的趋势，但这并不意味着完全抛弃机构性监管法律制度，成为一个非此即彼的选择，而是一个“扬弃”过程和兼收并蓄的兼容模式。在功能性监管法律制度下形成的监管框架中，容易形成监管权力的过度集中，在制度设计中应有必要的约束机制安排，以防止从一个极端走向另一个极端。

4. 全面防范风险的制度安排

对金融风险防范，监管法律制度一方面进行监管组织的建构，另一方面又从具体措施上进行制度安排。金融控股公司架构下的业务多元化导致其风险多样化，而制度则是从全面防范风险角度出发进行安排，因为银行、证券、保险、信托等原来只存在于单个业务中的金融风险，有可能相互传染、聚集，稍有不慎，可能会造成金融危机，甚至引起社会动荡。所以既要注重对金融控股公司中的各个子公司进行全面的风险监管，又要注重对母公司进行监管，既要进行以资本充足率为基础的全面风险审慎性监管，又要对日常业务经营中的关联交易、内部控制为主的日常业务经营进行监管，还要针对金融控股公司特殊的组织架构造成的不透明性特点，高度重视监管信息的采集、使用和享有。为了提高效率，在权力配置上实行检查权与管理权的统一，向金融控股公司派驻监管小组和监管人员直接负责全部现场监管。因为金融监管必须通过实地金融检查才能了解掌握金融机构的守法性与资产品质，而金融检查结果须通过管理处分权的执行才得以指导金融机构经营。金融检查权与管理权的合一，可以降低监督管理成本并提高其有效性。①

第四节　金融控股公司的加重责任

金融控股公司既有“控股公司”的法律属性，又有“金融跨业”的经济属性，所以金融控股公司与其子公司之间既有股份控制的股权结构上的法律关系，又有业务交叉的经济交易关系。金融监管部门为了对各种关系错综复杂的金融控股公司进行有效监管，突破了传统公司法的有限责任制度，而实行加重责任制度。美国在金融控股公司的加重责任方面具有丰富的实践经验和理论基础，立法较为成熟，深入研究美国金融控股公司的加重责任的立法内容、理论基础和制度价值对我国金融控股公司的监管具有重要的借鉴意义。

一、加重责任产生的原因

在传统公司法理论框架下，金融控股公司作为银行等金融机构的股东，仅以自己的出资为限承担有限责任。但由于作为子公

① 王文宇：《控股公司与金融控股公司法》，北京：中国政法大学出版社 2003年版，第 316 页。

司的银行等金融机构在经济和社会中的特殊地位，法律对金融控股公司及其子公司实行严格的监管制度，最为突出的就是突破有限责任原则，加重控股公司对其金融子公司的责任。主要原因就是金融控股公司及其金融子公司存在着极大的道德风险。

（一）有限责任制度产生的道德风险

有限责任制度使控股公司作为母公司对其金融子公司仅以自己的出资额为限负有限责任。在这种制度设计下，控股公司就有动力支配自己控制的子公司吸收存款资金后从事高风险高回报的业务，这样自己作为股东可以获得较高的股东收益。一旦操作失败，损失的最高额只不过是自己的投资限额。这就是有限责任制度在金融控股公司形成的道德风险。有限责任形成的道德风险将随着公司净资产的减少而逐渐增加。如果金融子公司因经营不当出现亏损，而监管机构不及时进行处置，作为股东的金融控股公司就极有可能孤注一掷，从事高风险的业务，反正已经没有可以输掉的资产，此时的道德风险最大。由此可见，金融控股公司的有限责任与其对子公司的合法控制并不对等，控股公司有可能以最大限度地减少自己的损失的方式操纵子公司的业务，在子公司之间进行资产转移，规避法律责任。

（二）存款保险制度产生的道德风险

存款保险制度减少了存款人的存款风险，存款人的存款在银行倒闭之前由银行支付，在银行倒闭之后由存款保险公司支付，这就提高了存款机构的信用。在存款保险制度下，被保险人业务风险增大而保险费并未增加，高风险业务的成本转移给了存款保险公司。尤其是在保险费无差别的情形下，稳健经营的金融机构付出的成本高，从事高风险活动的金融机构付出的成本低，这就产生了被称之为“存款保险补贴”的现象，所以在存款保险制度下容易产生道德风险。[1] 如果没有存款保险制度，存款机构得到信用所必须付出的成本是对冒险活动的制约。存款机构采取获得保险补贴的方法从事高风险的业务活动，就是在存款保险制度刺激下形成的道德风险。

（三）政府担保产生的道德风险

金融机构在国民经济生活中具有重要地位与作用，在大型金融机构丧失清偿能力时，对整个金融体系甚至整个经济体系产生无法想象的冲击力。政府作为公共机构或出于政治上的考虑或出于经济上的考虑，在法律上或政策上，或明示或默示地对存款人作出担保，以维护公众对金融的信心，这就是政府的隐含担保。隐含担保是政府信用的滥用，从政府担保中产生的是无信用。[2] 这种做法一方面对保护小额存款人的利益和安全起着积极作用，另一方面则会引起道德风险。对于存款人来说，存款在任何一个存款机构都是安全的，不用去担心存款的风险，存款人作为债权人对存款机构的经营状况本应十分关注，因为有政府的担保而漠不关心，从而产生道德风险。对存款机构而言，政府的担保使存款机构及其股东不必担心从事高风险业务造成的融资成本上升，甚至出现破产的可能也毫无顾忌。因为存款在银行破产前由银行偿还，在银行破产后可以由政府偿还。所以在政府担保下，存款机构的道德风险问题更加突出。

（四）控股公司的组织结构对道德风险的强化

金融控股公司在业务上表现“金融混业”，在法律上形成股

① Richard S. Carnell, A Partial Antidote to Perverse Incentives: The FDIC Improvement Act of 1991, Annual Review of Banking Law, Vol. 12, 1993, p. 359.

② 张曙光：《中国为什么缺少像样的企业家》，郑州：郑州大学出版社 2004 年版，第 19 页。

权上的控制，组织结构上的复杂化和特殊化更强化了道德风险的产生。当控股公司通过子公司转移风险时，控股公司这种组织结构就具有严重的后果。[①] 因为控股公司与其控制的子公司虽然在法律主体制度上都是独立的法人，都有自己的管理机构和管理队伍，子公司在决策程序上也是相对独立的，但是子公司不可能完全独立于其控股公司，控股公司在赋予子公司独立经营权时，还会密切关注子公司的决策。为了自身利益最大化，控股公司常常根据经营的需要在公司之间调动资金。在出现危机时，控股公司利用控制权将风险转移给下属子公司。如果控股公司因自己的不当行为造成子公司的倒闭，在上述法律组织结构下，作为股东的控股公司仅以自己的出资为限承担责任，除此以外的损失则由外部债权人、存款保险机构或政府承担。所以控股公司结构下独特的管理方式大大强化了道德风险的发生。

二、加重责任制度的主要内容

在传统公司法有限责任制度安排下，公司以其全部财产对其债权人负责，而股东对公司的债权人不负任何责任，[②] 仅以自己的出资为限对公司承担有限责任。在上述道德风险客观存在的情形下，金融监管当局及时调整监管制度安排，突破传统公司法中的有限责任制度，设立了加重责任制度。这一法律制度的设计“可以理解为对传统的公司有限责任制度的背离而转向在金融业中对金融控股公司实行无限责任制度（或至少是非有限责任制

---

① See Frank H. Easter brook & Daniel R. Fischel, Limited Liability and the Corporation, University of Chicago Law Review. Vol. 3, 1965, pp. 109 - 113.

② 谢怀栻：《外国民商法精要》，北京：法律出版社 2002 年版，第 287 页。

度)”。[①]

金融控股公司的加重责任起初是针对银行控股公司实施的，后来逐步扩展到保险控股公司等其他金融性控股公司，内容上也随着监管经验的不断丰富而逐渐完善，形式上既有监管政策规定的加重责任，也有立法规定的加重责任。具体来讲，主要包括资本维持承诺、力量之源原则、银行关闭政策、交叉担保条款和资本回复方案。

(一) 资本维持承诺

资本维持承诺 (capital maintenance commitments) 又称“净值维持协议”(net worth maintenance agreements)，是美国的储蓄监管办公室在20世纪70年代中期在批准储贷控股公司收购新的储蓄机构时附加的一项条件。要求收购者对其准备收购的储蓄机构的清偿能力作出明确担保，否则储蓄监管办公室将拒绝其收购申请。资本维持制度在开始实施时所要求的条件极为苛刻，储蓄监管机构可以要求储贷控股公司对其意图收购的储蓄机构作出无限制的承诺，保证注入资金维持储蓄机构的最低监管资本水平，注资金额和期限没有任何限制。后来随着储蓄机构倒闭数量的增加，资本维持制度已不利于对储蓄机构的投资，所要求的条件开始逐渐放宽。20世纪80年代后期，这一制度受到储蓄机构收购者的强烈抵制，并产生法律纠纷，法院没有认可资本维持承诺制度的法律效力。到20世纪90年代早期这一制度不再实行。

(二) 力量之源原则

力量之源原则 (the source of strength doctrine) 是美联储对

① E. Jackson, The Expanding Obligation of Financial of Holding Companies, Harvard Law Review, Vol. 107, 1994, p. 509.

银行控股公司实行的一项加重责任。1987 年美联储在一项政策陈述中对“力量之源原则”作了明确的阐释，在银行子公司陷入财务困境时，银行控股公司有义务注入资金，维持其子公司的清偿能力。如果子公司在需要时，银行控股公司不提供财务支持，美联储可以采取行政强制措施、发出停业指令、进行民事损害赔偿以及其他强制性处罚措施。此后，美联储发布的《Y 条例银行控股公司与银行控制变化》中也规定了不履行此项义务即为违反法律，将受到法律处分。1999 年通过的《金融服务现代化法》第 112 条对控股公司向财务状况不佳的银行子公司提供资金的能力作了限制。该法第 730 条以“澄清力量之源原则”为标题，表明了立法对这一加重责任形式的认可。美联储在《金融服务现代化法》的实施条例中规定，不能为子公司充当力量的金融控股公司在进行新的收购行动和扩展新业务方面将受到限制。

（三）银行关闭政策

银行关闭政策（close bank police）是联邦存款保险公司对金融控股公司采取的一项加重责任形式。按照原先的政策，联邦存款保险公司只能关闭丧失清偿能力的银行子公司，无权关闭同一控股公司中有清偿能力的其他银行。这就限制了联邦存款保险公司的处置范围，从而使控股公司及其有清偿能力的银行子公司逃避了对作为控股公司组成部分的丧失清偿能力银行的责任。为此联邦存款保险公司采取了新的银行关闭政策，在关闭丧失清偿能力的银行时，其他无担保债权优先于关联银行之间的借贷债权。这样，在控股公司体系中有作为子公司的银行倒闭时，其他关联银行必须承担银行之间借贷的损失。监管部门关闭银行的成本部分地转移给其他关联银行，进而间接转移给控股公司，从而加重了控股公司的责任。

（四）交叉担保条款

交叉担保条款（cross guarantee provisions）是1989年《金融机构改革、复兴与实施法》规定的加重控股公司责任的条款。该条款规定，联邦存款保险公司有权将控股公司中倒闭的一个存款机构造成的损失，在该控股公司体系中银行和储蓄机构之间进行分摊。该条款只适用于具有关联关系的银行和储蓄机构，但强制要求各关联机构分摊损失，则稀释了控股公司在这些关联机构中的投资，减少了控股公司的可支配的资源。交叉担保条款实际上加重了控股公司的责任，政府监管机构对控股公司的资源享有间接支配权力，在性质上与力量之源原则和资本维持承诺制度是相同的。但这一规定并未影响到银行控股公司投资于非银行附属机构或其自身资源，① 所以加重控股公司的责任并不是十分直接和明显。

（五）资本回复方案

资本回复方案（capital restoration plan）是1991年《联邦存款保险促进法》第38节规定的一个条款。该条款规定资本不足的银行和储蓄机构必须在一定时间内恢复资本水平，并提供其控股公司所作的担保，以保证实施资本回复计划。对不遵守此项规定的存款机构将会在经营方面受到严格的监管限制，包括关联存款机构之间交易的限制、利率最高额限制、资产增长和业务范围限制、更换管理人员和禁止任何形式的银行间存款。② 控股公司对子公司的担保范围不能超过资本不足的子公司总资产的5%，

---

① ［美］哈威尔·E. 杰克逊、小爱德华·L. 西蒙斯编著：《金融监管》，吴志攀译，北京：中国政法大学出版社2003年版，第289页。

② Eric J. Gouvin, Shareholder Enforced Market Discipline: How Muchis Too Much? 16 Ann. Review Banking Law. 1997, p. 311.

由此可见资本回复计划应对了纵向合并问题。控股公司对子公司的担保只是监管机构批准回复计划的一个条件而非强制性规定，而且，根据该方案的规定，在要求子公司实施资本回复计划并要求控股公司担保之前，必须确认子公司资本不足。此种情形确认绝非易事，而资本回复方案就难以达到预期目的，其效力不免存在着疑问。

三、加重责任的制度价值

加重责任制度的设计是在金融监管的实践中逐步确立起来的，在现有的法律理论框架内无法得到合理的解释。从经济学的角度分析是一种把外部成本内部化，促使金融控股母公司加强对子公司的监督，这种内部控制方式比传统的监管机构的外部监管更能发挥积极作用，具有重要的制度价值。

（一）减少道德风险

加重责任可以使控股母公司对其控制的子公司积极进行有效监督，从而形成制约子公司的制度性安排，有效地减少存款机构的股东和管理人员在银行净资产减少时继续扩大银行高风险业务的道德风险。加重责任制度的设计把部分或全部高风险投资战略造成的成本挡回金融控股公司，因此控股公司有可能在金融子机构倒闭时的损失超过其投资额，比在有限责任制度下承担更大的责任，所以控股公司有积极性促使子公司进行审慎经营，尽量减少损失。加重责任调动了处于非常有利地位的金融控股公司的控制和约束资源，金融控股公司控制着子公司的事务，与监管机构相比，更能有利地评价子公司的业务活动，更能有效地遏制子公司的冒险欲望。

（二）降低系统风险

通过给予子公司在危机时从母公司获得资金帮助的法定权利，加重责任为控股公司控制下的子公司提出了有效的资本要求，有限责任的取消直接威胁到整个控股公司的资金，控股公司为了防止子公司倒闭，积极对其内部关系进行监督，最大限度地控制不应当发生的公司行为，从而避免系统风险的发生。这样控股公司在其经营和管理活动中，可以根据市场经济的本质要求，从控股公司的整体利益出发采取适当的战略决策，增进市场自律。

（三）构筑预防机制

加重责任是一种事前的积极防范措施，与法人人格否认制度相比更有利于金融风险的防范。[①] 法人人格否认制度仅仅是有限责任的例外，属于过错责任。而加重责任是法律法规明文规定的无过错责任，是对金融控股公司在有限责任之外施加额外的责任，其实质是一种“有限度”的无限责任，加重责任介于有限责任与无限责任之间，在一定程度上消除了控股公司有限责任的弊端，形成一种事先防范机制。

（四）形成迅速关闭激励

在有限责任制度下，金融控股公司的子公司在失去清偿能力时，倾向于保留子公司，以政府担保和无担保债权人的利益做赌注，继续从事高风险业务，期望侥幸赢回自己投入的股份，即使失败，也不会有进一步的损失。而加重责任对有限责任修正后，

---

① 姜立文：“金融控股公司责任承担的新机制”，载于《金陵法律评论》2004年秋季卷，第50页。

控股公司作为银行的股东，在子公司倒闭资产为负值时，仍然要继续承担部分损失，而不仅仅是作为股东投入的资金。为了避免扩大损失，控股公司在子公司净值为零时就会积极采取关闭措施，以免损失扩大。

四、加重责任的借鉴意义

目前我国的法律和部门规章都未明确金融控股公司的法律地位，但在现实中已经存在上述不同模式的金融控股公司，银行、证券、保险三个监管部门之间有效的沟通渠道和明确的责任划分，已经形成监管上的盲点，为新的金融风险埋下隐患。① 同时对金融控股公司的内部控制机制的构建也明显滞后。就金融控股公司本身而言，其道德风险与国外金融控股公司相比有过之而无不及，尤其是在我国存款保险制度缺失的情况下政府实际上充当了“存款保险”的角色。所以我国的金融机构存在的道德风险更多地在于政府的“隐性担保”，金融机构和公众相信政府在任何情形下都会履行“最后贷款人”的职能，而资产管理公司的成立和不良资产的剥离、中央银行的再贷款、国有银行年度呆账的核销都对此作出了最好的说明。② 在这种制度环境下的金融控股公司产生道德风险的冲动极为强烈，如果不加以控制的话必将影响我国的金融安全。

总之，为了防范金融控股公司的道德风险，在健全外部监管体制的同时，可以考虑借鉴美国金融控股公司的加重责任制度，对金融控股公司从内部加以控制。因为作为控制性股东的控股公

---

① 谢平等：《金融控股公司的发展与监管》，北京：中信出版社 2004 年版，第 169 页。

② 张建伟：《转型、变法与比较法律经济学》北京：北京大学出版社 2004 年版，第 228—229 页。

司能比外部监督者掌握更多的子公司的信息，从而能比外部监管机构更好地监管子公司的行为。在信息不对称的环境下，外部监管者和控股公司之间的信息量差异越大，加重责任制度就越能发挥作用。[①] 事实上，我国台湾地区就已经借鉴美国的金融控股公司加重责任制度，在 2001 年通过的“金融控股公司法”第 56 条规定了金融控股公司在银行子公司、保险子公司、证券子公司未达到主管机关规定最低资本适足率或发生业务或财务状况显著恶化，不能支付其债务或有损及存款人利益之虞时，金融控股公司应协助其恢复正常运营。其立法理由是，鉴于金融控股公司与其子公司在共同营销、资讯共享或营业设备或营业场所共同等行为上视为一体，在财务方面亦为一体，而有互相支援之必要。金融控股公司有协助子公司恢复正常营运之义务，可以防止该子公司倒闭，以维护公共利益，并降低道德风险。[②]

本章小结

契约经济学指出，企业的产权结构形成所有权与经营权的分离，而所有权与经营权的分离又产生了代理及代理成本问题，代理成本问题指出了公司治理结构的关键点。这也为公司治理制度设计明确了目标和方向，就是建立适当的公司治理机制，规范和约束公司管理者的行为，从而降低代理成本，解决代理问题。在公司所有权与控制权分离的模式下，公司股东选举董事会，董事会选任公司经理经营管理公司业务，形成股东——董事——经理

① 杨勇：《金融集团法律问题研究》，北京：北京大学出版社 2004 年版，第 183—184 页。

② 王文宇：《控股公司与金融控股公司法》，北京：中国政法大学出版社 2003 年版，第 382 页。

之间的基本关系，无论具体构造如何变化，都只不过是三者之间权力分配的多少而已。而公司治理制度安排就是要形成三者利益制衡下的激励约束机制。

金融控股母子公司各自作为独立的公司法人，都有符合自身要求的公司治理结构，然而这些公司在以资本为纽带的股权连接下共同归聚于一个控股公司架构下，形成了特有的母子公司法人治理结构，其管理模式有两种，即市场契约模式和等级规划模式，但是交易成本与代理成本之间存在着矛盾和冲突。金融控股公司应当采取能实现整个集团利益最大化的组织管理模式，即等级规划模式的公司治理机制。在金融控股公司实行等级规划模式的治理机制时，则可能产生控股公司架构下公司治理的特殊法律问题，主要包括委派董事的受托义务法律问题，小股东保护的法律问题，控股公司的责任问题。此外，金融控股公司的金融经济属性在很大程度上影响着金融控股公司的治理机制。在效率优先、兼顾安全的价值理念指引下，金融控股公司治理制度安排主要包括三个层次，即金融控股母公司的治理制度、金融控股子公司的治理制度和金融控股母子公司之间的治理制度。

由于金融控股公司股权关系复杂，金融产品交叉，容易导致风险聚集、传递和扩散，引起风险的分布组合发生变化，造成系统性风险加大，而传统的金融风险防范制度难以对金融控股公司架构下的风险进行及时反映和控制，必须针对这一风险的特质安排制度，从组织内部控制到外部金融当局的监管以及法律上的特殊责任制度的规定全方位地进行构建风险防范制度体系。金融控股公司的内部控制制度是金融控股公司自身为了保证稳健经营，在法律法规的框架内设计的一系列工作程序与制度，包括公司内各层次授权与责任结构、业务流程中的规章制度与操作规程。在控股股权架构下，既涉及金融子公司的内部控制，又涉及控股公司集团的内部控制。在外部监管上，各国根据自身的社会经济发展水平、金融混业经营程度、金融控股公司的发展现状、金融经营体系结构以及传统金融监管制度等一系列因素来设计、选择、安排金融控股公司监管法律制度。金融监管制度发生一些变化如从结构性监管法律制度转向功能性监管法律制度，注重金融控股公司监管制度安排中的分权与制衡，全面防范金融控股公司风险的制度安排等。

在传统公司法理论框架下，金融控股公司作为银行等金融机构的股东，仅以自己的出资为限承担有限责任。但是金融控股公司及其金融子公司存在着极大的道德风险，主要包括：有限责任制度产生的道德风险，存款保险制度产生的道德风险，政府担保产生的道德风险，控股公司的组织结构对道德风险的强化。为了有效防止这些风险发生，维护金融安全，法律对金融控股公司及其子公司实行严格的监管制度，最为突出的就是突破有限责任原则，加重控股公司对其金融子公司的责任。

第六章　中国金融控股公司法律制度的建构：背景、路径与制度

中国金融业的发展也经历了一个由混业到分业，又由分业趋向混业的制度变迁历程。作为在世界金融发展潮流中独领风骚的金融控股公司法律制度，在我国仍然没有建立。而国内金融业的发展尤其是各种各样具有金融控股性质的金融集团纷纷出现，加之以金融全球化和中国加入 WTO 后金融市场的全面开放，国外具有金融控股性质的金融集团也纷纷涌入，都对中国现有的金融法律制度提出了挑战。如何在法律制度安排上规制金融控股公司已成为当前一个重要的立法课题。

第一节　中国金融控股公司法律制度建构的背景

一、1993 年前后中国金融制度的安排

（一）1993 年前的金融制度安排

1949—1979 年，中国既没有银行体系，更谈不上金融体系，

全国只有一家银行即中国人民银行。[①] 当时既没有形成多样化金融机构，也没有资本市场和货币市场，银行业务单一，无所谓分业还是混业。随着经济的发展和金融体制改革的深化，我国的金融体系逐步建立健全，至1993年前中国金融制度的安排是事实上的混业经营。

1979—1993年期间，在中国经济发展逐渐转轨的过程中，金融制度也开始发生变迁，并逐渐形成较为完整的金融体系和金融法律制度。其间主体多元化的银行体系建立，形成以四大国有独资银行为主导，多家商业银行并存的银行体系；保险市场得到恢复和发展；出现信托业务，信托市场日趋繁荣；证券机构纷纷涌现，资本市场形成；城市信用社、农村信用社、租赁公司、财务公司等非银行金融机构逐步设立，进一步完善了金融结构体系。但是在金融经营制度安排上，国家并没有尽到作为制度供给者的义务，在正式文件和法律法规中均未明确规定金融分业与混业问题，而事实上，各种金融机构在业务上相互交叉经营，形成了自发的混业经营制度安排。[②]

（二）1993年后的金融制度安排

金融业处于一种自发的混业经营状态中，引起理论界和实务界对金融经营制度模式的争论，但大家还是存在着一些共同认识，就是选择混业经营还是分业经营，要根据规模经济、利益冲突和经营风险三个方面进行综合考虑。但就中国而言，金融业发展还在初步阶段，选择分业应是比较合适的选择。这无形中发挥了制度变迁中的“游说效应”。而1992年出现了经济过热和金

---

① 徐杰、杨紫烜主编：《经济法学》，北京：北京大学出版社2000年版，第592页。

② 参见王国言：《论金融分业、混业问题》，北京：中国社会科学院博士学位论文，2001年，第120—121页。

融混乱，成为促使分业经营制度确立的直接因素。这一次严重的金融混乱，使政府认识到只有从制度入手才能彻底解决问题。于是从1993年下半年开始，国家陆续出台了一系列治理整顿措施，即通常所说的“六法一决定一条例”，包括中华人民共和国《人民银行法》、《商业银行法》、《保险法》、《担保法》、《票据法》、《证券法》、《关于惩治破坏金融秩序犯罪的决定》和《外汇管理条例》。

由于信托业自身的特点决定其在金融业的活跃地位，所以国家对信托机构重点整顿，要求信托机构与银行分离，禁止银行向信托机构拆借资金。经过此次整顿，信托业受到重创，直到现在尚未恢复元气。1993年十四届三中全会通过的《中共中央关于建立社会主义市场经济体制若干问题的决定》中，首次明确提出“银行业与证券业实行分业管理”。《国务院关于金融体制改革的决定》对“分业经营”作了明确规定。1995年《商业银行法》第43条禁止商业银行从事信托投资业务和股票业务，禁止银行投资于非银行金融机构和一般企业，以正式立法的形式确立了分业经营的制度模式。1995年《保险法》第104条禁止保险资金用于设立证券经营机构。1998年《证券法》第6条规定“证券业和银行业、信托业、保险业分业经营，分业管理，证券公司与银行法、信托、保险业务机构分别设立”。至此，金融分业经营的制度安排基本完成。在进行金融整顿的过程中，决策机构逐渐认识到金融机构呆坏账剧增，不良资产比例过高，内部控制措施不健全等一系列问题，特别是亚洲金融危机的爆发，更促使决策机构认识到中国尚不具备实行金融混业经营的基本条件，遂进一步加强和完善了金融分业制度。尤其是2004年《商业银行业法（修正）》和《银行业监督管理法》，再次明确了金融分业经营、分业监管制度。

(三)对金融分业经营制度的评价

即使从1993年算起，中国的分业经营的金融制度也只有十几年的时间，积累的经验也算不上丰富。又由于这种分业经营制度也只是与中国的经济转轨紧密结合而产生的，与其他国家原来实行的金融分业经营制度相比也仍然有一些独特之处。

1. 严格监控资金运用。由于中国发生的金融秩序混乱大都与资金的违规运作有关，所以分业的主要目的就是规范资金运作。《商业银行法》和《保险法》对银行资金和保险资金的运作有着极为严格的规定。

2. 尽管法律原则上规定分业经营，但经国家最高行政机关批准，可以不受此限制，如中信集团、光大集团。银行也被允许购买和承销、代理发行政府债券和政策性金融债券，被允许开展一些特定的信托业务，如代理客户收付款项、代理政策性住房信贷和政策性银行委托的代理业务。

3. 法律和政策允许银行机构代理保险业务。这在《商业银行法》中有明确的规定。

金融分业经营制度的确立，在一定程度上扭转了“不规范混业经营”的状态，其积极作用主要有：整顿了金融秩序，制止了金融混乱；强化了风险意识，遏制了金融风险；增进金融体系稳定性，控制了系统性风险；提高了服务质量，规范了竞争秩序；促进金融监管，积累了监管经验。

二、WTO背景下中国金融业面临的困境

2001年12月中国加入WTO，对中国金融业的发展提出了新的挑战，中国金融业对这一挑战必须作出积极回应，深化金融改革，完善金融体系，应对国际金融市场的竞争。

（一）WTO 中的金融服务协议

1993 年 12 月结束的最后一轮乌拉圭回合谈判中，GATT 组织议定了服务贸易总协定（GATS）。根据这一协定，国际服务贸易被界定为四个方面：从缔约方境内向任何其他缔约方境内提供服务；在一缔约方境内向任何其他缔约方的消费者提供服务；一缔约方在任何其他缔约方境内通过提供服务的实体性介入而提供服务；一缔约方的自然人在任何缔约方境内提供服务。同时还确定了服务贸易的六项原则：最惠国待遇原则、透明度原则、发展中国家更多参与原则、市场准入原则、国民待遇原则和逐步自由化原则。前三项原则为一般原则，各缔约国在所有服务领域必须遵守；后三项原则属于特定义务，需要各缔约方经过谈判在达成一致的基础上，承诺后加以执行。此后，WTO 组织的成员国 1997 年 12 月在金融服务贸易谈判的基础上签署了金融服务协议（FSA），该协议 1999 年生效。

根据金融服务协议和服务贸易总协定的有关条款规定，金融服务的内容主要包括：

1. 直接保险（合作保险）：人寿、非人寿；

2. 再保险和再再保险；

3. 保险中介；

4. 辅助性保险业务，如咨询、保险统计、保险评估和索赔清算服务；

5. 接受公众储蓄和其他应偿付的资金；

6. 各类借贷，包括消费借贷、抵押贷款、信用贷款、代理和商业交易的资金融通；

7. 融资性租赁；

8. 所有支付和货币交换服务；

9. 担保和委托业务；

10. 自有账户和消费者账户的交易，不论是兑换、证券经纪、市场交易或其他方式；货币市场证券、外汇、派生业务、汇率和利率凭证、可转让证券、其他可转让票据和金融资产；

11. 各类证券发行；

12. 货币代理；

13. 资产管理：现金或有价证券管理、各种形式的集体投资管理、年金管理、监督、保管和信托业务；

14. 金融资产的处理和清算服务，包括证券、派生业务和其他可转让票据；

15. 金融信息的提供和转让，金融数据处理和提供金融服务软件；

16. 顾问、中介和在5—15项列明的其他辅助性金融服务的所有活动。

这些内容基本上包括了金融领域所有营利性业务，而且金融服务协议明确提出其宗旨是清除长期存在于各国银行业、保险业和证券业的贸易壁垒，确立多边的、统一开放的规则和政策。要求各缔约国开放银行、保险、证券和金融信息市场，并享有同国内金融机构及其他公司同等的权利；取消跨境服务限制；允许外国资本在投资项目中的比例超过50%。由此可见，WTO要求加入其中的中国大陆金融业开放金融市场，放松金融管制。

（二）WTO中的金融服务协议对中国金融业提出的挑战

金融服务协议以放松规制、开放金融市场为宗旨的协议框架，对中国实行高度管制、进行分业经营的金融法律制度提出了严峻的挑战。

1. 金融业务面临的挑战

中国加入WTO后对银行金融机构的冲击最为直接。在WTO

金融服务协议下，外资银行以其雄厚的资金规模、先进的管理技术、综合化的业务产品、优质的金融服务和国际金融市场上丰富的经验，形成强大的竞争力，对中国银行业构成巨大威胁。而与此同时我国银行业的盈利能力却在下降，与国际银行业近几年来利润不断增大的局面相比形成巨大反差。

（1）对银行业务的挑战

在外币业务上，外资银行具有先天优势，据相关部门统计，截止到2003年，外资银行的外汇贷款已占有近四分之一的市场份额。由于受到国家政策的限制，外汇存款发展较为缓慢。而根据中国加入WTO时的承诺，业务限制逐渐放宽，并最终完全放开，外资银行的存贷款业务将会以较快速度增长。①

在中间业务上，银行从事中间业务主要是结算业务，风险小、成本低、利润高，是外资银行争夺的重点。由于外资银行技术设备先进，服务优质，效率高，具有很强的竞争优势。②

在存贷款业务上，外资银行将会将目标瞄准优质客户，在中外银行业的经营中都存在着“二八定律”，即银行80%的利润来源20%的优质客户。谁拥有优质客户，谁就在金融竞争中掌握主动。南京“爱立信”公司筹集巨款提前偿还近20亿元的中资银行贷款，转向花旗银行，表明中外资商业银行争夺高端客户的风潮已经初露端倪。③

（2）对非银行金融机构的挑战

外资金融机构多以混业经营为主，进入中国市场后，不仅冲击银行机构，而且对非银行金融机构也造成很大冲击。国外的银

---

① 李晓春：“从加入WTO对我国银行业的挑战看《商业银行法》的完善”，载于《国际商务研究》2003年第3期，第39页。

② 李秀元：“也谈加入WTO后中国银行业面临的挑战和机遇”，载于《黑河学刊》2003年第2期，第41页。

③ 胡兰：“论加入WTO给中国国有商业银行带来的机遇、挑战及应对措施”，载于《商业研究》2004年第18期，第31—32页。

行和非银行金融机构之间的界限已逐渐淡化，一个金融机构可以经营存贷业务和发行、包销及承销证券业务，从事保险业务及信托业务，这种金融业务的综合化增强了非金融机构的整体竞争力。当世界上的金融机构以混业模式进入到中国时，中国的金融法律制度却坚持银行、证券、信托、保险四业分业经营、分业管理，显然与国际金融发展的大趋势格格不入。①

2. 金融经营理念面临的挑战

外国金融机构经过长期经营和市场竞争已经形成自己的服务理念和商业文化。② 认为金融机构未来的核心竞争之一是以实现客户价值为基本诉求，按照市场需要对产品进行灵活和迅速的组合甚至再组合。③ 外国金融机构正是基于以客户为中心，为客户提供一站式金融服务的理念，而采取混业经营模式的。而中国的金融机构尤其是国有商业银行以自我为中心、以产品为中心进行经营，在业务制度、业务操作和会计核算方面没有与国际接轨，不是让银行去适应客户的要求，而是让客户适应银行的经营。业务制度和业务操作不考虑效益原则和方便客户原则，造成服务质量差，效率低下。④ 由此可见，中国金融业的经营理念已明显落后，不能适应加入 WTO 后的现实要求。

在金融创新上，外国金融机构紧紧围绕客户需求不断创新金融，在金融工具创新上不断完善金融产品的种类，在金融市场创新上主要是规避长期性、根本性的经济风险，建立一种合理的金

---

① 严霞："加入 WTO 后我国银行业面临的挑战与对策"，载于《现代管理科学》2004 年第 6 期，第 104 页。

② 胡兰："论加入 WTO 给中国国有商业银行带来的机遇、挑战及应对措施"，载于《商业研究》2004 年第 18 期，第 31 页。

③ ［瑞士］德瑞克：《全能银行——未来的银行类型》，转引自杨明辉等编著：《金融控股公司实务与操作》，北京：中信出版社 2004 年版，第 5 页。

④ 史更深："加入世贸组织后国有商业银行面临的挑战与对策"，载于《理论界》2003 年第 3 期，第 54 页。

融机制。[1] 中国金融机构经营理念落后，缺乏创新意识，创新理念差，难以满足客户的需求。

3. 金融经营体制面临的挑战

如前所述，国外金融业在制度上准许混业经营，其金融体制多为混业模式。外资金融机构进入后，对中国分业经营、分业管理的体制形成巨大冲击，不改变这种模式，就会束缚中国金融机构的发展，更不利于开拓新的业务，积累混业经营的经验。尤其是在这种体制下，对中国的信托业、证券业、保险业的竞争能力影响较大。就信托业而言，由于一直处于不规范的混业状态中，所以分业控制，对其影响最大，范围限制过多，造成业务空间窄，潜在风险大，根本不具备什么竞争力。就保险业而言，保险市场发展不规范，保险市场体系不健全，再保险市场处于起步阶段，人寿险、财产险分业经营，保险资金运用限制多，很难应对外资金融机构挑战。就证券业而言，虽然证券商的综合实力有所增强，但由于证券市场信息披露不健全，大股东操纵股市、小股东利益受损，加之股权分置，A、B 股并存，所以中国证券市场的遗留问题很多，证券商要处理这些问题还自顾不暇，更不用说去应对外来金融机构的挑战了。

此外，外国金融机构多实行混业经营，除了一般银行业务外，还经营工商业持股业务、金融租赁业务、保险业务、信托业务、财产顾问与咨询业务、外汇业务，甚至国际银团贷款业务。[2] 这种混业经营制度安排与中国现行的金融制度安排是冲突的，同时对中国金融监管体制也提出了严峻挑战。

中国目前的监管体系是分业监管，银监会监管银行、非银行

① 张丹、张啓："金融创新：中国金融业发展的必经之路"，载于《哈尔滨商业大学学报·社会科学版》2005 年第 3 期，第 10—11 页。

② 顾文利："加入 WTO 国有商业银行如何应对新挑战"，载于《内蒙古统计》2004 年第 1 期，第 25 页。

存贷机构和信托机构，证监会监管证券机构，保监会监管保险机构。而外国金融机构进入中国后，如果从事的不是一种金融业务，而是进行混业经营，如何对混业的外国金融机构进行监管，目前的制度安排并没有确立下来，这也是对金融监管制度提出的一个新问题。WTO 协议中并没有成员国国内金融市场监管模式的义务性规定，各国可以通过立法确立适合自己的法律。但"不应妨碍一个成员方为谨慎而采取的措施，包括可保护投资人、存款人、投保人、金融服务提供人、对之负有托管责任的人，或者确保金融体制的完善与稳定而采取的措施"。[①] 由此可见，中国加入 WTO 开放金融市场后，为了维护金融市场的安全与稳定仍然可以采取分业经营的立法体制，尽管如此，也无力阻止金融市场主体多元化格局的形成。

中国有关金融分业经营的法律属于国内法，在效力范围上具有典型的地域性，即有关分业的法律规定在适用范围上只能涉及中国金融市场上的金融机构。[②] 所以在中国金融市场上设立的不同行业的金融机构，不分国别地严格恪守分业经营的立法规范，而不得相互之间进行混业经营。但这只是对进入中国金融市场中的外国金融机构一种形式上的隔离。

中国金融分业经营立法监管仅在组织形式上作出限定，缺乏相应的制度安排。当外国金融机构在中国金融市场投资两个或两个以上行业的金融机构时，如何防止这些金融机构进行不法合作，从事非法关联交易，中国现行金融分业立法中并没有相应的制度安排。

在分业经营、分业监管的法律框架下，监管功能薄弱。各监管机构按金融行业设置，易于在各自涉及领域进行监管，彼此之

---

① 参见 GATS 中《金融服务附件》第 2 条。

② 参见石建勋、历咏："试析加入 WTO 对中国金融分业经营体制的影响"，载于《世界经济研究》2001 年第 6 期，第 76—78 页。

间往往缺乏信息交换，而国外一个金融机构在中国设立涉及两个行业以上的金融机构，对其实施监管时，由于信息不对称，很容易产生监管真空地带。

中国有关金融分业经营的立法是规范限制不同行业的金融机构间的非法业务合作。在具体的制度安排下，是通过独立的法人组织形式来阻隔彼此业务交叉，易于形成对组织形态的依赖。而金融控股公司这种组织形态，很容易突破这道樊篱。

第二节　中国金融控股公司制度的践行、困境与进路

一、中国金融控股公司制度的民间践行

就世界范围而言，金融混业的模式主要有德国的全能形式、美国的金融控股公司模式和澳大利亚的混合型模式。之所以说金融控股公司模式是中国混业经营的最佳制度选择，是根据制度变迁和比较制度分析以及中国经济金融发展趋势进行综合考量判断而得出的结论。①

中国的金融机构甚至大量非金融机构在金融效益的诱导下充满着进行组建金融控股公司的冲动。不但有实力的银行、证券公司和保险公司都谋求组建金融控股公司，试图借此搭建一个金融服务平台，打通货币市场、证券市场和保险市场之间的管道，开展综合金融服务，试探混业经营。就连一些资金雄厚的实业公司也出于各种动机筹办金融控股公司，试图打破实业界与金融界之

① 主要参考了孔令学：《中国金融控股公司制度研究》，北京：中共中央党校博士学位论文，2004 年，第 64—66 页。

间的壁垒，要在金融市场分得一杯羹。而政府部门虽然只正式批复了个别金融控股公司，但对其后出现的金融控股公司采取了容忍和默许的态度，并试图从一些政策法规上加以引导。这在一定意义上说明金融控股公司制度安排在中国的吸引力和生命力，代表了中国混业经营制度变迁的方向。

金融控股公司制度安排与中国金融发展水平相适应。中国的金融发展水平，特别是金融机构的数量与质量、经营管理、法人治理结构、金融当局的监管水平并未达到十分完善的地步，而是处于逐步提高和改善的过程之中。如果贸然实行对金融生态环境尤其是法律生态环境要求甚高的全能银行式的混业经营制度，对中国金融业而言，无疑是一场灾难。从 1979—1993 年的一段时间，各家银行通过设立信托投资机构、证券公司、城市信用社和金融租赁公司等金融机构，进行全能银行式的混业经营，造成金融机构不良资产剧增，金融风险加大，导致金融秩序严重混乱，国家只好采取分业经营、分业监管制度安排。金融控股公司的制度架构相对简单，各子公司从事单一的金融业务，并通过防火墙的制度安排来防范风险传染。由此可见，中国进行混业经营的制度选择，在现有金融水平条件下金融控股公司模式既能防范风险又易于操作，还能谋求混业经营所带来的效益。

金融控股公司的制度安排与中国金融监管制度相适应。根据青木昌彦的观点，在比较制度分析框架下，在一个经济体制内部各种制度和制度结构之间存在“战略的互补性”和“制度的互补性”。① 而中国的金融监管制度刚刚完成，分业监管体系已经确立。分业监管的制度安排既考虑到了中国现行的金融分业制度，又考虑到了未来混业经营的制度变迁趋势，包括金融控股公

① 参见青木昌彦：“飞雁式制度变迁”，载于《比较》第 1 期，北京：中信出版社 2002 年版，第 33—38 页。

司这种混业经营的制度模式。中国金融监管当局必须保持制度的稳定性和连续性以维护其权威，所以短期内，不会改变分业监管的制度安排。而在这种制度安排下，试探混业经营模式的途径应首推金融控股公司制度。因为金融控股公司制度与分业监管制度是相容的，在金融控股公司框架下，各子公司从事单一的金融业务，都是独立的法人，有各自的财务报表，与全能银行式的混业经营制度相比，各监管部门可以更清楚、更明确地对各子公司由相应的监管部门进行监管，不会对现行金融制度安排造成冲击。

金融控股公司的制度安排和变迁路径选择是中国混业经营的一个有效模式。因为制度变迁是一个长期过程，中国金融业从分业走向混业要有一个漫长的过渡期，是逐渐演进的，而金融控股公司制度通过业务交叉和风险隔离的制度设计达到了分享金融混业的高效益性和保持金融分业的相对稳定性，从而减少制度变迁中制度摩擦而产生的高昂成本。所以金融控股公司制度安排不失为中国现阶段金融体制改革的一个现实选择。正如国务院研究中心金融研究所所长夏斌所言：“从发展方向看，中国的金融业必然走向混业经营，统一监管的道路，金融控股公司是现实的选择。”① 而在现实金融实践中也确实涌现了大批虽无金融控股公司之名，却有金融控股公司之实的金融机构。

二、中国金融控股公司现状分析

（一）中国金融控股公司的现实形态

尽管中国国内立法尚无对金融控股公司进行明确定位，但事实上这种类型的企业由来已久。20 世纪 70 年代末 80 年代初，

① 宋春艳：“金融控股公司——从分业走向混业的现实选择”，载于《计划与市场探索》2003 年第 9 期，第 32 页。

中国金融体制改革开始之时，受世界金融创新思潮的影响，对金融体制改革的试点机构曾尝试过综合经营的模式。1979 年成立的中国国际信托投资公司和 1986 年重新组建的交通银行，以及后来成立的中信实业银行都曾获得广泛的业务范围，涉足银行、保险、证券、信托等业务。①

到目前为止，中国金融业在实行分业经营、分业管理的模式下，有关金融控股公司的专门法律仍然付之阙如，但在中国经济转轨的过程中，随着金融改革的不断深入和发展，金融控股公司却纷纷涌现。根据学者和金融官员对中国大陆不同形态金融控股公司的实地调研和问卷调查，可将中国现存金融控股公司的形态分为四种类型。②

一是非银行类金融机构形成的金融控股公司。如中信控股、光大集团和平安控股。

二是由银行类金融机构独资或合资的金融控股公司。如中国银行国际控股公司、中国建设银行国际金融有限公司和中国工商银行的工商东亚金融控股公司。

三是由企业集团组建的金融控股公司。如山东电力集团投资形成的鑫源控股公司、海尔集团控股形成的青岛商业银行、东方集团、宝钢集团和最近处于麻烦之中的新疆德隆集团。

四是由地方政府对所属地方金融机构重组形成的金融控股公司，如威海城市商业银行。

在上述四类金融控股公司中，非银行类机构组建的金融控股公司的制度安排较为成熟稳健，是中国金融控股公司中的主流代表形态。金融控股公司也许最适合于银行类金融机构进行实践，

---

① 杨明辉等编著：《金融控股公司实务与操作》，北京：中信出版社 2004 年版，第 59 页。

② 参见谢平等：《金融控股公司发展与监管》，北京：中信出版社 2004 年版，第 150 页。

因为它们需要也更能够发挥金融控股公司整合金融资源的优势。然而在金融分业的法律框架下，实际金融控股公司受限制最大的也正是银行类金融机构。因为法律明文规定商业银行在中国境内不得向非银行金融机构和企业投资。目前存在的商业银行构建的金融控股公司，是通过外资身份又回到国内的方式绕过法律关于金融分业经营的规定。企业集团投资组成的金融控股公司或称为类金融控股公司，在数量上占有大多数，但是大多还没有整合金融资源的明确理念。由于现行法律对于实业投资金融机构没有限制，因而出于筹集资金、支持产业发展和把集团母公司整体规模做大的考虑，企业集团在组建金融控股公司上最为积极。[①] 这类金融控股公司在制度安排、内部治理、法律监管上出现了混乱和空白。而由政府出面整合而形成的金融控股公司，到目前为止来看，并没有形成数量规模，只是一些个案。不过随着地方金融改革的深化，地方政府出于种种考虑，也存在着组建地方性金融控股公司的热情和冲动。

中国金融控股公司类型

类型	特征	机构
第一类	非银行金融机构控股	中信、光大、平安
第二类	银行金融机构控股	中银国际、工商东亚、国际金融
第三类	企业集团控股	鑫源控股、宝钢集团、德隆集团
第四类	地方政府整合组建	威海商业银行

① 桐格：“金融控股公司的法律之门”，载于《金融财经观察》，转引自http：//finance. sina. com. cn，2004 年 9 月 10 日。

（二）中国金融控股公司的特点

1. 组织形式不完备

中国目前的金融控股公司内部股权结构不合理，法人治理结构不健全，外部组织形式不完备。这就造成金融控股公司运作不规范，母子公司之间权利义务不清楚，很难实现金融控股公司的协同功能，难以开发出综合性金融产品，甚至是开发出来也难以推广。这说明中国的金融控股公司在金融资源的整合上仍存在着差距。①

2. 缺乏正式制度安排

中国金融控股公司的组建大多没有国家法律法规的相应规定，有的是靠国家最高行政机关特批，② 有的是规避中国大陆上的法律而到香港等地注册，再迂回到内地。③ 所以目前的金融控股公司的制度安排只是一种非正式的制度安排。

3. 金融监管不严

以企业集团参股或控股的金融控股公司，母公司可以获得金融行业的利润，却游离于金融监管视野之外，出现监管盲点。如果只对母公司为金融机构的金融控股公司实行并表监管，各监管部门的监管目的、方法和重点各不相同，缺乏有效的沟通渠道和明确的责任划分，很难做到并表监管，无法全面掌握金融控股公

---

① 例如2004年1月4日中信的第一个金融交叉产品“中信金融通”在上海试点推出，这张以中信实业银行借记卡为基础的金融服务卡，不仅可以作为银行借记卡使用，还可以在中信控股旗下的所有金融机构内使用，可以进入所有安装有读卡设备的金融子公司的交易系统，进行查询、交易、转账等各类操作。然而据调查，很多高端客户都不知道有这么一个金融产品。参见孙铭：“金融控股‘大事件’：中信集团利润骤降27%之谜”，载于《21世纪人才报》，转自于http://finance.sina.com.cn，2004年6月6日。

② 如中信控股公司。

③ 如中国银行国际控股公司、中国建设银行国际金融有限公司、中国工商银行的工商东亚金融控股公司。

司的整体风险状况。

4. 自身风险意识不强

中国金融控股公司是在中国政府和金融监管机构长期“软约束”环境下成长起来的，并没有完全实现商业化和市场化经营，其盈利性目标很大程度上受制于政府的政策性目标，其风险也大都由政府承担，金融机构自身缺乏强烈的风险意识，这与西方国家金融机构在浓厚的风险意识中形成的“自我调剂”、“自我约束”、“自我管制”的风险控制机制完全不同。①

三、打开金融控股公司的法律之门

面对缺乏正式制度安排的金融控股公司，期盼着法律之门向它们开启。因为这对在现实中进行金融混业经营已久的金融控股公司的实践者和梦想者而言，意味着金融资源的整合优势，也意味着获得正式制度保障的金融商业环境。

（一）法律缺失之困：有实无名的地位

或许法律作为正式制度安排缺失，对介入金融的冒险家而言是一种机遇，但对于希望真正发挥金融控股公司优势，提升集团实力的金融家而言，缺乏法律“正名”和制度安排却是最大的绊脚石。而现实中，金融控股公司又是一种必然和实然的存在，导致了法律缺失使这些金融控股公司游离于监管视线之外，产生资本重复计算、过度负债、资本金不实甚至利益输送等问题。由于同在一个法人控股之下，这些风险的传递最终导致集团风险集中爆发，影响金融体系的稳定。著名金融学家巴曙松指出：“德

① 袁开坤：“西方金融控股公司的监管及对我国的启示”，载于《上海投资》2001 年第 10 期，第 36 页。

隆问题就是因为缺乏监管和引导。金融控股是必要的，而且已经是现实存在的，但是，必须要开正门、堵邪门。”要做到这一点，只有进行立法，为金融控股公司的组织设立、运行、监管提供正式的制度安排。如果没有法律的支撑和规范的引导，对于金融控股公司构建合理模式，对于下属金融子公司进行有效风险控制，对于业务范围开拓，对于金融产品创新等各方面都会造成阻碍。一些金融控股公司如果构建了日后明确禁止的组织模式，必然造成制度摩擦甚至制度冲突，产生不必要的制度成本与混乱，从而出现金融控股公司不但不能充分发挥自身优势，反而可能由于缺乏监管而隐藏巨大的金融风险，最后导致制度困境。

（二）打开法律之门：制定《金融控股公司法》

正式制度安排缺失使金融控股公司师出无名，现有金融制度安排又制约着金融控股公司施展拳脚，为了促进金融控股公司的发展，充分发挥金融控股公司的效率优势，有效防范金融控股公司的风险，维护金融秩序稳定，必须打开法律之门，制定《金融控股公司法》。

中国《金融控股公司法》的制定同样涉及立法价值理念的选择。金融安全与金融效率尽管从根本上看是协调的，但在某种意义上又存在着矛盾与冲突，所以在设计金融控股公司法律制度时，是金融安全优先还是金融效率优先必须作出选择。金融分业经营模式和金融混业模式实际上体现着不同的价值理念，分业经营侧重于金融安全，而混业经营则侧重于金融效率。但是金融控股公司作为一种从分业走向混业的过渡模式更应该体现金融效率，这不仅体现了金融控股公司本身的价值追求，也符合当前国际金融业不断提升金融效率和金融竞争力的发展潮流。尤其是在中国加入 WTO 的大背景下，更不能抛开 WTO 金融服务贸易规则所构建的国际金融服务贸易多边法，因为它是 20 世纪国际金融法领域中最重要的制度创新，也是对每个成员国具有强制性法律效力的国际协议。① 就国际金融服务贸易多边框架而言，它以效率为基本价值取向，其目的是为实现服务贸易自由化，同时兼顾到金融的安全与稳健，必须有健全的金融监管制度。所以，无论是美国、日本，还是我国台湾地区，无不是在金融自由化、全球化的大潮中，为提升本国、本地区金融机构的竞争力和实现效益最大化，而在金融控股公司立法中，贯彻“效率与竞争”的立法理念。② 也就是说立法的基本价值取向是效率优先。

中国的金融立法更强调维护金融秩序和稳定。重视法的秩序与稳定价值当然正确，强调过分则影响到效率价值取向。金融控股公司作为一个经济组织，必须追求利润、强调效率，才有竞争力。因而中国的金融控股公司立法的基本价值取向应顺应国际潮流，确立效率优先、兼顾安全的价值取向，修改完善金融法律体系，整合金融监管部门，为提高金融控股公司的竞争力和金融效率打开法律之门。

第三节 中国金融控股公司立法的博弈论分析③

金融控股公司作为一种企业组织形式体现了从分业走向混业经营的制度变迁。如果从博弈论的角度进行解读，则是各种利益

① 谢平等：《金融控股公司发展与监管》，北京：中信出版社 2004 年版，第 174—175 页。

② 常健：“试论我国金融控股公司立法的完善”，载于《上海交通大学学报·哲学社会科学版》2004 年第 5 期，第 23 页。

③ 本节内容受到《用博弈论分析金融经营的分业、混业问题》一文的启发，写作中也参考了该文的相关内容。参见王志军：《用博弈论分析金融经营的分业、混业问题》，北京：对外经济贸易大学硕士学位论文，2005 年。

集团从各自利益出发经过多次博弈产生的结果。中国金融控股公司的立法也可以采取博弈论的方法进行分析。

一、分业经营体制下金融控股公司立法的博弈论分析

在我国金融分业经营体制下对金融控股公司立法进行博弈的主要有四个利益集团：政府、银行、非银行金融机构和消费者。在金融制度变迁中获取利益的多少，决定着各自在博弈中采取的策略，所以在这项新的制度安排中各个利益集团考虑问题的角度都不相同。

在金融控股公司立法中，政府考虑的是能否有效监管混业经营的金融机构，以避免金融风险，维护金融安全，保持金融稳定发展。银行考虑的是能否提高金融效率，获得规模经济和范围经济，取得更多的利润。非银行金融机构考虑的是自己独占的金融业务领域获得利益多，还是与银行之间相互开放业务领域后获得利益多。消费者考虑的是自己能否得到更好的服务和更多的实惠。

在经过深思熟虑后，各个利益集团都会作出有利于自己的策略选择，这些策略之间相互博弈，最后达到一个新的均衡时，新的制度便会产生。为了清晰地显示各个利益集团之间的博弈情形，先进行逐对博弈，再对各博弈结果进行综合分析。

（一）政府与银行

金融控股公司作为一种混业经营的金融企业组织模式，要求建立十分健全的金融法律体系，拥有比较成熟的金融风险监管经验。在经济转轨时期，金融法律制度还不健全，政府多习惯用行政手段进行市场调控，金融监管虽然取得了一些成绩和积累了一

定的经验，但还是不能满足混业经营的需要。所以政府并没有强烈的动机去推动金融控股公司的立法。同时政府认为金融机构本身的风险防范意识不强，内部约束机制不完备，再加上金融市场本身比较脆弱，为避免金融控股公司出现后，维护金融稳定的难度增大，政府对金融控股公司基本上是一种否定的态度。但有时为了金融的长远发展和局部金融效率的提高，政府也可能一定限度内采取容忍的态度。

中国加入 WTO 后，在金融领域中银行业受到的冲击最大，5 年保护期过后银行业务将全面开放。以金融控股公司为代表进行混业经营的外国商业银行服务品种齐全、资金实力雄厚、管理经验丰富、创新能力强，可以不断提高金融效率，获得较多的利润。实行分业经营、产品单一、规模弱小的中国商业银行难以具有抗衡的实力。迫于外资商业银行的冲击，国内银行希望改变分业经营的金融制度，采取混业经营的模式，组建金融控股公司，以做大资本规模，实现资源共享，拓宽利润来源。

政府与银行之间的博弈

		政府	
		同意	不同意
银行	同意	(－1，1)	(1，1)
	不同意	(－1，－1)	(1，－1)

注 1：用－1，0，1 表示各个利益集团对金融控股公司立法的策略。1 表示同意，－1 表示不同意。0 表示无所谓。

注 2：扩号前半部分表示政府的策略，后半部分表示银行的策略，例如 (1，－1) 表示政府的同意，银行的不同意。

注 3：虽然政府对金融控股公司有时禁止、有时默许，但其总体策略还是不同意，所以在对金融控股公司立法的策略上，将其满意度简化为－1。在实施分业经营条件下，对其满意度简化为 1。

注 4：表格中的“同意”表示赞成对金融控股公司立法。

博弈图的解是那个使双方满意度都不是最低的那一项的组合。因为双方都从利己的目的出发，最后的博弈结果必然是对自己的利益有一定好处。可见，在第二、三、四象限，都有这方或那方的满意度出现了最低的情形。故该博弈图的解为第一象限。即政府不同意金融控股公司立法，而银行同意金融控股公司立法。

（二）政府与非银行金融机构

非银行金融机构组建金融控股公司的愿望没有商业银行那么强烈。因为加入 WTO 后，对证券、保险市场而言，受到外资金融机构的冲击较小。金融控股公司立法后，银行也可以开展证券、保险业务，就会给证券公司、保险公司增加新的竞争对手。甚至很多规模较小的证券、保险公司面临着被兼并收购。在政府与非银行金融机构的博弈中，非银行金融机构将密切注意政府的举动，为了维持目前的利益格局，当政府混业倾向威胁到券商自身利益时，券商们将游说政府，使政府放慢脚步，回到分业的道路上来。但总的来说，二者的观点基本相同，都倾向于维持目前分业经营模式。

政府与非银行金融机构之间的博弈

		政府	
		同意	不同意
非银行金融机构	同意	（-1，-1）	（1，-1）
	不同意	（-1，1）	（1，1）

博弈图的解是第四象限，即政府和非银行金融机构都不同意金融控股公司立法。

（三）政府与消费者

消费者对是否进行金融控股公司立法并无特殊的要求。因为大多数消费者对金融服务的要求还是单一的存取款，对证券或保险产品并不是特别需要。目前的金融制度没有给消费者带来不便。如果采取金融控股公司式的混业经营，也可以为同时需要储蓄、证券或保险等金融产品的消费者提供便利。

在政府与消费者的博弈中，由于消费者对金融控股公司立法并没有强烈的赞成或反对，主要的目的是希望有个稳定的金融环境，不使自己的经济利益受到损失。即只要政府作出的决定不损害自己的利益，就拥护政府的决定。所以，在这对博弈中，在保持稳定的前提下，消费者的策略主要取决于政府的决定。

政府与消费者之间的博弈

		政府	
		同意	不同意
消费者	同意	（-1，0）	（1，0）
	不同意	（-1，0）	（1，0）

博弈图的解为第一或第四象限。即政府不同意金融控股公司立法，消费者无所谓，将跟随政府的政策。

（四）银行与非银行金融机构

银行希望采取金融控股公司的混业模式使自己的资金流入证券市场。证券商也并非坚决的反对，而是认为信贷资金入市可以为低迷的股市注入新鲜血液，从而拉高股市指数，在股市低迷时，可以实现银行与股市的双赢效应。但证券商们对银行的欢迎是有限的，如果银行威胁到了证券商自身的利益时就会反对。但总的来说证券商对金融控股公司持否定态度。

银行与非银行金融机构之间的博弈

		银行	
		同意	不同意
非银行金融机构	同意	（1，-1）	（-1 -1）
	不同意	（1，1）	（-1，1）

博弈图的解是第三象限，银行同意金融控股公司立法，而不是非银行金融机构控股公司立法。

（五）银行与消费者

在金融控股公司的组织模式下，银行进行混业经营，能给消费者提供借贷、证券、保险等尽量周全的金融服务，吸引更多的客户，增加自己的利润。而金融消费者最关心的是自己的资产不受损失。如果能使其利益受到保护，消费者在很大程度上实行跟随战略，但是在与银行的博弈中，由于在银行的宣传带动下，消费者很可能接受混业经营。而在政府和消费者的博弈中，消费者采取了中立的策略，那是因为政府在社会中是以公众形象出现的，政府不可能像商业银行那样，极力宣传某种经营制度的好坏。所以消费者接受来自于政府的刺激远远小于来自于商业银行的刺激。所以在与政府的博弈中，消费者保持无所谓的态度，在与银行的博弈中，被银行许以的种种好处诱惑，从而采取了倾向同意金融控股公司立法的策略。

银行与消费者之间的博弈

		银行	
		同意	不同意
消费者	同意	（1，1）	（-1，1）
	不同意	（1，-1）	（-1，-1）

博弈图的解是第二象限，银行和消费者都同意金融控股公司立法。

（六）非银行金融机构与消费者

非银行金融机构为了避免客户流失到银行，必定会宣传分业经营的好处。而银行又宣传金融控股公司混业经营的好处。在这两种刺激下，消费者不会单方面的听从它们的意见，而是根据自己的利益进行选择。由于在银行存取款是我国几乎每个消费者都需要的金融服务，所以消费者可能更倾向于既得到证券、保险服务，同时又得到银行的服务，也就是说他们希望混业经营的金融控股公司。

非银行金融机构与消费者之间的博弈

		非银行金融机构	
		同意	不同意
消费者	同意	（-1，1）	（1，1）
	不同意	（1，-1）	（-1，-1）

博弈图的解是第一象限，非银行金融机构不同意金融控股公司立法，消费者同意金融控股公司立法。

综合以上的分析，在6个博弈图中，同意金融控股公司立法的用1表示，不同意金融控股公司立法的用-1表示，无所谓的用0表示。

在第1个博弈图中，政府不同意：-1，银行同意：1；

在第2个博弈图中，政府不同意：-1，非银行金融机构不同意：-1；

在第3个博弈图中，政府不同意：-1，消费者无所谓：0；

在第4个博弈图中，非银行金融机构不同意：-1，银行同意：1；

在第5个博弈图中，消费者同意：1，银行同意：1；

在第6个博弈图中，非银行金融机构不同意：-1，消费者同意：1。

博弈结果的综合分析

政府	银行	非银行金融机构	消费者	综合结果
-3	3	-3	2	-1

由此可见，在原先金融分业经营的制度安排下，各个利益集团之间博弈结果是反对作为金融混业模式的金融控股公司立法，但反对的力量并不是十分强大，仅仅为-1，所以这种制度均衡很容易被打破。

二、目前各个利益集团的策略转变

随着经济的发展和国际环境的变化，各个利益集团也在不断调整自己的策略，这些策略调整后，博弈结果也随之发生了变化。

（一）政府策略的转变

经济增长是现代政府的首要目标，而金融是现代经济的核心。为了促进经济的持续、稳定、快速增长，国家必须高度重视金融制度的构建与完善，不断调整金融政策，以适应经济发展的需要。过度强调金融稳定的分业经营制度往往会牺牲金融效率，从而阻碍经济的发展，政府的态度渐渐转向能提高金融效率的混业经营。此外，政府在分业经营制度下的金融监管，积累的监管经验逐渐增多，监管措施也逐渐完善，为混业经营的金融监管打下了基础。所以，政府对金融控股公司立法开始由反对走向支持。

（二）银行在实务中不断尝试混业经营

为了与外资金融机构进行竞争，银行一方面要求政府解除混业禁令，要求设立金融控股公司；另一方面在金融业务中进行实质性的混业经营，在现有的金融法律框架下寻找金融控股公司生存的空间，实在不行，就采取迂回的策略，先在中国大陆以外的国家和地区成立金融控股公司，然后再回来从事混业经营。在这种情形下，银行要求对金融控股公司进行立法的愿望就更为强烈。

（三）非银行金融机构策略的转变

非银行金融机构也开始转变自己的策略，中国的证券商都面临资金缺乏问题，尤其是在当今一个时期，股市低迷，更是需要大量的资金入市。银行有大量存款却苦于找不到投资渠道，保险业大量的保费也需要进行经营，三者都需要打破彼此之间的分业壁垒，实现混业经营。此外，证券、保险等非金融机构规模不大，资金薄弱，强大的外资金融机构进入中国后，证券业、保险业面临着非常大的竞争压力。所以，非银行金融机构也要求组建金融控股公司，实行混业经营，以壮大自己的规模和实力。

（四）消费者策略的转变

随着经济的发展，消费者可用于投资的收入不断增多，对金融产品的需求趋向多样化。越来越多的消费者也在与政府的博弈中采取选择金融控股公司的策略，以获得便捷、优质、高效、多样化的金融服务。

由此可见，在各个利益集团对金融控股公司立法策略发生转变后，原先为 -1 的博弈结果将发生根本的变化，同意金融控股公司立法力量大大增强，发生金融制度变迁的可能性随之增加。

第四节　中国金融控股公司法律制度变迁的模式

中国金融业面对加入 WTO 后的种种挑战，不断谋求着自身的发展，一直努力从现有的制度安排下寻找着混业管道，并付诸于金融实践。到目前为止，虽然中国并未制定颁布《金融控股公司法》，但从本质上分析，具备金融控股公司基本结构的金融机构已有上百家，金融控股公司已为中国由分业走向混业开辟了道路。

一、中国金融控股公司制度变迁是渐进式、诱致性制度变迁

由政府直接取消原来的分业管制，建立可以经营各种业务的金融控股公司，实现全面的混业的激进式制度变革，虽然可以使银行更快地实行多元化战略，在资金、业务、人员上实现共享，更好地进行资源配置，设计出最优的金融产品组合，降低成本，提高效率，但是，目前政府的风险监管仍然是一种消极管理，即限制或禁止金融机构从事某类业务活动，而不是积极地兼顾风险和效率的监管，而全面的混业需向一元式的功能监管过渡。此外，金融机构缺乏健全的内部控制机制。这些原因都限制了中国不能采取一步到位的激进式制度变革，必须采取循序渐进式的制度变迁模式。

金融机构为金融控股公司的巨大利润所吸引，不断在分业经营制度下寻找法律法规的漏洞，进行金融组织形式、金融产品和金融工具的创新，以规避分业经营的法律约束，取得混业经营的

经济效益，从而提高金融效率，增强竞争力。金融机构虽然规避法律的禁止性规定，但却获得了相当可观的经济效益，有利于金融的稳定与发展，所以政府一般不会强制进行创新的金融机构回到原来的组织架构。而是一方面对既存的金融控股公司的各种形态采取容忍的态度，默认这种制度创新；另一方面修改完善分业经营法律法规，弥补各种漏洞。政府的这种态度，促使金融机构寻找新的法律漏洞，进行更大规模的金融控股公司制度创新，如果这种创新同样会获得巨大的经济利益，政府则又会确认这种创新，并再次修改完善分业经营法律法规。由此可见，政府对金融控股公司逐步认可的过程也是不断修改分业经营法律法规、放松管制、减少对金融控股公司约束限制的过程。通过多次博弈，在金融机构不断创新的诱致下，政府逐渐认识到金融控股公司是当今经济环境下最佳的金融组织形式，不再是被动地认可而是主动制定金融控股公司法律制度。

二、政府在中国金融控股公司制度变迁中起着至关重要的作用

金融制度在现代经济条件下，已经超越了单纯的经济意义，成为一国经济制度的核心，所以各国政府极为关注甚至直接决定金融创新和金融制度的变迁。政府是最重要的金融制度的供给主体，通过金融法律、金融行政法规以及金融政策等手段实施制度供给，通过制定、修改、废除相关金融法律法规来实施新的金融制度，如修改现有金融制度中不合规范的地方，保留金融制度中有效的部分，废除不合理的制度安排，直接决定金融制度的

变迁。①

中国金融控股公司制度变迁尽管是渐进式、诱致性制度的变迁，政府虽然处于不断应对调整的地位，但目前在制度变迁中仍起着决定性的作用。从国外金融控股公司制度变迁的过程看，政府对金融控股公司的态度和作用，一般是从积极反对到被动确认，进而转变为推动和引导；在金融机构的诱致下，逐渐放松管制，从对非正式制度默许到对正式制度的确认，最为主要的措施就是制定《金融控股公司法》等有关法律制度，将金融控股公司的内部制度提升为外部法律，为金融控股公司的发展提供制度支持。中国政府作为强势政府类型的代表，在制度变迁中起着绝对的主导作用，所以中国《金融控股公司法》的制定必须依靠政府力量才能最终完成。

三、中国金融控股公司制度变迁的路径依赖

中国金融控股公司制度变迁必须在金融分业经营制度安排下来进行，必须在现存的金融法律制度框架下进行制度创新。在这种既定路径下修改完善相应的金融法律法规，为《金融控股公司法》的制定奠定基础。在制定修改法律法规时为金融控股公司的发展预先留下一定的空间，例如，中国1995年颁布的《商业银行法》中规定商业银行在中华人民共和国境内不得从事信托投资和股票业务。但在2003年《商业银行法修正案》中则改为："商业银行在中华人民共和国境内不得从事信托投资和证券业务，不得向非自用不动产投资或向非银行机构和企业投资，但国家另有规定的除外。"这就为混业经营的金融控股公司的生存

① 孔令学：《中国金融控股公司制度研究》，北京：中共中央党校博士学位论文，2004年，第77页。

提供了空间。此外，还应修改完善相关的金融法律法规，如《公司法》、《保险法》和《证券法》等。

美英日等金融发达国家历经数十年金融分业经营、分业监管制度安排，又实践着金融控股公司模式的金融混业经营制度变迁。这种变迁历程的经验虽然存在各种各样的特定金融生态环境，但主要是由其共性决定的，即以金融控股公司制度为代表的金融混业经营制度安排已成为当今世界金融业的发展潮流。加入WTO后的中国金融业，不可能脱离世界金融环境而另行设计制度安排，而是要走以金融控股公司为代表的金融混业制度变迁历程。正如著名学者戈德·史密斯所说："世界各国的金融发展都沿着一条共同道路发展，发展中国家迟早会走上发达国家已走过的道路。"

第五节　中国金融控股公司法律制度的构建

金融控股公司法律制度构建既要注重发挥金融控股公司综合经营的效率优势，又要注意完善公司的内部控制，加强政府的监管措施，维护安全和稳定，合理设计安排各种具体的金融控股公司法律制度。

一、中国金融控股公司的法律界定

中国《金融控股公司法》对金融控股公司的界定应借鉴实质控制认定标准，不仅从控股额度上予以界定，同时还应从实质控制的角度来定义金融控股公司范围，以有利于主管部门对拥有金融控股实质的金融机构进行有效、全面的监管。

但立法的滞后性不可能完全适应瞬息万变的金融市场，因而不可能把所有的金融控股公司形态纳入法律规定之中，所以在立法技术上应予以完善以便在实践中易于操作。1956年，美国制定《银行控股公司法》时就注意了这一问题，规定经联邦储备委员会以书面通知或听证认定一公司对银行或公司的管理或政策具有直接或间接影响力的，也应纳入银行控股公司。[①] 这种规定类似于一种“兜底条款”，值得我国在金融控股公司立法中进行参考，规定“经主管机关认定的”金融控股公司类型。在控制关系的认定上，为了防止主管机关单方面认定可能出现纰漏和差错，应予尊重当事者的陈述与申辩。

此外，也可能出现公司非以控制为目的而持有其他金融机构股份或出资额的情况，例如台湾“金融控股公司法”规定的证券商因承销股票而取得股份或出资额，或因法院判决，实行担保、继承或遗赠而取得股份或出资额，在上述情形下达到控股程度时，如果未达到一定的时间长度，也不能认定为金融控股公司。[②] 美国金融控股法律中也有类似的排除性规定。[③] 如果将上述情形认定为金融控股公司，显然违背金融控股公司立法的宗旨与目的。所以在立法时应将这些特殊情况作出排除性规定，否则可能造成非以控制为目的的金融机构因偶然性因素、业务关系或其他情形持有另一金融机构控制性股份时被迫改转为金融控制公司的情形。

综上所述，我国《金融控股公司法》在界定金融控股公司时，应在立法技术上因应实践中的需求与金融控股公司未来的发

---

① 参见美国《银行控股公司法》第2条之规定。

② 王文宇：《控股公司与金融控股公司法》，北京：中国政法大学出版社2003年版，第244页。另见台湾“金融控股公司法”第5条之规定，第Ⅱ项之规定。

③ 谢平等：《金融控股公司发展与监管》，北京：中信出版社2004年版，第368页。

展趋势和潮流，做到以下三点：一是以实质控制为认定标准，界定一般意义上的金融控股公司；二是以“兜底条款”的立法技术包容难以确认的金融控股公司；三是从实践出发，排除非以控制为目的的各种情形。

二、中国金融控股公司组织形式的法律规定

金融控股公司以母公司是否拥有自己的事业领域为标准可分为纯粹型金融控股公司和事业型金融控股公司。中国《金融控股公司法》中是否应该规定金融控股公司的组织形式？规定何种金融控股公司的组织形式？

（一）立法是否应当干预金融控股公司的组织形式

根据传统古典经济学理论，在理想的自由市场中，“看不见的手”会有效地引导企业的组织机构运行，保证企业实现最高效率。但是新制度经济学理论却认为，由于交易成本的存在，单凭市场进行安排是难以达到最佳效果的，必须进行有效的制度安排，尤其是具有特殊性的市场，制度安排更是尤为重要。在金融市场上，从来都是法律规范这种正式的制度安排发挥着主导作用。其中的原因主要是银行存款的公共产品特性、金融机构倒闭的负外部性等引起的政府对公共政策问题的担心，加上金融市场中固有的信息不对称问题，导致政府通过制定监管制度和提供政府担保等方式构建安全网。[①]

在组建金融控股公司时，为了让金融安全网有效运行，实现公共政策上的政治目的，政府必须注意防止逆向选择和道德风险

---

① 杨勇：《金融集团法律问题研究》，北京：北京大学出版社 2004 年版，第 150 页。

的出现，避免安全网的扩大，保护金融机构的安全稳健运行，解决好利益冲突，其中最为关键的是对金融控股公司进行多元业务经营时的组织形式进行选择和安排。而就目前各国金融立法来看，有的国家对金融混业经营的组织形式未作限制性的规定，而有的国家则对混业经营的形式进行干预。法律规定只能采取一定的组织形式，[①] 我国历来重视国家对金融活动的干预，虽然这种干预的绩效引发很多争论，但是如果让政府对金融控股公司的形式不加任何干预，而由市场力量促使各个金融机构选择最适合自己的组织形式从事多元化业务，显然是行不通的。一是因为我国的金融市场还不完善，仅靠市场力量调节难以达到目的；二是根据新制度经济学理论，即使是完善的金融市场条件下，制度也是重要的和必不可少的；三是我国目前正处于经济转轨时期，基于计划经济时期政府实施长期管制传统而形成的路径依赖，突然间完全放弃管制，往往形成制度断裂，出现制度真空条件下的各种经济紊乱，造成无法预料的后果。而中国目前存在着的五花八门的金融控股公司、准金融控股公司的组织架构形态各一，给金融发展和监管带来的诸多不便，恰好是制度缺失的具体表现。

（二）确定金融控股公司类型需要考虑的因素

法律在干预金融控股公司组织形式时，必须考虑的因素主要包括国家金融体制的安排、金融风险的防范、监管经验的积累以及金融营运管理的水平。

国家金融体制的安排是确定金融控股公司组织类型的首要因素。一国金融体制的确立是金融控股公司能否存在、如何存在的制度背景，如果金融控股公司的组织形式违背了金融体制的制度

---

① 杨勇：《金融集团法律问题研究》，北京：北京大学出版社2004年版，第151页。

安排，则成为一种非法经济组织而处于危险之中，其发展越快积累的危险就越大。

金融营运的管理水平也制约着金融控股公司组织形式的选择。金融营运管理水平高，可以选择设立复杂一些的金融控股公司组织形式，金融营运管理经验少、水平不高时，可以选择设立相对简单一些的金融控股公司的组织形式。

金融业由于自身的特殊性，而十分强调稳健经营和审慎经营的策略。所以从组织结构上预先防范风险成为选择金融控股公司类型的一个因素。在一国金融风险高发时期，则倾向于风险低的组织结构形式，在一国金融稳定平缓时期，则倾向于选择效益高、风险也高的组织结构形式。

在金融监管上，如果监管经验丰富，监管法律制度运行效率高，则倾向于选择风险高收益高的金融控股公司的组织结构形式，否则则倾向于选择风险较低的组织结构形式。

除此以外，政府的政策偏好，金融机构自身的发展以及所处的国际经济环境也都有可能影响金融控股公司组织类型的选择。

（三）纯粹型金融控股公司是中国的立法选择

我国现行法律框架的金融分业经营的制度安排与金融机构向混业经营的发展的需求之间形成了矛盾。金融机构作为市场主体是追求利益最大化的，只要存在着利益最大化激励，就会有规避法律的行为。而事业型金融控股公司与我国分业经营的金融体制架构不相容，因为它自身从事着一类金融事业的同时，又去投资控制另一种金融业务的子公司，监管当局非常倾向于认定其从事了金融混业经营，所以我国的银行机构在从事混业经营时采取了迂回方式到国外或香港注册金融控股公司，再返回国内从事各种金融业务。而纯粹型金融控股公司却能够使我国的金融业在现有分业经营的法律框架内实现混业经营。纯粹型金融控股公司并不直接从事金融业务，而是以各子公司作为业务平台，子公司之间仍保持分业经营。纯粹型金融控股公司架构下，母公司只掌握子公司的股份，不同的子公司从事不同的金融业务，母公司通过控股权协调各类业务活动，并取得股权收益。控股母公司的主要职能是监督管理，没有具体的业务，但有投资功能，主要负责收购、兼并、转让和子公司股权结构变动，协调内部资源共享及新领域投资。收购兼并后的公司和新投资的公司实行独立经营、独立核算的独立法人，在业务经营方面完全符合分业经营体制的要求。所以说纯粹型金融控股公司是我国分业经营环境下实践混业的适当模式。

就我国金融现状而言，纯粹性金融控股公司模式比较适合于全国性金融控股公司，即经中央政府批准的或授权设立的其全部或大部分股份为国家所有的受国务院直接领导的金融控股公司，其优势在于：（1）纯粹型金融控股公司作为中央政府与下属各运营子公司的中介型企业法人，有效缓冲政府对各金融企业的直接干预；（2）国有纯粹型金融控股公司本身没有经营特定的金融业务，全部资金都可投入到子公司去，资本运作效率高，可以充分利用财务杠杆，实现少量国有金融资产控制大量非国有资产；（3）由于母公司不从事具体金融业务，战略管理与经营管理相分离，可从战略高度灵活地进行资本运营，有利于内部资源的整合与外部资源的重组，增减股份进出子公司的通道十分便利。

由于上述原因，加之我国金融经营管理水平不高，金融风险目前急剧加大，而且金融监管积累的经验不多，这些因素都促使我国金融持股公司的模式选择，必须充分利用原有的制度资源基础进行创新。因为“从历史经验看，国家制度与经济发展的良性互动关系，往往始于充分利用传统体制下有利于经济发展的因素，为经济发展创造条件，使经济能在传统体制下获得初步的和尽量充分的发展。”[①] 而金融控股公司的发展也应遵循这一经济发展和制度变迁的规律，所以在金融控股公司法中将控股公司模式限定为“纯粹型金融控股公司”，在目前看来是一种不错的乃至最佳的模式选择。而中信控股公司和中国光大集团也从实例上对这一结论提供了有力支持。

三、中国金融控股公司业务范围的法律规定

设立金融控股公司的宗旨就是为提高经济效益，获得范围经济和规模经济，达到这一效果的路径则是采取多元化金融业务经营，为客户提供“一站式”（one - step - shop）服务的金融超市，从而增强中国金融机构的整体实力。金融市场开放后，在WTO框架下，中国金融控股公司要在与国外各种金融集团的竞争中树立起自己的服务优势。所以从法律这种正式制度的安排上首先应提供金融控股公司活动的广阔空间，免得在以后的发展中由于受到制度的不合理的嵌制，而影响中国金融业的发展，但是在业务范围的制度安排上应特别注意下列几个问题。

（一）金融业务的范围应采取广义的规定

金融控股公司旗下的子公司是否以经营银行、证券或保险业务的狭义金融机构为限？还是经营广义的金融机构，即除上述金融机构外，还将期货、信托或其他相关金融业务的机构包括在内？[②] 中国现实情形是形形色色的金融控股公司从事着五花八门的业务，这一方面说明制度缺失为其提供了自由活动的空间，也

---

① 王一江：“国家与经济”，载于吴敬琏主编：《比较》第18期，北京：中信出版社2005年版，第26页。

② 何永哲：《金融控股公司法律制度研究》，华东政法学院硕士学位论文，2003年，第60页。

说明了规制不全形成的某种程度上的混乱。就各国金融控股公司业务范围的立法例来看，几乎均有正式制度安排进行规制，所存在的差异只是金融业务范围的大小而已，但总的发展趋势是业务范围的限制是越来越少。根据这两方面的原因可以推断，中国金融控股公司立法中对业务范围的规定应采取广义的金融业务概念，既包括本质上的金融业务，也包括与金融相关的附属业务、辅助性金融业务以及金融创新产生的衍生工具而出现的金融业务。

（二）界定金融控股公司与子公司业务之间的边界

中国目前的金融体制决定中国采取的金融控股公司的模式是纯粹型金融控股公司。母公司只是以资本为纽带投资控股金融子公司，并对其进行战略性经营管理，不从事金融业务性经营，只是获取股息，不直接参与子公司业务。也就是说，金融控股公司所从事金融业务的方式就是对不同金融业务类型的子公司进行投资，达到控股后进行战略管理而非直接经营各种合理业务。关于金融控股公司与子公司之间业务边界的划分可参照我国台湾地区“金融控股公司法”的规定，将金融控股公司的业务限定为投资及对被投资事业的管理。

（三）金融控股公司能否从事实业生产之业务

从国际金融监管发展的趋势看，各国关于金融控股公司业务范围的立法例都是尽量避免金融集团控制实业生产事业。金融控股公司作为金融集团的一种组织形式理应遵循这一基本限定，以金融相关业务为主。但问题在于，如果金融控股公司的子公司成为创业投资公司时，创业投资公司的主要业务范围为实业生产事业范围。在这种情形下，金融控股公司有可能间接地实质性地控制生产事业。为了从法律上做到未雨绸缪，可以规定金融控股公司的负责人或职员，不得担任创业投资子公司的负责人或职员，不得担任创业投资子公司所投资事业的经理人。中国金融控股公司立法首先应禁止金融控股公司从事实业生产之业务，其次应限制间接性地控制实业生产之事业。

（四）关于金融控股公司业务范围的立法技术

有关金融控股公司业务范围的法律规范建构与制度安排，在技术上应借鉴我国台湾地区“金融控股公司法”的立法模式。首先，逐次列举金融控股公司可投资控股的本质金融业务范围；其次，对与金融相关的附属业务和辅助性业务进行规定；再次，在列举后应有概括规定，确保金融创新而出现业务时的不时之需；最后，禁止或限制金融控股公司从事实业生产之业务。这样，既有列举式的规定，又有概括式的规定，既有补充性的规定，又有限制性的规定，从立法技术看，可以较为完善地界定金融控股公司的业务范围。

四、中国金融控股公司设立方式的法律规定

金融控股公司的设立制度安排从理论上讲有三种模式，即新设、并购和分立。就实践来看，由于金融控股公司自身的特殊性，要想在毫无基础的情形下，横空出世，新设成立，几乎是不可能的，也不存在这样的先例。而现实中金融控股公司主要是通过股份转换、营业转让和三角合并等方式达到金融机构的并购或分立而逐渐形成的。这也是目前世界各国金融控股公司设立制度变迁中所呈现出的一般趋势，中国虽有自身的具体情形，但也很难超越这两种金融控股公司设立方式，而且，中国经济金融的一些特点恰恰非常适合采用这两种制度设计。

五、中国金融控股母子公司法人治理制度

中国金融控股公司目前还处于发展阶段，加之一般的公司治理理论和治理制度也并不成熟，所以中国金融控股母子公司法人治理制度面临着双重任务，即母子公司各自的法人治理制度和母子公司之间治理制度的建构，本书只讨论母子公司法人治理制度的完善。

金融控股公司治理制度的安排实质上是公司权力的分配与制衡，但是由制度安排的缺失造成现存的金融控股公司或准金融控股公司在治理机制上出现十分不完善的现象，也导致了这些公司的经营管理中存在着诸多问题，甚至影响到公司的生存。

作为正式的制度安排，国家有关金融控股公司的法律法规是其进行公司治理的基础和保障。虽然金融部门的有关人员一再强调要对金融控股公司进行立法，但至今仍未有具体的法律法规形成。这势必导致金融控股公司治理机制混乱，影响金融控股集团的整体效益。更有甚者，现存的有关金融子公司的法律法规相冲突，而使公司治理制度选择无所适从。如证监会颁布的《上市公司治理标准》规定银行上市公司董事会的特别委员会的成员均应是董事，而中国人民银行颁布的《股份制商业银行公司治理指引》则只要求特别委员会的负责人是董事。

从中国金融控股公司和“准”金融控股公司来看，其治理结构和制度安排也难以令人满意，主要表现为大多数金融控股公司都是国有股在其中担任主导作用。由于国有主体缺位，委托代理机制不完善，特别是股东大会的基础委托授权机制和监督机制不能有效地充分发挥作用，董事会结构不合理，组成人员多由国

家组织人事部门任命。[①] 这种任命委派董事的制度很容易导致股东大会对董事会的委托代理机制异化，约束作用减弱。更为严重的是，金融控股公司母子公司经理层中的高级经理人员，通常也是国家组织人事部门或实业集团直接任命或委派，造成董事会与经理层之间的委托代理关系虚设，约束力极度减弱，高级经理人员权力膨胀，甚至异化为董事会的权力。而此时监事会要么是组织不健全，职责不明确，要么是业务不精通，监督不积极，难以起到对整个金融控股集团的监督作用。

所以，中国金融控股公司要完善公司治理机制，首先必须建立健全有关金融控股公司法律制度，消除各种规范之间的矛盾和冲突，为公司治理机制提供正式的制度基础；其次从公司治理的基础理论出发，着重解决好委托代理难题，改变治理机构人员的产生方式，真正按照分权与制衡、激励与约束的公司治理要求和标准，建立起股东大会、董事会、经理层和监事会，形成一个完善的金融控股公司治理机制。

六、中国金融控股公司外部监管法律制度

目前中国大陆实行的是分业经营、分业监管的金融监管架构，对金融控股公司如何进行监管应在《金融控股公司法》中进行规定。在监管机构上法律应当明确坚持功能性监管原则，每一类具体的金融业务都由相应的业务监管机构行使监督检查权。并规定控股母公司层面上实行牵头监管，牵头监管者按照控股公司主要金融业务确定，即主要业务的监管者也是整个控股公司监管的牵头人。如果无法区分主要业务与次要业务，则应考虑银行

① 参见吴晓灵：“改善中国金融企业治理结构的条件与环境”，载于吴敬琏主编：《比较》第18期，北京：中信出版社2005年版，第158—164页。

的特殊地位，由银行监管机构担任牵头监管者，或者由三大监管机构与中央银行一起协商确定牵头监管者。在监管内容上，法律应明确监管范围，对资本充足率要求、流动性要求、监督大额内部交易、防止集团内不良关联交易以及金融控股公司的内部控制和市场退出等方面进行监管。在监管方式上，牵头监管者实施监管所需的信息由各个功能监管者提供，一般不自行对金融子公司进行检查，以减少监管负担，降低监管费用。同时应规定建立监管协调机制，实际上这方面已经出台了相关文件。2003 年三大金融监管部门达成了《在金融监管方面分工合作的备忘录》，其宗旨是“明确中国银行业监督管理委员会、中国证券监督管理委员会、中国保险监督管理委员会在金融监管方面的职责，为三家机构协调配合，避免监管真空和重复监管，提高监管效率，鼓励金融创新，以达到所有金融机构及其从事的金融业务都能得到持续有效的监管”。在《金融控股公司法》制定时应注意吸收借鉴此类规定。

七、中国金融控股公司内部控制法律制度

对金融控股公司而言，内控制度应该实现“效率、透明、合法”三个目标，即实现集团的协同效应，实现效率目标；提高集团的透明度，保证对内对外的信息及时、可靠和适当；保证整个集团的经营活动符合监管要求和法律规定，符合公司制定的政策和程序。

中国金融控股公司的有效的内部控制法律制度设计应以金融控股公司本身的特征以及其可能产生的风险为基础，针对“效率、透明、合法”三个目标进行制度安排。首先，金融控股公司必须有一个完善的组织结构，包括决策层、执行层和监督层。必须要建立内部审计稽核管理机制，审计稽核部门都独立运作于

其他所有部门之外，它们将独立开展工作，实行岗位责任制，对部门之间、岗位之间实行恰当的责任分离制度。不同业务或同一业务的不同环节由不同的人员负责办理，以确保相互的业务监督牵制。其次，建立一个有效的内部控制预警系统。在具体操作中可以设立一组能够反映企业所面临的风险的指标，定期对企业的内控机制进行考察评估，以便尽早发现和防范新的金融风险，使我国的金融控股公司在金融风险控制中始终占据主动地位。

本章小结

国内金融业的发展尤其是各种各样具有金融控股性质的金融集团纷纷出现，加之金融全球化和中国加入 WTO 后金融市场的全面开放，国外具有金融控股性质的金融集团也纷纷涌入，都对中国现有金融法律制度提出各种挑战，在这种背景下中国《金融控股公司法》的制定显得尤为紧迫。

中国的金融机构甚至大量非金融机构在金融效益的诱导下充满着进行组建金融控股公司的冲动。不但有实力的银行、证券公司和保险公司都谋求组建金融控股公司，试图借此搭建一个金融服务平台，打通货币市场、证券市场和保险市场之间的管道，开展综合金融服务，试探混业经营，就连一些资金雄厚的实业公司也出于各种动机筹办金融控股公司，试图打破实业界与金融界之间的壁垒，要在金融市场分得一杯羹。而政府部门虽然只正式批复了个别金融控股公司，但对其后出现的金融控股公司采取了容忍和默许的态度，并试图从一些政策法规上加以引导。

中国的金融立法更强调维护金融秩序和稳定。重视法的秩序与稳定价值当然正确，强调过分则影响到金融效率。金融控股公司作为一个经济组织，必须追求利润，强调效率，才有竞争力。

因而中国的金融控股公司立法的基本价值取向应顺应国际潮流，确立效率优先、兼顾安全的价值取向，修改完善金融法律体系，整合金融监管部门，为提高金融控股公司的竞争力和金融效率打开法律之门。

金融控股公司作为一种企业组织形式体现了从分业走向混业经营的制度变迁。如果从博弈论的角度进行解读，则是各种利益集团从各自利益出发经过多次博弈产生的结果。采取博弈论的方法分析中国金融控股公司的立法，就会发现在原先金融分业经营的制度安排下，各个利益集团之间博弈结果是反对作为金融混业模式的金融控股公司立法，但反对的力量并不是十分强大，所以这种制度均衡很容易被打破。随着经济的发展和国际环境的变化，各个利益集团也在不断调整自己的策略，这些策略调整后，博弈结果也随之发生了变化，同意金融控股公司立法力量大大增强。

中国金融控股公司制度变迁是渐进式、诱致性制度变迁，政府在中国金融控股公司制度变迁上起着至关重要的作用。中国金融控股公司制度变迁必须在金融分业经营制度安排下来进行，必须在现存的金融的法律制度框架下进行制度创新。在这种既定路径下修改完善相应的金融法律法规，为金融控股公司法的制定奠定基础。

金融控股公司法律制度构建既要注重发挥金融控股公司综合经营的效率优势，又要注意完善公司的内部控制，加强政府的监管措施，合理设计安排各种具体的金融控股公司法律制度，包括：金融控股公司的法律界定，金融控股公司组织形式的选择，金融控股公司业务范围的法律规定，金融控股公司并购分立制度，金融控股母子公司法人治理制度，金融控股公司监管法律制度和金融控股公司的内部控制制度。

结 论

金融要为一国经济增长提供持续、稳定和高效的贡献，必须不断提高金融效率。而金融效率是指金融资源的配置达到帕累托最优状态。在现代法律体系中，金融法的内容和构成绝大部分还是商事金融法律规范，金融法律制度的立法理念，仍然体现的是商事法律的基本价值取向。金融法律制度的立法理念包括自由、效率、安全和正义。而金融效率与金融安全是金融法律制度中的两大基本立法理念。立法者应该洞悉法律制度背后的基本立法理念，在金融法律制度立法理念发生冲突时作出价值判断，确立效率优先、兼顾安全的基本价值取向。

金融控股公司作为一种金融混业经营的企业组织形式，从经济学的角度进行分析，能够降低交易成本，提高经济效率，易于形成规模经济和范围经济。所以，金融控股公司作为一种新的制度安排，具有经济组织结构优势和信息经济优势，并能在一定程度上分散和减少金融风险，具有风险防范优势。由此可见，金融控股公司是一种充分体现效率优先又兼顾金融安全理念的经济组织形式。

从制度变迁的角度审视现代金融经营制度的演进史，金融分业经营制度取代了自然的金融混业制度后，又有被金融混业制度所取代的趋势，但这并不是简单的回归，而是在现代市场经济和国际金融一体化条件下，出现的更高形式的金融混业经营制度，组织模式也由单一功能的金融机构发展为金融控股公司和全能银行。在金融混业经营的组织形式中，金融控股公司更能适应当前和今后一定时期内金融混业经营制度存在和发展的条件和环境。金融效率是金融控股公司法律制度生发的原始动因，金融制度的选择与建构与一切经济制度一样，都是寻求安全与效益的动态平衡。金融控股公司法律制度就是为了降低金融交易费用，提高金融效率而做的一种制度安排。

金融控股公司的立法应规定金融控股公司的准入条件，只有这样才能既发挥金融控股公司的效率优势，又能维护金融稳定与金融安全。这是防范金融风险的第一道屏障。世界上几乎所有的市场经济国家的金融监管当局都对金融机构的设立制定准入条件进行审批。如果让先天不足的金融控股公司机构进入市场，则意味着在金融系统中埋下了严重的风险隐患。在金融控股公司设立方式上一般有并购和分立两种路径，为了减少可能产生的设立成本，迅速便捷地成立金融控股公司，提高经济效率，在预设路径的前提下，金融机构演变为金融控股公司的轨迹大致包括股权交换、营业让与和三角合并等几种具体的操作方法。对金融控股公司的设立方式是否采用专门的法律制度安排，虽然在实务上和理论上存在着分歧，但大多数国家出于金融安全的考虑还是在法律设计上进行详略不同的制度安排。由于金融控股公司自身的金融特性决定国家作为制度的提供者，对金融控股公司的业务范围要进行一定的规制，以实现金融安全和稳健经营。金融控股公司业务范围的法律制度的安排一方面规范着金融领域的发展，另一方面也为金融控股公司提供了一个活动空间，但在制度安排上应尽量给予金融控股公司选择的机会，以体现金融自由原则。

金融控股公司法有关资本运作的制度安排中，对资本充足率的最低要求的规定，可以采取对金融控股公司或者是对银行子公司进行规范，而不必扩至所有金融子公司，更不必对母子公司一体适用，具体的制度安排应遵循金融效率原则，让金融控股公司自己去抉择和安排。在金融控股公司架构下进行统一规划，为实现规模经济和范围经济，产生协同效应，进行共同行销，从而有效利用金融资源，降低营业成本，提高金融效率。但是在金融控股公司架构下各子公司进行行销时，容易产生各种利益冲突。为了防止共同行销出现的各种弊端，法律采取了各种措施予以规制，如不公平交易之禁止、反垄断、客户隐私权保护、信息披露制度、关联交易之规制、防火墙制度之设计等均是此等规制措施。

金融控股母子公司各自作为独立的公司法人，都有符合自身要求的公司治理结构，然而这些公司在以资本为纽带的股权连接下共同归聚于一个控股公司架构下，形成了特有的母子公司法人治理结构，其管理模式有两种，即市场契约模式和等级规划模式。但是交易成本与代理成本之间存在着矛盾和冲突。金融控股公司应当以整个集团利益最大化为目标，采取最能实现各公司之间效益最大化的组织管理模式，即等级规划模式的公司治理机制。在金融控股公司实行等级规划模式的治理机制时，则可能产生控股公司架构下公司治理的特殊法律问题，主要包括委派董事的受托义务法律问题、小股东保护的法律问题和控股公司的责任问题。此外，金融控股公司的金融经济属性在很大程度上影响着金融控股公司的治理机制，在效率优先、兼顾安全的价值理念指引下，金融控股公司治理制度安排主要包括三个层次，即金融控股母公司的治理制度、金融控股子公司的治理制度和金融控股母子公司之间的治理制度。

由于金融控股公司股权关系复杂，金融产品交叉，容易导致风险聚集、传递和扩散，引起风险的分布组合发生变化，造成系统性风险，而传统的金融风险防范制度难以对金融控股公司架构下的风险进行及时反映和控制，必须针对这一风险的特质安排制度，从组织内部控制到外部金融当局的监管以及法律上的特殊责任制度的规定全方位地进行构建风险防范体系。金融控股公司的内部控制制度是金融控股公司自身为了保证稳健经营，在法律法规的框架内设计的一系列工作程序与制度，包括公司内各层次授权与责任结构、业务流程中的规章制度与操作规程。在控股股权架构下，既涉及金融子公司的内部控制，又涉及控股公司集团的内部控制。在外部监管上，各国根据自身的社会经济发展水平、金融混业经营程度、金融控股公司的发展现状、金融经营体系结构以及传统金融监管制度等一系列因素来设计、选择、安排金融控股公司监管法律制度。金融监管制度发生一些变化，如从结构性监管法律制度转向功能性监管法律制度，注重金融控股公司监管制度安排中的分权与制衡，全面防范金融控股公司风险的制度安排等。为了有效防止金融控股公司风险发生，维护金融安全，法律对金融控股公司及其子公司实行严格的监管制度，最为突出的就是突破有限责任原则，加重控股公司对其金融子公司的责任。

国内金融业的发展尤其是各种各样具有金融控股性质的金融集团纷纷出现，加之以金融全球化和中国加入 WTO 后金融市场的全面开放，国外具有金融控股性质的金融集团也纷纷涌入，都对中国现有的金融法律制度提出了挑战。在这种背景下，中国《金融控股公司法》的制定显得尤为紧迫。中国的金融立法更强调维护金融秩序和稳定。重视法的秩序与稳定价值当然正确，但强调过分则影响金融效率。金融控股公司作为一个经济组织，必须追求利润，强调效率才有竞争力。因而中国的金融控股公司的立法应顺应国际潮流，确立效率优先、兼顾安全的价值取向，修改完善金融法律体系，整合金融监管部门，为提高金融控股公司的竞争力和金融效率提供法律保障。

金融控股公司作为一种企业组织形式体现了从分业走向混业经营的制度变迁。如果从博弈论的角度进行解读，则是各种利益集团从各自利益出发经过多次博弈产生的结果。采取博弈论的方法分析中国金融控股公司的立法，就会发现在原先金融分业经营的制度安排下，各个利益集团之间博弈结果是反对作为金融混业模式的金融控股公司立法，但反对的力量并不是十分强大，所以这种制度均衡很容易被打破。随着经济的发展和国际环境的变化，各个利益集团也在不断调整自己的策略，这些策略调整后，博弈结果也随之发生了变化，同意金融控股公司立法力量大大增强。中国金融控股公司制度变迁是渐进式、诱致性制度变迁，政府在中国金融控股公司制度变迁上起着至关重要的作用。中国金融控股公司制度变迁必须在金融分业经营制度安排下来进行，必须在现存的金融法律制度框架下进行制度创新。在这种既定路径下修改完善相应的金融法律法规，为金融控股公司法的制定奠定基础。

中国金融控股公司法律制度构建既要注重发挥金融控股公司综合经营的效率优势，又要注意完善公司的内部控制，加强政府的监管措施，合理设计安排各种具体的金融控股公司法律制度，包括金融控股公司的法律界定，金融控股公司的组织形式的选择，金融控股公司业务范围的法律规定，金融控股公司并购分立制度，金融控股母子公司法人治理制度，金融控股公司监管法律制度和金融控股公司的内部控制制度。

尽管从金融效率与金融安全的视角对金融控股公司法律制度进行了较为详细的探讨，但是，还有许多有待于进一步深入研究的方面，例如本书只是论证了金融控股公司的优势，却没有详细探讨这种组织自身存在的缺点；有关中国金融控股公司的制度构建只是分了几个方面谈了立法应注意的问题，却没有细致的条款设计；在研究方法上，运用各种经济分析方法研讨法律制度时，有的地方并不是十分娴熟。这些不足之处，还需本人学业长进后，继续努力进行探讨和完善。

参考文献

一、中文文献

（一）著作

1. 赵万一：《商法基本问题研究》，北京：法律出版社 2002 年版。

2. 赵万一：《商法学》，北京：中国法制出版社 1999 年版。

3. 赵万一：《公司治理法律问题研究》，北京：法律出版社 2004 年版。

4. 王文宇：《控股公司与金融控股公司法》，北京：中国政法大学出版社 2003 年版。

5. 安志达：《金融控股公司——法律、制度与实务》，北京：机械工业出版社 2002 年版。

6. 谢平等：《金融控股公司的发展与监管》，北京：中信出版社 2004 年版。

7. 杨明辉、张翔燕等编著：《金融控股公司实务与操作》，北京：中信出版社 2004 年版。

8. 黎四奇：《金融企业集团法律监管研究》，武汉：武汉大学出版社 2005 年版。

9. 孙新强：《法典的理性：美国统一商法典法理思想研究》，济南：山东人民出版社 2006 年版。

10. 外国经济学说研究会编：《国外经济学讲座》（第一

册），北京：中国社会科学出版社 1980 年版。

11. 孙林主编：《写给法律人的经济词汇》，北京：法律出版社 2004 年版。

12. 刘满强：《技术进步系统论》，北京：社会科学文献出版社 1994 年版。

13. W. 阿瑟·刘易斯：《经济增长理论》，上海：上海三联书店 1994 年版。

14. 西蒙·库兹尼茨：《现代经济增长》，北京：北京经济学院出版社 1989 年版。

15. 刘茂林：《知识产权法的经济分析》，北京：法律出版社 1996 年版。

16. 迈克尔·P. 托达罗：《经济发展与第三世界》，北京：中国经济出版社 1992 年版。

17. 约翰·伊特韦尔等：《新帕尔格雷夫货币金融大辞典》，北京：经济科学出版社 2000 年版。

18. 曾康霖主编：《金融学科建设与人才培养》，成都：西南财经大学出版社 1998 年版。

19. 崔满红：《金融资源理论研究》，北京：中国财政经济出版社 2002 年版。

20. ［美］兹维·博迪、罗伯特·C. 莫顿：《金融学》，北京：中国人民大学出版社 2000 年版。

21. 董裕平：《金融：契约、结构与发展》，北京：中国金融出版社 2003 年版。

22. 王慎之：《中观经济学》，上海：上海人民出版社 1988 年版。

23. 李京文：《国际技术经济比较》，北京：中国社会出版社 1990 年版。

24. ［美］罗纳德·I. 麦金农：《经济发展中的货币与资

本》，上海：上海三联书店 1993 年版。

25. ［美］爱德华·肖：《经济发展中的金融深化》，上海：上海三联书店 1988 年版。

26. J. 希克斯：《经济史理论》，北京：商务印书馆 1987 年版。

27. J. H. 克拉潘：《现代英国经济史》，（上卷），北京：商务印书馆 1964 年版。

28. 金德尔伯格：《西欧金融史》，北京：中国金融出版社 1991 年版。

29. 张春子：《金融控股集团的组建与运营》，北京：机械工业出版社 2005 年版。

30. 孔祥毅：《百年金融制度变迁与金融协调》，北京：中国社会科学出版社 2002 年版。

31. 李风圣、吴云亭：《公平与效率：制度分析》，北京：经济科学出版社 1995 年版。

32. ［英］亚当·斯密：《国民财富的性质和原因的研究》，北京：商务印书馆 1979 年版。

33. 张先治：《经济效益研究》，大连：东北财经大学出版社 1996 年版。

34. 林立：《波斯纳与法律经济分析》，上海：上海三联书店 2005 年版。

35. 梁勇：《开放的难题：发展中国家的金融安全》，北京：高等教育出版社 1996 年版。

36. 郑汉通：《经济全球化中的国家经济安全问题》，北京：国防大学出版社 1999 年版。

37. 雷家骕：《国家经济安全理论与方法》，北京：经济科学出版社 2000 年版。

38. 王元龙：《中国金融安全论》，北京：中国金融出版社

2003 年版。

39. 王曙光：《金融自由化与经济发展》，北京：北京大学出版社 2003 年版。

40. 李羽中：《国家金融风险论》，北京：商务印书馆 2000 年版。

41. 戴相龙等：《中华金融辞库》，北京：中国金融出版社 1998 年版。

42. ［英］约翰·伊特韦尔等：《新帕尔格雷夫经济学大辞典》，北京：经济科学出版社 1992 年版。

43. 韦伟等：《金融危机论——经济学角度的分析》，北京：经济科学出版社 2001 年版。

44. 周旺生：《立法技术手册》，北京：中国法制出版社 1999 年版。

45. ［美］庞德：《通过法律的社会控制》，沈宗灵译，北京：商务印书馆 1984 年版。

46. ［德］黑格尔：《法哲学原理》，贺麟、张企泰译，北京：商务印书馆 1996 年版。

47. 江山：《中国法理念》，武汉：中国地质大学出版社 1989 年版。

48. ［英］彼得·斯坦、约翰·香德：《西方社会的法律价值》，王献平译，北京：中国法制出版社 2004 年版。

49. ［德］康德：《法的形而上学原理》，北京：商务印书馆 1991 年版。

50. 胡炳志：《中国金融制度的重构研究》，北京：人民出版社 2003 年版。

51. 高德步：《产权与增长：论法律制度的效率》，北京：中国人民大学出版社 1999 年版。

52. ［美］R. 波斯纳：《法理学问题》，苏力译，北京：中国政法大学出版社 1994 年版。

53. 喻平：《金融创新与经济增长》，北京：中国金融出版社 2005 年版。

54. ［美］亨利·勒帕日：《美国新自由主义经济学》，北京：北京大学出版社 1985 年版。

55. ［美］E. 博登海默：《法理学：法哲学及其方法》，邓正来、姬敬武译，北京：华夏出版社 1987 年版。

56. R. 巴里·约翰斯顿：《金融改革的次序——国别经验问题》，北京：中国金融出版社 2000 年版。

57. 卞耀武主编：《当代外国公司法》，北京：法律出版社 1995 年版。

58. 《法国商法典》，金邦贵译，北京：中国法制出版社 2000 年版。

59. 殷召良：《公司控制权法律问题研究》，北京：法律出版社 2001 年版。

60. 吴越：《企业集团法理研究》，北京：法律出版社 2003 年版。

61. 周仲飞、郑晖：《银行法原理》，北京：中信出版社 2004 年版。

62. ［美］科斯、诺斯等：《制度、契约与组织》，［法］克劳德·梅纳尔编，刘刚等译，北京：经济科学出版社 2003 年版。

63. 陈郁编：《所有权、控制权和激励》，上海：上海三联书店、上海人民出版社 1998 年版。

64. 易宪容：《金融市场的合约分析》，北京：经济科学出版社 1998 年版。

65. 程恩富、胡乐明：《新制度主义经济学》，北京：经济日报出版社 2005 年版。

66. ［美］康芒斯：《制度经济学》，于树生译，北京：商务印书馆 1997 年版。

67. ［美］科斯：《论生产的制度结构》，盛洪等译，上海：上海三联书店 1994 年版。

68. 贺卫、伍山林主编：《制度经济学》，北京：机械工业出版社 2003 年版。

69. 蔡浩：《抉择：金融混业经营与监管》，昆明：云南人民出版社 2002 年版。

70. 张维迎：《信息、信任与法律》，北京：生活·读书·新知三联书店 2003 年版。

71. 张建伟：《转型、变法与比较法律经济学——本土化语境中法律经济学理论思维空间的拓展》，北京：北京大学出版社 2004 年版。

72. 盛洪：《为什么制度重要》，郑州：郑州大学出版社 2004 年版。

73. 钱弘道：《经济分析法学》，北京：法律出版社 2003 年版。

74. ［美］道格拉斯·C. 诺斯：《制度、制度变迁和经济绩效》，刘守英译，上海：上海三联书店 1994 年版。

75. 孙同鹏：《经济立法问题研究》，北京：中国人民大学出版社 2004 年版。

76. 袁庆明：《新制度经济学》，北京：中国发展出版社 2005 年版。

77. V. 奥斯特罗姆、D. 菲尼、H. 皮希特：《制度分析与发展的反思》，北京：商务印书馆 2001 年版。

78. ［美］R. 科斯 A. 阿尔钦 D. 诺斯等：《财产权利与制度变迁》，上海：上海三联书店、上海人民出版社 1991 年版。

79. 张艳：《金融业混业经营的发展途径研究》，北京：中国金融出版社 2003 年版。

80. 陆泽峰：《金融创新与法律变革》，北京：法律出版社2000年版。

81. 熊波等：《金融控股公司理论与实践》，北京：经济管理出版社2002年版。

82. 蒋大兴主编：《公司法律报告》，第1卷，北京：中信出版社2003年版。

83. 施天涛：《关联企业法律问题研究》，北京：法律出版社1998年版。

84. 柳经纬等：《上市公司关联交易的法律问题研究》，厦门：厦门大学出版社2001年版。

85. 何美欢：《公众公司及其股权证券》，北京：北京大学出版社1998年版。

86. ［美］罗伯特·C. 克拉克：《公司法则》，胡平等译，北京：工商出版社1999年版。

87. 张维迎：《博弈论与信息经济学》，上海：上海三联书店、上海人民出版社1999年版。

88. 张开平：《英美公司董事法律制度研究》，北京：法律出版社1998年版。

89. 杨勇：《金融集团法律问题研究》，北京：北京大学出版社2004年版。

90. 金德怀主编：《证券市场基本理论问题研究》，上海：上海财经大学出版社1998年版。

91. 王文钦：《公司治理结构之研究》，北京：中国人民大学出版社2005年版。

92. 梅慎实：《现代公司机关权力构造论》（修订本），北京：中国政法大学出版社2000年版。

93. 吴淑琨、席酉民：《公司治理与中国企业改革》，北京：机械工业出版社2000年版。

94. 邓小平：《邓小平文选》第三卷。

95. 倪建材：《公司治理结构：法律与实践》，法律出版社 2001 年版。

96. ［美］科斯等：《契约经济学》，北京：经济科学出版社 2003 年版。

97. ［美］阿道夫·A. 伯利、加德纳·C. 米恩斯：《现代公司与私有财产》，甘华鸣、罗锐韧、蔡如海译，北京：商务印书馆 2005 年版。

98. 柴振国等：《企业法人财产权的反思与重构》，北京：法律出版社 2001 年版。

99. 沈达明编著：《衡平法初论》，北京：对外经济贸易大学出版社 1997 年版。

100. 费方域：《企业的产权分析》，上海：上海三联出版社 1998 年版。

101. 赵晓雷：《现代公司产权理论与实务》，上海：上海财经大学出版社 1988 年版。

102. 张维迎：《企业理论和中国企业改革》，北京：北京大学出版社 1999 年版。

103. 张广柱：《中国上市公司制度实证分析》，上海：立信会计出版社 2000 年版。

104. 王利明等：《民法新论》（上册），北京：中国政法大学出版社 1987 年版。

105. 李维安等：《现代公司治理研究——资本结构、公司治理和国有企业股份制改造》，北京：中国人民大学出版社 2002 年版。

106. 蔡鄂生等：《银行公司治理与控制》，北京：经济科学出版社 2003 年版。

107. 谢荣、钟凌：《商业银行内部控制系统研究》，北京：

经济科学出版社 2004 年版。

108. 哈罗德·孔茨、亚里尔·奥唐奈：《管理学》，贵阳：贵州人民出版社 1986 年版。

109. 徐杰、杨紫烜：《经济法学》，北京：北京大学出版社 2000 年版。

110. [日] 园乾治：《保险法总论》，李进之译，北京：中国金融出版社 1983 年版。

111. 温世扬：《保险法》，北京：法律出版社 2003 年版。

112. 李玉泉：《保险法》，北京：法律出版社 2003 年版。

113. 何光辉：《存款保险制度研究》，北京：中国金融出版社 2003 年版。

114. 张曙光：《中国为什么缺少像样的企业家》，郑州：郑州大学出版社 2004 年版。

115. 谢怀栻：《外国民商法精要》，北京：法律出版社 2002 年版。

116. [美] 哈威尔·E. 杰克逊、小爱德华·L. 西蒙斯编著：《金融监管》，吴志攀译，北京；中国政法大学出版社 2003 年版。

（二）论文

117. 温涛、冉光和、王煜宇：“金融产业可持续发展运行机制研究”，载于《金融理论与实践》2004 年第 1 期。

118. 张亦春：“金融安全与金融创新相辅相成”，载于《现代商业银行》2002 年第 7 期。

119. 王元龙：“对外开放的中国与金融安全”，载于《金融时报》1998 年 5 月 18 日。

120. 王元龙：“我国对外开放中的金融安全问题研究”，载于《国际金融研究》1998 年第 5 期。

121. 陈建新："以市场原则处理金融风险——与青年学者徐诺金博士谈美国80年代银行危机的成因、处置及启示"，载于《金融时报》2001年5月19日。

122. 赵维贞："美国成文法与传统大陆法系成文法立法理念比较研究"，载于《西南政法大学学报》2001年第6卷第2期。

123. 张宇润："金融法的定位及内在冲突的衡平"，载于《当代法学》2004年第18卷第1期。

124. 傅穹："法定资本制：诠释、问题、检讨——从公司不同参与人的利益冲突与衡量观察"，载于蒋大兴主编：《公司法律报告》第1卷，北京：中信出版社2003年版。

125. 姜立文：《美国金融控股公司加重责任制度的实效评析》，载于《浙江工商大学学报》2004年第6期。

126. 徐明棋："科学发展观视角下的新金融安全观"，载于《新金融》2005年第3期。

127. 杨素兰："发展中国金融控股公司的现实意义与制度分析"，载于《金融论坛》2001年第9期。

128. 姚秦："金融控股公司：一个有效的混业经营制度安排"，载于《财经理论与实践》2001年第22卷第113期。

129. 吴晓灵："金融混业经营和监管现实"，载于吴敬琏主编：《比较》第11期，北京：中信出版社2004年版。

130. 江春："新制度经济学探索"，载于《经济学动态》2002年第2期。

131. 张春子：《金融集团内部各种业务关联与互动》，中信国际研究所研究报告，2000年12月4日。

132. 刘波："金融体制的结构性选择"，载于《金融与经济群言堂》，上海：上海财经大学出版社1999年版。

133. 张风超："金融一体化的理论建构"，载于《东北师范大学学报》2005年第4期。

134. 吴敬琏："中国采取了'渐进改革'战略吗?"，载于《经济学动态》1994 年第 9 期。

135. 陈振波："试从制度变迁理论角度论体制转型期政府的作用"，载于《江西教育学院学报·社科版》1999 年第 2 期。

136. 姚秦等："分业与混业：几个理论问题的探析与反思"，载于《广西大学学报·哲学社会科学版》2002 年第 2 期。

137. 阳小华、黄波："是分业还是混业的争议——中国金融业经营模式研究综述"，载于《学术论坛》2003 年第 4 期。

138. 李江："从金融功能角度审视金融混业"，载于《新疆金融》2004 年第 4 期。

139. 史尚宽："法律之理念与经验主义法学之综合"，载于刁荣华主编：《中国法律思想论集》，台北：汉林出版社 1984 年版。

140. 巴曙松："资本市场发展与金融结构调整——兼评银行业与证券业的分离与融合"，载于《当代经济科学》1998 年第 1 期。

141. 闻德峰："金融控股公司及其在我国的立法制度构想"，载于《金融论坛》2004 年第 8 期。

142. 蔡希贤："论金融控股公司法的成立与改善台湾的金融问题"，载于《台港澳及海外财政、金融》（中国人民大学复印资料）2002 年第 7 期。

143. 刘冠理："英国上市公司管治制度近况"，载于《中外法学》1988 年第 5 期。

144. 简新华："代理成本与公司治理结构"，载于中国（海南）改革发展研究院编：《中国公司治理结构》，北京：外文出版社 1999 年版。

145. 钱颖一："中国公司治理结构改革和融资改革"，载于《转轨经济中的公司治理结构——内部人控制和银行的作用》，北京：中国经济出版社 1998 年版。

146. 罗光："从经营失败案例看银行的风险意识与内部监控"，载于《国际金融研究》1996 年第 6 期。

147. 王国言："金融结构与金融体系稳健性问题初探"，载于《福建论坛》2000 年第 2 期。

148. 宋海鹰："金融服务与市场法对英国金融监管的变革"，载于《国际金融研究》2001 年第 5 期。

149. 莫于川："市场经济国家的行政指导简言"，载于《外国法学研究》1995 年第 4 期。

150. 姜立文："金融控股公司责任承担的新机制"，载于《金陵法律评论》2004 年秋季卷。

151. 李晓春："从加入 WTO 对我国银行业的挑战看《商业银行法》的完善"，载于《国际商务研究》2003 年第 3 期。

152. 李秀元："也谈加入 WTO 后中国银行业面临的挑战和机遇"，载于《黑河学刊》2003 年第 2 期。

153. 胡兰："论加入 WTO 给中国国有商业银行带来的机遇、挑战及应对措施"，载于《商业研究》2004 年第 18 期。

154. 严霞："加入 WTO 后我国银行业面临的挑战与对策"，载于《现代管理科学》2004 年第 6 期。

155. 史更深："加入世贸组织后国有商业银行面临的挑战与对策"，载于《理论界》2003 年第 3 期。

156. 张丹、张啓："金融创新：中国金融业发展的必经之路"，载于《哈尔滨商业大学学报·社会科学版》2005 年第 3 期。

157. 顾文利："加入 WTO 国有商业银行如何应对新挑战"，载于《内蒙古统计》2004 年第 1 期。

158. 石建勋、历咏："试析加入 WTO 对中国金融分业经营体制的影响"，载于《世界经济研究》2001 年第 6 期。

159. 青木昌彦："飞雁式制度变迁"，载于吴敬琏主编：《比较》第1期，北京：中信出版社2002年版。

160. 宋春艳："金融控股公司——从分业走向混业的现实选择"，载于《计划与市场探索》2003年第9期。

161. 袁开坤："西方金融控股公司的监管及对我国的启示"，载于《上海投资》2001年第10期。

162. 常健："试论我国金融控股公司立法的完善"，载于《上海交通大学学报·哲学社会科学版》2004年第5期。

163. 王一江："国家与经济"，载于吴敬琏主编：《比较》第18期，北京：中信出版社2005年版。

164. ［美］吴晓灵："改善中国金融企业治理结构的条件与环境"，载于吴敬琏主编：《比较》第18期，北京：中信出版社2005年版。

165. ［美］罗纳德·H. 科斯："新制度经济学"，载于［美］科斯、诺斯等：《制度、契约与组织》，［法］克劳德·梅纳尔编，刘刚等译，北京：经济科学出版社2003年版。

166. 迈克尔·森、威廉·麦克林："企业理论、代理成本和所有权结构"，载于陈郁编：《所有权、控制权和激励》，上海：上海三联书店、上海人民出版社1998年版。

167. 诺曼·尼科尔森："制度分析与发展的现状"，载于《制度分析与发展的反思》，北京：商务印书馆2001年版。

168. V. W. 拉坦："诱致性制度变迁理论"，载于《财产权利与制度变迁》，上海：上海三联书店、上海人民出版社1991年版。

169. 林毅夫："关于制度变迁的经济学理论：诱致性变迁与强制性变迁"，载于《财产权利与制度变迁》，上海：上海三联书店、上海人民出版社1991年版。

170. 杜启尧："中国金融控股公司立法研究"，北京：中国政法大学博士学位论文，2004年。

171. 王振山："金融效率论：金融资源优化配置的理论与实践"，大连：东北财经大学博士学位论文，1999 年。

172. 陆文磊："论金融结构的演进机制：一个金融效率的观点"，上海：华东师范大学硕士学位论文，2002 年。

173. 孔令学："中国金融控股公司制度研究"，北京：中共中央党校博士学位论文，2004 年。

174. 王国言："论金融分业、混业问题——银行、证券、保险、信托等体制互动的经济学分析"，北京：中国社会科学院研究生院博士学位论文，2001 年。

175. 何永哲："金融控股公司法律制度研究"，上海：华东政法学院硕士学位论文，2003 年。

176. 蒋淑芬："金融集团管理之法制研究"，台北：台湾辅仁大学法律研究所硕士学位论文，1998 年。

二、外文文献

1. Pareto V. Manuale d' economia politica. Milan: Scocieta Editrice Libraria. (Referred to as Manuel in the text). Revised and translated as Manuel d' economie politique Paris: Giard et Briere, 1909.

2. R. A. Posner, Economic Analysis of Law, Little Brown and Company, 1977.

3. Modern Company Law For a Competitive Economy , Final Report (on 26 July 2001).

4. Robert W. Hamilton , The law of Corporation in a nutshell, 7th Edition, West publishing Co. , 1996.

5. R. Liefmann, Beteilgungs - und Finanzierungsgeseuschafyen, Jena, 1931.

6. James C. Bonbring & Cardiner C. Means, The Holding Company, New York: Mc Graw – Hill Book Co. , 1932.

7. Childs, William Herbert, Consolidated financial statements; principels and procedures, Ithaca, New York, Cornell Univ. Press, 1949.

8. Daems Herman, The Holding Company and corporate control, Leiden; Boston: Martinus Nijhoff Social Sciences Division, 1978.

9. Phillip I. Blumbery, The Law of Corporate Groups, Procedural Problems in the Law of Parent & Subsidiary Corporations, little Brown and Company, 1983.

10. Shleifer & Vishny, A Survey of Corporate Governance, 52 The Journal of Finance, 1997.

11. The Nature of the Firm: Origins, Evolution and Development, Edited by Oliver E. Williamson, Sidney G. Winter, Oxford University Press, 1993.

12. Simon H. A. , A Behavioral model of Rational Choice. Quarterly Journal of Economics, 69, 1995.

13. Akerlof G. , The Market for Lemons. Quarterly Journal of Economics, August. 1970.

14. Lance Davis and Douglass C. North, Institutional Chang and American Economic Growth, Journal of Economic History, Vol. 30, 1970.

15. Douglass C. North, Institutions, Institutional change and Economic Performance, Cambridge University Press, 1990.

16. Coas R. H. , The Nature of the Firm: Meaning. in the Nature of the Firm: Origins, and Development. Edited by Williamson O. E. and Winter G. W. , London: Oxford University Press, 1993.

17. Coas R. H. , 1991 Noble Lecture: The Institutional Structure

of Production. in the Nature of the Firm: Origins, and Development. Edited by Williamson O. E. and Winter G. W. , London: Oxford University Press, 1993.

18. Ddhlman C. J. , The Problem of Externality, Journal of Legal Studies, Vol. 22. 1979.

19. Akerlof, The Marker for "Lemons": Quality Uncertainty and the Marker Mechanism, Quarterly Journal of Economics, Vol. 84 Issue 3, 1970.

20. R. H. Coase: The Firm, the Market and the Law, The University of Chicago Press, 1988.

21. Williamson Oliver E. The Economic Institutions of Capitalism. New York: Free Press, 1985.

22. Robert C. Merton, A Function Perspective of Intermediation, Financial Management, Vol. 24, No. 2, Summer 1995.

23. Macey J. K. and Miller G. P. , Band Failure, Risk Monitoring, and the Market for Bank, Columbia Law Review, 88, 1988.

24. Fischel, Rosenfield & Stillman, The Regulation of Barks and Back Holding Companies, Virginia Law Review 73, 1987.

25. P. I. Blumberg, Corporate Groups: Procedure Lass §22. 01. 1 (1983) .

26. E. R. Latty, Subsidiaries and Affiliated Corporations: A Study in Stockholders Liability, 1936.

27. James Maycook, Financial Conglomerates: The New Phenomenon. Gower Publishing Co. Ltd, 1986.

28. Stephen C. Curley, Presentation on the United States Securities Laws Governing Affiliated Transaction, in the (SRC led) Collection of Essays and Articles from the International Symposium on Securities Law, Publish House of Law, 1997.

29. Joint Forum on Financial Conglomerates, Intra - Group Transactions and Exposures Principles, Basel, December 1999.

30. Harold Marsh, Are Director trustees? Conflict of Interest and Corporate Morality, Business Law, Vol. 22, 1964.

31. L. C. B Gower's Principles of Modern Company Law, Hth Stevens, 1997.

32. L. S. Sealy, Cases and Materials in Company Law, Butter Worth's, 1985.

33. John H. Farrar, The New Financial Architecture and Effective Corporate Governance, 33 International lawyer, 1999.

34. A. A. Sommer, Jr, Corporate Governance in the Nineties: Managers vs. Institutions, 59 University of Cincinnati Law Review, 1990.

35. Margaret M. Blair, Ownership and Control: Rethinking Corporate Governance for the Twenty - first Century, Washington D. C., The Brookings instituation, 1995.

36. Douglas M. Branson, The very Uncertain Prospect of "Global" Convergence in Corporate Governance, 34 Cornell International Law Journal, 2001.

37. Melvin A. Eisenberg, The Conception that the Corporation is Nexus of Contracts and the Dual Nature of the Firm, 24 Journal of Corporation Law.

38. Michael J. Whincop, Painting the Corporate Cathedral: The Protection of Entitlements in Corporate Law, 19 Oxford Law Journal, 1999.

39. Adolf A. Barle, Gardiner C. Means, The Modern Corporation and Private Property, Transaction Publishers, 2001.

40. Andrei Shleifer & Robert W. Vishny, A Survey of Corporate

Governance, 52 The Journal of Finance 1997.

41. Alchian & Demsetz, Production, Information Costs, and Economic Organization, 62 American Economic Review, 1972.

42. Harry G. Henn &Jvhn R. Alexander, Law of Corporation, Horn Books Series, West Publishing Co. , 1983.

43. Kenji Kojima, Japanese Corporate Governance: An International Perspective, Research Institute for Economics and Business Administration, Kobe University.

44. Jennifer Hill, Visions and Revisions of the Shareholder 48 American Journal of Comparative Law, 2000.

45. Bernard S. Black, Shareholder Passivity Reexamined, 89 Michigan Law Review, 1990.

46. Richard M. Buxbanm, The Internal Division of Powers in Corporate Governance, 73 California Law Review, 1988.

47. Michael J. Whincop, The Role of the Shareholder in Corporate Governance: A Theoretical Approach, 25 Melbourne University Law Review , 2001.

48. A. Cadbury, Thoughts on Corporate Governance, Corporate Governance: An international Review, 1993.

49. P. Williams, The Management Dilemma, in M. Gillooly (ed.), The Law Relating to Corporate Groups, 1993.

50. Karen Yeung, Corporate Groups: Legal Aspects of the Management Dilemma, Lloyd' s Maritime and Commercial Law Quarterly, 1996.

51. Arthur R. Pinto and Gustawo Visentini: The Legal Basis of Corporate Governance in Publicly Hold Corporations – A Comparative Approach, Kluwer Law International, 1998.

52. Sanders, Anthony and Lngo Walter, Universal Banking in the

W. S. Oxford University Press, 1994.

53. Kuritzkes, Andrew, Til Schuermann and Scott Weiner, Study on the Risk Profile and Capital Adequacy of Conglomerates, 2001.

54. Demsetz, Rebecca S. and Philip E. Strahan, Diversification, Size and Risk at Bank Holding Companies, Journal of Money, Credit and Banking, 1997.

55. Michael Thom, The Prudential Supervision of Financial Conglomerates in the European Union, North America Journal, Volume 4.

56. Ms. Phillips Discusses the Changing Financial Landscape and Umbrella Supervision in the United States, Remarks by Governor Susan M. Phillips, a member of the Board of Governors of the US Federal Reserve System, at the Exchequer Club in Washington on 18, 1997.

57. Joseph J. Norton: Bank Regulation and Supervision in the 1990, Lloyd' s of London Press Ltd, 1987.

58. Henry Cavanna: Financial Innovation, Rutledge Press, 1992.

59. Carnesy G. F., Holding Companies and Their Published Accounts, London: Gee & Co., 1923.

60. Implementing the Gramm - leach - Bliley Act: Two Years Later, Remarks by Governor Mark W. Olson, Before the American Law Institute and American Bar Association, Washington, D. C. February 8, 2002.

61. Lain Macnceil, The Future for Financial Regulation: The Financial Services and Markets Bill, The Modern Law Reviews, Sep, 1999.

62. Eric J. Gouvin, Shareholder Enforced Market Discipline:

How Much is Too Much? 16 Ann . Review Banking Law, 1997.

63. Richard S. Carnell, A Partial Antidote to Perverse Incentives: The FDIC Improvement 64, Act of 1991, Annual Review of Banking Law, Vol. 12, 1993.

64. Frank H. Easter brook&Daniel R. Fischel, Limited Liability and the Corporation, University of Chicago Law Review Vol. 3, 1965.

65. E. Jackson, The Expanding Obligation of Financial of Holding Companies , Harvard Law Review, Vol. 107, 1994.

后　记

当毕业论文即将打印之际，我的研究生学习生活也随之即将结束。六年前我有幸考入西南政法大学攻读硕士学位，三年前更是幸运得以在这所具有五十年历史的政法名校继续攻读博士学位。六年来求学于此，各位法学名宿耳提面命，诸位同学研讨切磋，不仅使自己的法学理论水平不断提高，更让自己感受到民商法理论的博大精深。尤其是我的导师赵万一教授，他对我的生活给予了无微不至的关怀，对我的学习进行了悉心全面的指导。导师为学博专兼济，学术造诣深厚；为师严慈兼具，从教细致认真；为人谦和宽厚，处世豁达爽朗。在传道、授业、解惑中教我做人、做事、做学问，使我的人格素养、道德水平、理论学识得到全面的提升。尤其是在博士论文的写作过程中，从题目设计到提纲拟定，从标点符号到遣词造句，从篇章结构到全文构思，都给予了字斟句酌的修改和高屋建瓴的指导，整篇论文的字字句句无不饱含着导师的关怀和期望。在这里我只能衷心地说一声："老师，谢谢您!"

同时，我要感谢在六年的学习生活中给予无私帮助和亲切教诲的李开国教授、张玉敏教授、陈苇教授、石慧荣教授、汪世虎教授等，他们对我的专业学习和论文写作给予了诸多帮助和指导，他们的学识、为人使我受益终生。

我要感谢六年学习期间的同学和好友李雨峰、赵信会、吴敏、仲崇玉、刘巧、李兆玉、刘坤、熊进光、杨佳红、何静、李晓云、张建文、廖湘文、侯国跃、茅院生、宋宗宇、彭贵、刘有东、杨延超、廖志刚、欧修平、张永华、李俊、杜江涌等。我们愉快充实的学习生活、纯洁深厚的同学友谊，都将成为我终生美好的记忆。

最后，我要感谢我的家人，我的妻子陈娟女士，在我六年学习期间承担了全部家庭重任，她用对我不断求学的理解、支持与帮助诠释着她的贤惠，爱女月月聪慧乖巧、天真烂漫，使我的生活充满了无限的欢乐、愉悦和希望。我感谢我的岳父岳母，岳父陈东先生一直督促我不断上进，岳母史翠荣女士照顾家庭养育爱女，使我毫无后顾之忧地投入到学习之中。我感谢父母的养育之恩，慈爱的母亲在我幼年时就已去世，勤劳的父亲虽然是一个学识不多的农民，但对知识的尊崇，使他在生活极端困难的情况下，以难以想象的毅力支持我完成大学学业，每每看到他原先高大的身躯变成微驼的背影，就会想起他因我求学而付出的艰辛，也促使我在人生的行程中继续向更高的目标迈进。